世家的天下

2 盛宴

魏晋豪门与皇帝的争权之路

潘彦明 著

中国出版集团
现代出版社

第三章　丰收季

魏国往事

司马炎继位晋王后，扬州都督石苞、荆州都督陈骞（陈矫的儿子）、豫州都督王沈（昔日被曹髦亲切地称呼为“文籍先生”，在曹髦被杀事件中向司马昭通风报信），这三位当时实力最雄厚的藩镇重臣都没有留在自己的驻地，全部来到京都洛阳，其中石苞和陈骞更是频繁游走于皇宫中。

“臣石苞觐见！”

“臣陈骞觐见！”这些天，二人隔三岔五就要面见一次曹奂。

“二位爱卿平身。”

石苞、陈骞坐定，开始滔滔不绝地说出那番已重复过无数遍的话。

“昔日，太祖武皇帝拨乱反正，辅佐刘氏，后汉禅让给魏，真乃天下盛况啊！魏朝历经多代，其间几近倾覆，幸赖晋王匡扶。晋王对魏实在有再造之恩哪……”

“陛下可知道古代尧禅位给舜，舜禅位给禹的故事？”

“你们的意思朕全明白。”

这番话，曹奂几乎都能背诵下来，核心意思不外乎是劝曹奂禅位给司马炎。近日来，想必朝廷公卿也免不了对曹奂吹风，可唯独石苞和陈骞的劝谏被载于史册。这意味着什么？二人身为魏国军事力量最强的藩镇重臣，分量自然比朝廷公卿要重得多，因此，由他们二人出面，基本上可以算作最后通牒了。

与此同时，司马炎任命他的亲信羊祜（hù）（司马师夫人羊徽瑜的胞弟）担任中领军，统领左卫、右卫、前军、后军、左军、右军、骁骑七营禁卫军，全权负责皇宫内安全。又临时在京都洛阳增置了四个新的护军，负责统领驻扎在京畿一带的中央军诸营以备不测。京都局势紧张得让人喘不过气来，因为很快，这里将要发生一件惊天动地的大事。

果不其然，没过几天，曹奂颁布诏书：“晋王祖孙三代辅佐皇室，德勋泽被四海，朕决意将皇位禅让给晋王……”

司马炎执意推辞。

紧接着，以何曾、王沈为首的公卿大臣反复恳求司马炎接受，从某种意义上来说，他们绝非虚情假意，因为倘若司马炎不答应，他们这辈子就真算白忙活了。

司马炎没让大家太多费心。公元266年初，他终于接受。这份诏命已经让司马家族三代人苦等几十年了。

洛阳城外南郊建起了一座高坛。

公元266年2月8日，高坛下会集了数万朝廷官吏，高坛上，魏帝曹奂和晋王司马炎迎面站立，一如四十六年前的那个冬天，汉献帝刘协和魏王曹丕各自所处的位置。一切都结束了，解脱了，大魏国终成过眼云烟，埋没在人们的记忆中。曹奂有些愧疚，但他也明白，这一切都是他无法阻挡的，而造成这一切的缘由，已不知道该追溯到哪一年、哪件事了。

“魏朝天禄永终，历数在晋！”伴随着钟鼓齐鸣和欢呼声，历经四十六年的魏国国祚终结，被晋取代。

有人把司马家族篡魏和曹氏篡汉相提并论，这多少有些不妥，客观地讲，早在“党锢之祸”、黄巾党起义以及暴臣董卓秉政的时代，东汉王朝就已濒临崩塌、名存实亡了。曹操是东汉末期的权臣不假，但若没有他，汉室应该更早寿终正寝。司马家族却不然，在他们夺权的时候，魏朝相当强大，更没有倾覆的危险。但不可否认的是，恰如蜀汉的企业文化由刘备、诸葛亮建立一样，曹操也一手造就了魏国的企业文化——权臣篡国，正因为这种企业文化（或者可被称为不健康的基因），司马家族才有了成功的土壤。可以这样概述，曹丕以九品中正制作为筹码，换来了皇位，司马家族则依靠九品中正制迅速做大，以利益驱使、控制士族，最终又将曹氏推向了覆灭。

不过，即便是司马炎称帝这种对司马家族百利而无一害的喜事，族人中竟也冒出了不和谐的声音。司马懿七弟司马通有个儿子名叫司马顺，他在禅让大典上口不择言地发了句牢骚：“这和尧把帝位禅让给舜根本不是一码事，居然还敢大言不惭地称为禅让！”司马顺绝对算家里的异类，事后，他被罢黜官爵并流放。

司马炎称帝后，重新追谥司马懿为“宣皇帝”，庙号“高祖”；司马师为“景皇帝”，庙号“世宗”；司马昭为“文皇帝”，庙号“太祖”。

在这里，我们解释一下庙号。所谓庙号，是指帝王死后供奉于皇室宗庙中的牌位名号。庙号有“祖”“宗”两种，大体上，开创基业称祖，守成明君称宗。司马懿毫无疑问是开创晋朝的“祖”，司马师是“宗”。而司马昭也称“祖”，是因为他被魏朝册封为晋王，也算开创基业。再补充一句，司马炎死后，庙号同样是“祖”，因为他是晋朝真正意义上的开国皇帝。

再说谥号。当初，曹操生前数度流露出想得到“文”这个谥号的意思，但死后却被曹丕追尊为“武”皇帝，孙权在称帝后也仅仅追尊亡兄孙策为王，而非皇帝。如今，司马炎追尊伯父司马师为皇帝，又把“文”这个谥号给了他爸爸司马昭，他比起曹丕和孙权有着更为宽广的胸襟。其实，甚至可以说，纵观整个中国历史，若论宽厚大度的帝王，司马炎绝对能拔得头筹。在后面的故事中，我们就可以清楚地看到这一点。

魏国消亡后，曹奂被封为陈留王（这是为了纪念当初曹操在陈留郡起兵创业），食邑一万户，并且，他和当年的曹芳一样，也被软禁在洛阳西北角的金墉城里。后来，在西晋时期的多起宫廷政变中，又有多个司马皇室成员被幽禁在此，金墉城遂成为专门安置失势皇族的地方。

人生如戏，戏如人生

就在曹奂离开皇宫，前往金墉城的路上，一个须发雪白的老臣突然扯住了他的衣服。“陛下！陛下！”这老臣正是太傅司马孚，他哭得一把鼻涕一把泪，“臣到死的那天，也依然是大魏国的纯贞之臣啊！”

曹奂茫然地凝视着司马孚，他早就听说当年曹芳被废、曹髦被弑时，这位老臣也是像现在这般悲伤。他有点不知所措：“司马公快快请起。”说着，伸手将司马孚搀扶起来。这些年，他目睹司马孚为巩固司马家族权柄所做的努力，但除了哭之外，他从未见过司马孚为曹氏社稷做过任何事。虽则如此，曹奂的眼眶还是不禁湿润，心头五味杂陈，涌现出异常复杂的情感。

不远处，司马炎望着司马孚的惺惺作态不知道说什么才好，他小声嘀咕了句：

“这位叔祖父，果真如父亲形容的那样，太入戏了。”

又过了段时间，曹奂迁居邺城，受到极高规格待遇，被获准仍以皇帝的方式生活，一切按照魏国的惯例来进行，他的宫室犹若一个仿生态的饲养笼。不过，曹奂并不介意，他今年二十岁，自他出生之日起，便一直如软禁般生活着（其实，他也的确一直被软禁着），一切都和往常一样，无任何不同。而后，曹奂再没有离开过邺城，活到五十八岁病逝。另外，那些被软禁在邺城的曹操的子孙后代，其爵位全部由王降为侯，他们也和曹奂一样，一如既往地生活着。

那些可悲的曹氏藩王。

“曹丕认为天下最危险的人就是自己的兄弟，他居然不信任自己的兄弟……”司马炎没有忘记司马昭临终前对他的告诫。几天后，他开始对司马氏的族人大肆封赏。他将司马氏的藩王定为三个级别：大国食邑两万户，统兵五千人；次国食邑一万户，统兵三千人；小国食邑五千户，统兵五百人。其中，司马榦（司马懿第三子，司马师、司马昭的同母弟）、司马亮（司马懿第四子）、司马伦（司马懿第九子）、司马攸（乳名桃符，司马炎同母弟）这四人按照第一等级封为大藩王，司马炎的其他几位叔伯、堂叔伯、弟弟、堂兄弟总计二十二人封为中藩王和小藩王。

在这里，让我们回顾一下曹氏藩王昔日遭受的苛刻待遇，再与司马氏藩王做一番对比。燕王曹宇以五千五百户食邑位列诸曹氏藩王之冠，这还是因为他儿子曹奂登上皇位，几十年中屡次增加食邑的结果，而且，曹氏藩王受到诸多束缚，譬如不准入京、不准参政、不准离开藩国和频繁更改封地、不准彼此沟通联系，更无兵权，而司马氏藩王全无这些限制。晋室和魏室对藩王的态度，简直是天壤之别。这相当微妙，朝代的变革像跷跷板一样，左右起伏不定，其中不乏矫枉过正，而真正的平衡往往转瞬即逝。

最后再补充一句，这些司马家族的藩王，因为留恋京都的繁华与权势，基本上都赖在京都不回自己藩国，他们中的很多人更直接参与政治，藩国对他们来说，仅仅是一个位于远方的取之不尽的钱库。

以上二十六位司马氏藩王，却不包括司马孚。

那么，这位大魏国的“纯贞”之臣——司马孚得到什么样的待遇呢？他可以定义为超级大藩王，食邑是大藩王的两倍，竟高达四万户，官拜晋朝太宰（位阶最高）、持节、都督中外诸军事（中央军最高军事统帅）。每逢新年的朝会，司马孚乘坐车驾上殿，司马炎则亲自走下台阶相迎，对他施以晚辈之礼。当时，司马孚的儿子司马望官拜司徒，像这样父子并列为朝廷上公的情况，亘古未有。

晋朝开国后的第七年，也就是公元272年，司马孚九十三岁高龄，即将寿终正寝了。临死前，他写下一封遗书："大魏国贞洁之士，河内温县司马孚，字叔达，不伊不周（意思是不做伊尹、周公旦这样的首辅权臣），不夷不惠（意思是不做伯夷、柳下惠这样的隐遁避世者，行事中庸），立身行道，终始若一，今素服简葬。"

想当初，司马孚最早被曹植选为幕僚，以忠言规劝曹植被人称道，可当曹丕成为世子后，他就迅速转投到曹丕门下，丝毫没有因为和曹植的瓜葛受到排挤。同样，在晋取代魏的道路上，司马孚也是扮演着类似的角色。他尽心尽力协助司马懿、司马师、司马昭父子，维护着家族的利益。可是，他用三次痛哭掩盖了所有的一切。第一次哭，是在曹芳被废时；第二次哭，是在曹髦被杀时；第三次哭，是在曹奂禅位时。有人说，或许司马孚真的没有参与司马懿、司马师、司马昭篡夺曹氏社稷的阴谋，可是，包括当年的"司马八达"，以及司马家族的众多子侄辈中，唯有司马孚获得如此高的优待，这又能说明什么呢？难道是因为他对魏室的忠诚？这难道不荒谬吗？一言以蔽之，这位既得利益者，在史书中的形象是温厚而忠贞的。

司马孚太入戏了，他以毕生演绎了一个忠臣的角色。或许，他确实悟到了人生的真谛，因为人生本就是一出戏。

"怎样扮演一个忠臣呢？"

"我本来就是个忠臣啊……"

成功者

那些曾经是魏国的臣子，多年来辅佐司马家族，如今都成了晋国的开国元勋和佐命功臣，他们在司马炎称帝后均被加官晋爵，赚得个盆满钵满。下面，让我们来看看晋朝开国时立于权势顶峰的重臣（基本上都是老面孔），也顺便给这些跟对了老板的成功者做个阶段性总结，他们大多数被授予最高等的公爵（五等爵制度，依次是公、侯、伯、子、男），不再赘述，我们只看官位和权势。

以下排名按照官位从高到低为序。

太宰：司马孚。兼都督中外诸军事，绝对是一人之下万人之上。七年后，司马孚裹着魏朝忠臣的外衣去世。

太傅：郑冲。前文曾三次讲到过他；第一次，他联合司马昭、司马孚、高柔奏请郭太后，以王侯之礼安葬曹髦；第二次，他率群臣恳请司马昭晋爵；第三次，他逼迫阮籍撰写《劝进表》，助司马昭登上晋公之位。这位儒学巨匠在史书中留下不干涉政事的名声，实则为司马家族侵蚀魏室贡献出巨大力量，也是一个演技派高手。郑冲于九年后去世。

太保：王祥。这位琅邪王氏成员，以孝道成就了坦荡的仕途，同样又以孝道化身为司马氏政权的道德楷模和精神领袖。当时，王祥已经年逾八十，很少出席朝会，且屡次上表请求逊位。有公卿认为王祥经常不参加朝会理应免去官位，司马炎回道："王公德行高筑，是朝廷兴隆教化的楷模，免王公官位这事以后谁都不准再提。"不过王祥还是坚持辞职。司马炎无奈，只好答应。王祥毕生清廉，连个宅邸都没有，他的政治谋略旨在经营自己崇高的名声以及为琅邪王氏家族构筑坚实的根基。三年后，王祥以八十九岁高龄逝世，被世人评价为"清澈达观"。

太宰、太傅、太保这三个官位最早出现在西周，从西汉、东汉再到魏朝只有寥寥数人担任，位次比三公还要高，称为"上公"。司马炎为了显示对功臣的尊重，所以把这三个古代"上公"尊位全搬了出来。继续往下看，在三位"上公"之后，是两个我们很熟悉的最高武官。

大司马：石苞。兼任扬州都督。他奔丧时说的那句话——"基业都到了这个地步，怎能再以人臣的身份下葬"，绝对是一字千金。

大将军：陈骞。兼任荆州都督。这位以智谋著称于世的名臣，并没有辜负父亲陈矫临终前的期许，终于将家族发扬壮大。

以上两位凭借实力，成为晋吴边境两个重要战区的军事统帅，而且以劝曹奂禅位的功绩官拜最高武官。在大司马和大将军之下，是前面多次讲到的三公。

太尉：何曾。在司马炎继王位到曹奂禅位这短短三个月里，他曾官拜晋国丞相，司马炎称帝后取消丞相制，这和当年钟繇、华歆的境遇如出一辙（钟繇、华歆这两位魏国初代名臣，也都短暂地担任魏国丞相，曹丕称帝后取消丞相制，二人转任三公）。

司徒：司马望。他是司马孚次子，早先过继给司马朗当养子，蜀国灭亡前，他担任雍凉都督八年，在宗室中声望极高。补充一句，自西晋开始，各地中正官（品评士人的地方官）的选拔最终均要过司徒这一道手，无须多言，司马望肯定没少捞。当司马望死后，人们发现他家里的金银堆得比山还高。

司空：荀顗（yǐ）。这位东汉名臣荀彧的儿子，而今已成为颍川荀氏中辈分和资历最高的宗族大佬，可他的道德操守，和其亡父根本是天壤之别。

上公（太宰、太傅、太保），最高武官（大司马、大将军），三公（太尉、司徒、司空），这八个至高官位被称为西晋"八公"，全部位居一品。历朝历代几乎从未有过如此多的显赫官位齐聚一堂。这是因为功臣实在太多，司马炎尊崇不过来。不过，纵然"八公"显贵，但仅算官位荣耀，除了手握兵权的司马孚、石苞、陈骞和负责中正官的司马望之外，其他人没太大实权。那么，西晋开国时的实权派又是谁呢？

在司马氏和曹氏历经数十年的权力之争中，京都禁军的兵权始终是争夺的焦点，鉴于此，先说说西晋开国初期执掌京都兵权的重臣，他们无疑也是最受司马炎信任的人。

骠骑将军：王沈。这位太原王氏族人，统领着京都骠骑营兵，成为洛阳城外围的防御屏障，同时，他也兼录尚书事（监管尚书台政务）。很多年前，曹髦曾亲切地称呼他为"文籍先生"，可如今，这个称呼早如过眼云烟被人遗忘了。

车骑将军：贾充。统领京都车骑营兵，成为洛阳城第二道防御屏障。关于这位司马家族的亲信宠臣，后面还有很多故事。

中领军（晋朝时，中领军一度更名为中军将军、北军中候，后又改回中领军，为了避免造成不必要的困扰，我们就一直沿用中领军这一称呼）：羊祜。身为司马师的未亡人——羊徽瑜的同母弟，且是名门羊氏的新锐代表，统领皇宫内七营禁军。不过，羊祜的人生还远未达到巅峰，不久后，他将迈向中国历史较为重量级的名臣之列。

中护军：王业。统领皇宫外围禁军。这位东汉群雄之一刘表的外孙，在曹髦发动兵变时，义无反顾地和王沈一起向司马昭告密。两年后王业病死，司马炎不忘儿时戏言，又提拔挚友羊琇做了中护军。

以上这五个人（算上后来继任的中护军羊琇），组成了护卫京都、朝廷以及皇宫的重要力量。

再来说政权方面，沿袭汉魏时期的尚书台和中书省依然是两个最主要的行政机构。

尚书台最高统领尚书令：裴秀。他推行五等爵，又帮司马炎争取到世子之位，因而由尚书台二把手升任一把手。当时盛传一句民谚："贾、裴、王，乱纪纲；贾、裴、王，济天下。"贾指贾充，王指王沈，裴指裴秀。这句话的意思是，三人祸乱了魏室，却成就了晋室。河东裴氏家族是中国历史上名声显赫的头等望族，到西晋初年，经由裴秀的努力，其家族势力更是达到前所未有的高度。后来，裴秀官拜司空，被世间誉为当世名公。裴秀对中国制图学的贡献颇值得一书，他著有《禹贡地域图》十八篇，被称为"中国科学制图学之父"，与欧洲古希腊著名地图学家托勒密齐名。遗憾的是，裴秀也和众多魏晋时期的士大夫一样嗜好五石散（寒食散），前文讲过，服这种药后需要喝热酒化解，但裴秀大概是想玩得更 high，居然喝了冷酒，导致暴毙，死时四十八岁。往后，河东裴氏家族的后代，包括裴秀的儿子还会在故事中占据重要戏份。

中书省最高统领中书监：荀勖（xù）。颍川荀氏族人，算司空荀顗的族侄，素以品行卑劣著称。

中书省副统领中书令：庾纯。颍川庾氏族人。这个新面孔后文马上会讲到。

可是，仅仅靠尚书台和中书省彼此制约还不够，一个创新的构想在司马炎脑海中渐渐成形。他让侍中、散骑常侍组成了一个新的行政机构——门下省，以此和尚书台、中书省相互制约。侍中、散骑常侍相当于皇帝的顾问，他们不像尚书台、中书省那样直接负责政务，却因为是皇帝近臣，掌握着最核心的机要，故拥有极大的隐性权力。

说说西晋初年的门下省要员，当时最具影响力的，乃是以直臣之名著称的首席侍中任恺，下面即将讲到他的故事。除了任恺之外，司马炎也让包括“八公”在内的部分重臣兼任侍中、散骑常侍，成为门下省成员。其中，石苞、陈骞、荀觊兼任侍中；王沈、贾充、羊祜兼任散骑常侍。

从此以后，门下省、尚书台、中书省这三个行政机构分权而治，彼此制衡，史称“三省制”。

讲到这里，让我们再重新梳理一下汉朝到晋朝权力架构的变革。

西汉初期，丞相权过重，汉武帝刘彻将丞相一拆为三，权力架构逐渐向三公制过渡。光武帝刘秀任命近臣构建尚书台，进一步削弱三公的权力。魏朝时，曹丕又任命近臣构建中书省，以削弱尚书台的权力，三公至此完全沦为荣誉养老官。晋朝（西晋）时，司马炎再次起用近臣构建门下省，削弱中书省和尚书台的权力。后来到东晋时期，皇帝诏书必须通过门下省方能颁布，也即是说，门下省拥有“封驳权（审核、推翻诏书的权力）”，往昔皇帝授意中书省可直接颁布诏书的传统被打破了。门下省不仅分割尚书台和中书省的权力，也削弱了皇权，这大概是司马炎始料未及的。

从汉、魏到晋这五百年政治演变的过程中，我们可以发现一个规律，皇帝派那些跟自己一个鼻孔出气的近臣掌权，近臣一旦掌了权，又不可避免地跟皇帝越走越远，渐渐变成能跟皇权分庭抗礼的外臣。于是，皇帝只好再派近臣组建新部门……如此周而复始。这就是人对于权力追求的必然结果。虽然每次政治架构的变革无一不是在执政者为给自己谋求更多利益的前提下发起，但结果，往往会令权力进一步分散乃至平衡。

司马炎构建门下省，创建“三省制”，导致权力分散，政治体系朝着良性方向发展。这一直延续到隋唐时期，最终演变成权力更加分散的“三省六部制”。权力的博弈就是这样客观地推动着历史前进的步伐。

宽仁为本

想当初，魏国名臣陈群创立九品中正制，给士族带来数之不尽的利益。司马家族的崛起，很大程度上也因为有九品中正制的保障。不过眼下，司马炎已经坐上了皇帝宝座，当然不再需要依靠九品中正制来维护自家权益。可九品中正制的职能却没有改变，它依旧是士族力量的源泉，依旧是皇权的最大威胁……

尚书郎刘毅上疏："中正官对本地士人随意品评，手握士人的荣辱前程，他们剥夺了本应属于朝廷的权力，一门心思经营自家势力，臣为社稷深感忧心……"接着，他一口气列举了八项九品中正制的弊端。

其一：上品无寒门，下品无庶族。

其二：中正官都想推荐自己人，导致朋党林立，同僚私怨频生。

其三：才德优劣的立意不明，根本没有严格评判标准。

其四：中正官任意褒贬，无所顾忌，导致士人怨声载道。

其五：很多士人流落他乡，本籍贯的中正官连他们的面都没见过，却还要负责品评，结果肯定不准确。

其六：下品士人政绩突出，上品士人不堪其任的情况屡有发生，士人的能力和名声不匹配。

其七：人各有优劣长短，以品级择录官吏势不能尽其所用。

其八：中正官各随喜好，养成了士人不重才德，只钻营关系的恶习。

司马亮（司马昭的弟弟）和卫瓘（guàn）也上疏："魏朝时设九品中正制是权宜之计，如今朝野安定，建议摒弃这项过时的法度。"

对于九品中正制的弊端，司马炎心里跟明镜似的，但他能获得今天的地位，纯粹是仰赖士族鼎力支持，这项制度牵扯了太多人的利益，过河拆桥的事他不想干，也不敢干。于是，九品中正制只能继续沿用，一直到三百多年后的隋朝才被科举制度取代。

我们还是回到一片喜气洋洋的晋朝，司马家族作为士族领袖，历经多年艰辛、隐忍，用尽权谋……时至今日，终于建立了一个士族的天堂。而司马炎，则集尊敬功臣、宽容大度于一身，单就这两点，实在是绝大多数老板都难以企及的优良美德。细数历朝历代的开国皇帝，均免不了屠戮功臣、兴文字狱、压迫前朝遗老遗少、搞政治镇压等。这些恶行，司马炎一样都没做。无论是对于功臣、士族、没落的前朝贵胄乃至老百姓来说，司马炎都相当够意思。

公元 266 年 2 月，司马炎刚称帝没几天便颁布诏书，赐予山阳公刘康（汉献帝刘协的长孙）、安乐公刘禅的子弟担任驸马都尉。此举，表明晋室对东汉和蜀汉这两个已经亡国的皇族子嗣的优待。过了两个月，司马炎正式解除对东汉皇族刘氏的禁锢（魏朝严禁刘氏皇族出仕）。甚至，他连魏国曹氏皇族的禁锢也一并解除了，也就是说，虽然曹氏刚刚被司马氏推翻，但他们依然可以在晋朝做官。如此宽容的政策，绝对是历朝历代都难得一见的。

公元 266 年，司马炎追尊景帝司马师的首任夫人夏侯徽为景怀皇后。这件事，根据《晋书》记载，是在羊徽瑜（司马师第三任夫人）再三建议下实施的。盛传夏侯徽被司马师毒杀，那么，羊徽瑜究竟为什么要替夏侯徽出头呢？事实上，羊氏与夏侯氏两家来往甚密，羊徽瑜的弟弟羊祜娶了夏侯霸的女儿，堂妹则嫁给夏侯氏成员，既然那些令人尴尬的往事都过去了，羊徽瑜自然希望夏侯氏今后能重整旗鼓。

同样是这一年，夏侯佐病死。这人乃是魏朝元老——曹操的左膀右臂——夏侯惇的嫡孙。夏侯惇当年受封高安乡侯，夏侯佐是这个爵位的唯一继承人。然而，夏侯佐没有儿子，自夏侯惇传下来的高安乡侯面临断绝的危险。鉴于此，司马炎下诏："夏侯惇是魏朝元勋，功绩著乎竹帛。朕受禅于魏，不能忘记魏朝功臣。故，朕决定将高安乡侯之爵位特封给夏侯劭。"夏侯劭是夏侯佐兄弟的儿子，属于旁系，按理说不能继承夏侯惇的爵位。司马炎这么干，算恩赐，卖了夏侯氏一个很大的人情。

再怎么说，夏侯氏也算是有黑背景的家族，而司马炎接连为夏侯氏做了两件好事，在曹魏刚刚被取而代之的敏感时期，这无疑有助于缓解夏侯氏族人的紧张情绪。

当初，夏侯尚这一支，因为其子夏侯玄被夷灭三族日渐没落。但魏国初代名将夏侯渊（夏侯惇的族弟）的后裔则依旧繁盛，尤其是夏侯渊第四子夏侯威的子嗣频繁跟司马氏、羊氏联姻，相当显赫。夏侯威的孙女夏侯光姬后来嫁给司马懿的孙子——琅邪王司马觐，夏侯光姬的儿子在未来可是一位建立大成就且很有故事的人。总之，夏侯氏作为魏晋时期地位颇微妙的一支豪族，跟司马氏之间充满了复杂的纠葛。

公元268年，由贾充、郑冲、荀顗、荀勖、羊祜、王业、杜预等十四人编纂的律法终于颁布天下。因当时正值泰始年间，这部晋朝律法也就被称为“泰始律”。汉朝和魏朝的律法均以严苛烦琐闻名，《泰始律》则以宽简著称，因其编纂者俱是当世儒学名家，故此，律法与儒家礼教观契合甚密。该年年底，司马炎又颁布五条诏书：“一正身，二勤百姓，三抚孤寡，四敦本息末（逐本舍末），五去人事（避免官僚派系斗争）。”往后的很多年里，司马炎频施善政，并于洛阳东、西市分别修筑两座粮仓，名为“常平仓”，规定在丰年收购粮食，荒年出售粮食，稳定粮食价格，竭力避免谷贱伤农和谷贵伤民的情况发生。

这里要补充一句，司马炎的宽仁，很大程度上是受他母亲王元姬和姥爷王肃的影响，而王氏所追求的宽仁，早在王肃的父亲——魏国初代名臣王朗身上便有所体现了。史书中记载了钟繇、王朗二人各有千秋的政治理念——钟繇务求明察，王朗则务求宽恕。史书还详细描写了二人针对肉刑（肉刑指割鼻、脸上刻字、断趾、砍足、宫刑等酷刑）展开的一场辩论：钟繇倡议恢复汉朝以前的肉刑，其目的是为了在保证人口繁衍的同时，增加刑罚的威慑力；王朗则不同意恢复肉刑，认为太残忍。当时参与辩论的公卿多站在王朗一边。毋庸置疑，王朗这种为政理念丝毫不差地传给了后代，并最终影响到司马炎。

从此，西晋王朝便在以宽仁为本的政治风气中迈开了步伐。

淮南是非

司马懿、司马师、司马昭凭借权术，以狠辣的手腕开创了晋朝，司马炎却没有秉承父祖辈这个特点，他以宽容仁厚的形象展现于世人面前。正得益于此，西晋初年竟没有发生过一起企图复辟魏朝和蜀汉的事件。

这段时间原本平淡无奇，可突然有一天，朝廷望气者（主管星相占卜的官员）的一句话意外激起了波澜。望气者对司马炎奏道："臣观测天象，东南方恐怕会有兵乱兴起。"

这句话引起了司马炎的警惕。

东南方……莫非，又是淮南？

淮南，位于京都洛阳的东南方向，在这二十年中，有三任扬州都督相继举起反叛的旗帜，实在是个不祥之地。继诸葛诞死后至公元268年，晋室最大的功臣——石苞已经在这里任扬州都督九年有余了。

这段时间，淮南不知怎的兴起一句童谣："宫中大马几作驴，大石压之不得舒。"马暗指司马，石暗指石苞，这是说石苞功高震主。在那个时代，童谣通常被当作谶语，喻示天下大事。实际上，无非是政治局势在民间流传的一种表现形式而已。可这童谣有点言过其实，石苞功高不假，但还远谈不上震主。如果猜得没错，很可能像二十几年前令狐愚为楚王曹彪造势时散布的那句"白马素羁西南驰，其谁乘者朱虎骑"一样，也是别有用心者故意编造出来的。

那么，这个别有用心者到底是谁呢？

答案是淮北监军王琛。就在童谣流传的同一时期，王琛暗地里给司马炎写了一封奏表："臣听说大司马石苞和吴国暗通，似有谋反之意。而且淮南童谣言道，'宫中大马几作驴，大石压之不得舒'。臣不敢妄自揣测，还请陛下谨慎斟酌。"王琛向司马炎暗示石苞图谋不轨，其实只要稍加分析，就知道这纯属无事生非。石苞官拜大司马，被授予公爵高位，若叛逃到吴国，还能获得比现在更高的地位不成？王琛为何要中伤石苞？这仅仅是因为他看不起石苞卑微的身世。

并非说出身寒门就永无出头之日，当时很多寒门子弟都凭借才学为自己赢得士人的身份，并通过乡里中正官的品评踏上仕途。可石苞走的路却和其他人大相径庭。

他是个人见人爱的超级大帅哥。"石仲容（石苞字仲容），姣无双"这句话在当时脍炙人口，史书中更以"伟丽""无双"形容他的相貌，足见不是一般的帅。石苞正是凭着长相受到众多名士的瞩目，在一系列机缘之下，摆脱商贩的身份，踏入仕途，而后又成为司马师的幕僚，从此扶摇直上。

几天后，王琛的奏表送递司马炎手中。司马炎看毕，心惊肉跳，他想起望气者的警告。恰在这段时间，又曝出一件令局势更加紧张的消息——石苞在淮南修筑防御工事，秣马厉兵。其实，石苞根本没有意识到司马炎的怀疑，他只是获悉吴国有可能入侵淮南才这样做的。

司马炎听说石苞的举动，肯定忍不住要联想到王淩、毌丘俭、诸葛诞这三任扬州都督的往事，他们谋反前无一例外都是借口吴国入侵扩充军备。

他问羊祜："你怎么看？"

羊祜宽慰说："石苞绝不会谋反，请陛下安心。"

虽然有羊祜担保，司马炎还是不能安心，他当即传石苞的次子——尚书郎、散骑常侍石乔入宫觐见。司马炎本打算探探石乔口风，可石乔大概是开了小差，居然过了一天都没应诏前来。

在一连串对石苞不利的情况下，司马炎做出了判断："石苞谋反，确凿无疑！"他火速部署讨伐石苞。公元268年秋，司马炎发出诏书，以石苞擅自征调百姓服劳役为由罢免其官位。同时，又命司马望（司马孚次子）率两万中央军屯驻洛阳附近的龙陂以备不测；徐州都督司马伷（司马懿第五子）率徐州军秘密进逼寿春，打算在必要时诉诸武力迫使石苞就范。

平息兵劫

皇帝下发诏书后，两路大军同时开拔，剑指淮南，而石苞仍不知道自己正面临灭顶之灾。此时此刻，他正满心期待着一个人的到来。"算起来，孙铄也该从洛阳动身出发了吧。"石苞低头算着日子。这位名叫孙铄的人和石苞一样出身寒门，这些年，他没少受豪门大族的白眼，几天前，他刚被石苞聘请为幕僚。

这天清晨，孙铄背上行囊准备出发。就在经过洛阳城门的时候，突然，几匹快马从他身边擦身而过，险些将他撞翻。孙铄慌忙扶住墙站稳，定了定神，才看到骑马者的装束，乃是朝廷敕使。

"好像发生了什么大事？"他嘀咕着出了洛阳城。这几个骑马者，正是司马炎为对付石苞，派去调动徐州都督司马伷的特使。

次日，孙铄途经许昌，顺路拜见了镇守在这里的豫州都督司马骏（司马懿第七子）。

“你这是要去哪儿？”司马骏和孙铄是老相识。

“下官正准备去淮南。”

司马骏闻言一惊：“莫非是去做石苞的僚属？”

“正是。”

“真要去淮南啊……”司马骏似有话要说，可欲言又止。

“有什么问题吗？”

司马骏纠结了许久，终于还是没把住嘴：“你别去了。”

“为什么？”孙铄诧异。

这种事本来就不方便直说，但司马骏顾念老乡情分，遂将司马炎怀疑石苞谋反，准备发兵淮南的事和盘托出：“就是这么回事，我劝你离石苞越远越好！”

孙铄吓得面如土色：“感谢大人厚恩！”随后，辞别了司马骏，神情慌张地出了许昌，却不知该如何是好。

返回洛阳吗？还是……孙铄踌躇不已，他拉着坐骑的缰绳，将马头拽向洛阳的方向，走了几步，又停了下来。这时，一个模糊的念头逐渐在他脑海中萌生——或许我能凭一己之力，免除石苞和淮南军民一场浩劫也说不定啊！

孙铄立在道路中央想了很久，旋即，掉转马头，双足猛地一夹马腹，一溜烟似的向淮南飞驰而去。

两天后，在淮南郡寿春城中，石苞终于盼来了孙铄，他绝想不到孙铄是顶着多大心理压力才来到这里的。

“路途一定很劳累吧？先去安顿下来。”

孙铄没有动，只是谨慎地盯着石苞看。一路上，他不是没怀疑过石苞真会谋反，可他还是来到了淮南。他亲眼见到石苞后，不知道从哪儿迸发出勇气和信任，突然开口言道：“大人，您知不知道外界都在盛传您要谋反？”

这唐突的问题令石苞浑身一震，他双目圆睁，低声吼道：“大胆！你胡说什么！”

接着，孙铄把他从司马骏那里听到的消息一五一十全告诉了石苞。

石苞吓呆了。他思绪紊乱，不知所措。被主君怀疑谋反必死无疑，该怎么办……难道，真要逼我谋反？

孙铄早就想好了应对策略，他对石苞轻声耳语了一番。

石苞听罢，渐渐冷静下来，全然采纳。

当日，石苞将印绶和兵符封存起来，然后孑然一身来到寿春都邑中的驿舍住下，静候朝廷敕使的到来……

没几天，司马炎听说了石苞的反应，总算相信对方没有叛心，全是虚惊一场。不过，经历了这一系列事，石苞也不可能再继续留任扬州，他还是被免去官职。

一场浩劫就这样被孙铄化解于无形，淮南多年的厄运也就此被终结。

石苞以平民身份离开了扬州，回到京都觐见司马炎。

司马炎看着眼前这位遭受无妄之灾的老臣，显得有些惭愧："卿的儿子，险些败了卿的家门啊！"这话的意思是指石乔未能及时入宫应诏，致使石苞沾染谋反嫌疑。司马炎拿这个理由给自己找了个台阶，把责任甩了出去。

石苞虽有冤屈，却毫无怨色，平静地回答："是臣辜负了陛下的信任，臣愧对陛下！"

石苞回家后，立刻废除了石乔嗣子（拥有继承权的儿子）的身份并禁锢他终生，不得出仕。

过了半年多，司马炎起用石苞为司徒。又过了三年，石苞善终。

历史上不乏功臣束手待擒最后依然被主君处死的案例（例如汉朝开国名将韩信）。而石苞听从孙铄的建议，做出这样的应对措施得以善终，一方面由于他的确没有达到功高震主的尴尬位置，另一方面也得益于司马炎的宽容。后来，救过石苞性命的孙铄升任尚书郎，为官声誉颇高。

贾充的奋斗

下面，我们将时间线稍稍提前，倒回公元 267 年，也就是司马炎称帝后的第二年，这年晋室发生了一件大事。

在洛阳城的皇宫中，一个美艳绝伦的女人正紧紧搂着一个孩子，喃喃自语："衷儿，怪我把你生成这样，不过，我要把这世界上最好的都给你作为补偿。"这个女人正是司马炎的皇后杨艳，她怀里的孩子，是她的亲生骨肉——司马衷。

司马衷是杨艳次子，时年九岁，他完全没有理会母亲的话，只顾乐呵呵地傻笑。任何见过司马衷的人都很清楚，这是一个轻微智障患者。

倘若司马衷是个普通的皇子倒也无所谓，他这辈子可以安安心心做一个藩王。但很不幸，当杨皇后的长子司马轨两岁夭折后，次子司马衷也就成了年龄最大的嫡长子。于是，按照长幼顺序，太子之位自然落到司马衷头上了。

杨艳不止一次劝说司马炎："古往今来，从来都是立嫡长子为太子！司马衷是嫡长子，陛下可千万别做出废长立幼的事来。"话虽如此，立长不立贤也只适用于正常情况，像司马衷这种天生智障者无论如何都不适合当太子。其实，杨艳并不止司马衷一个儿子，三子司马柬同样是她亲生，可她却因为内心愧疚，坚持让司马衷成为未来的皇帝。

司马炎明白杨艳的心思，他同样为这事纠结了很多年，如今，他必须要做出这个艰难的决定。凡事皆有因，最终令司马炎下定决心的原因，除了杨艳的反复劝说外，还有他早年的经历。他年轻时的名望和才略都比弟弟司马攸略逊一筹。这种身为哥哥却不如弟弟的苦衷，司马炎不想再让自己的儿子体会了。

公元 267 年 4 月，司马炎颁布诏令，正式册立九岁的傻儿子司马衷为皇太子。

这事立刻引起朝野的忧虑，站出来提出质疑的公卿数不胜数，甚至有人暗示应该让司马炎的弟弟——齐王司马攸继位。而辅佐司马家族三代的谋略家——贾充凭借其敏锐的政治嗅觉，果断将长女贾褒嫁给了司马攸。贾充为何要这样做？显然，他也认为司马衷不堪其位，等司马炎死后，司马攸的前途不可限量，甚至取代司马衷承袭帝位也未可知。

当时，贾充官任尚书令（前任尚书令裴秀晋升司空，贾充接替裴秀入主尚书台），兼任侍中（门下省要员）、车骑将军，他一人横跨尚书台和门下省两大行政机构，再加上和皇室成员中最有前途的司马攸联姻，可谓权倾朝野。

不过，有人的地方就有江湖，有江湖的地方就有斗争。贾充势力再大也有政敌。他的政敌，便是赫赫有名的门下省首席重臣——侍中任恺。顺带提一句，任恺的夫人是魏明帝曹叡唯一健在的女儿——齐长公主。齐长公主在前夫李韬（李丰之子）被杀后改嫁任恺。但要特别说明，任恺敌视贾充与齐长公主没什么关系，如今，曹氏和司马氏的矛盾早已消逝而去，任恺和贾充之间完全是派阀斗争，大部分原因是任恺身为门下省首席，贾充身为尚书台统领，二人在行政机构上本就处于相互制约的状态。另外，贾充性好阿谀奉承，任恺则以直率著称，这种性格差异，也决定了二人关系注定不会和睦。

贾充和任恺的派阀斗争牵扯官员极多。在朝廷里，贾充的支持者，包括以中书监荀勖和太尉荀顗为首的颍川荀氏家族、左卫将军冯统、河南尹王恂（王肃子嗣，皇太后王元姬的弟弟）；任恺的支持者，则有中书令庾纯、散骑常侍裴楷（裴秀堂弟）、黄门侍郎张华（政坛后起之秀，后面还会有他的故事）、黄门侍郎向秀（“竹林七贤”之一）、黄门侍郎和峤（夏侯玄的外甥）等。可以注意到，在任恺的支持者中，除庾纯外，其余人全部隶属门下省。

如果将两派势力的架构做个简略概括，即是：贾充率领的尚书台，与任恺率领的门下省全面开战，而中书省更是被正统领荀勖和副统领庾纯一拆为二，荀勖支持贾充，庾纯支持任恺。

晋朝三省全部牵涉其中，热闹非凡。

那么，皇帝司马炎对此又持何种态度呢？一次，他劝贾充、任恺道：“朝廷当万众一心，大臣也应该彼此和睦，两位还是安生些吧。”司马炎本就性格宽宏，这种轻描淡写的语气显然不会有任何作用。贾充和任恺见司马炎没过分苛责，在往后的几年中反而斗得更加热火朝天。司马炎是否真想规劝二人？他和缓的态度，说是有鼓励味道也无不可。一方面，臣子之间斗争有利于巩固皇权；另一方面，贾充自从和司马攸联姻后，也确实引起了司马炎的忌惮。

一天，贾充对司马炎说：“侍中任恺忠诚坚贞、气度纯正，乃是辅佐太子的最佳人选。”如果仅仅是在任恺背后告黑状，那对贾充这种人来说，就显得太没技术含量了。其实，他是想把任恺从司马炎身边赶到太子东宫，从而削去任恺门下省首席侍中的官位。

司马炎怎能不明白这层意思，他笑笑道：“贾公说得在理。”继而，他下诏让侍中任恺兼任太子太傅。

请注意这个“兼任”，也就是说任恺在担任太子太傅的同时仍保留侍中一职。贾充偷鸡不成蚀把米，叫苦不迭。

司马炎一边装糊涂，一边抬任恺抑贾充。他这样做，完全是因为贾充把女儿嫁给了日后很可能成为太子司马衷的竞争对手的司马攸。也就是说，司马炎看似是在帮任恺压贾充，实则是为了儿子压弟弟。在这一回合的较量中，任恺幸运地处于有利位置，略胜贾充一筹。

贾充和任恺之间的角逐，终于因西部边境的一场叛乱达到了沸点。

公元 269 年，司马炎将雍州西部、凉州西部以及益州西北部（阴平郡）拆分出来，重新合并为一个新的行政区域——秦州。随后任命胡烈担任秦州刺史，牵弘担任凉州刺史。秦州和凉州都是羌、氐、鲜卑等游牧部落的聚集地，此举是为方便管理少数民族。

陈骞劝道：“胡烈、牵弘勇而无谋，并不是懂得治理边境的人才，他俩迟早会坏事。”

胡烈和牵弘都是伐蜀战役中的功臣，司马炎不以为意。果不其然，胡烈上任后采取高压政策，很快激起各部族的反抗。叛军总帅是一位颇具传奇色彩的人物——鲜卑族秃发部（拓跋部的异译）首领树机能。这人很不简单，他迅速掀起巨大的风浪，这场叛乱将困扰晋室长达十年之久。

但在刚开始，谁都没把秃发树机能当回事，直到第二年，一封战报传到洛阳。

“启奏陛下，秦州刺史胡烈在万斛堆（今宁夏与甘肃交界地）与叛贼激战，不幸身亡！”

战火愈烧愈烈，到公元 271 年已蔓延至凉州。5 月，洛阳再次收到战报：“凉州刺史牵弘被叛军斩杀！”

司马炎意识到西部叛乱的规模远超预料之外，便决定选拔一重臣担任雍凉都督，以免战火继续向东蔓延到关中。

任恺和庾纯抓住机会，奏道：“雍凉都督的人选必须谋略出众、资望深厚。列数朝中重臣，能堪此大任者首推贾公！况且，当年钟会谋反时，贾公曾担任过关中都督，对西部局势也相当熟悉。”二人以其人之道还治其人之身，明着是推崇贾充，实则想把贾充驱逐出朝廷。

司马炎仍在犹豫。

任恺紧跟着又说了句："陛下，雍州囊括了最重要的地区——关中，雍凉都督务必选择亲信重臣，贾公乃齐王（司马攸）岳丈，身为皇亲国戚，朝廷里没别人比他更合适的了……"这句话起到了决定性作用。

司马炎会意，终于让贾充做了雍凉都督。

因为牵扯太子司马衷和弟弟司马攸的问题，司马炎再次和任恺站到同一阵营。虽然任恺不一定是支持司马衷的太子党，但贾充是司马攸的岳父确凿无疑。

太子妃

离贾充远赴雍州的日期越来越近了。这天，群臣在洛阳近郊的夕阳亭为贾充举办践行酒会。贾充坐在首座，愁眉不展，连连叹息。他千算万算，绝没有料到把女儿嫁给司马攸这个看似前景无限的政治联姻会影响到自己的仕途。可能很多人感到困惑，先前曾屡次提到魏国重臣为争夺各州都督拼个你死我活，可贾充为何这么不愿意担任雍凉都督？首先，贾充的权势完全来自对尚书台的控制，他当然不想离开尚书台。其次，随着天下日趋稳定，重臣谁都想留在朝廷安享荣华富贵。所谓人各有志，贾充与钟会、邓艾这些渴望建功立业者有着截然不同的人生观。

在践行酒会上，贾充的铁杆盟友——中书监荀勖同样情绪沮丧，他望着向贾充敬酒道别的同僚，深为自己的政治前途担忧。随即，他对身旁的冯𬘘叹道："贾公外派，恐怕我们都会失势喽……"

"那该如何是好？"冯𬘘也有同感。

荀勖冥思苦想，一个主意渐渐在他脑海中成形。贾充被赶出朝廷，真正的原因是他和司马攸联姻……想到这里，他对冯𬘘说道："太子（司马衷）尚未成婚，如果能让贾公的女儿当上太子妃，那么一切问题就都迎刃而解了！"

荀勖可谓洞悉司马炎压制贾充的根源。俄顷，他等着贾充旁边的同僚逐渐散去，走上前，对贾充附耳言道：“贾公放心，我有对策，一定能让您留在朝廷！”

贾充双目瞪得浑圆：“如此，有劳荀君！”

翌日，荀勖和冯纨悄悄来到后宫觐见司马炎。一阵寒暄之后，荀勖转到了正题：“太子到了婚配年龄，太子妃却还没着落……”

这段时间，司马炎恰在物色太子妃的人选。他应道：“说得是，我正打算纳卫瓘的女儿做太子妃。”

“臣建议不妨考虑贾充的女儿，世人都说贾氏才貌绝世……”

“什么才貌绝世！”司马炎没好气地道，“卫瓘的女儿有贤德，长得又白又漂亮，身材高挑；贾充的女儿嫉妒心强，长得又黑又丑，身材矮矬。你们以为我不知道吗？”贾充共有四个女儿，其中有两个尚未出嫁，但这两个女儿无论外貌还是品行，绝对堪称世间极品。

冯纨言道：“贾氏的确才貌绝世，陛下若不信，可以征询太尉荀颛的意见。”

司马炎听出冯纨话里有话，他询问荀颛：“荀公，您的意思呢？”

荀颛回答：“贾充之女姿德淑茂，实在是太子妃的最佳人选。”荀颛承袭荀彧一脉，在荀氏族中辈分最高，他是荀勖的族叔，官位也比荀勖高，但他长久以来一直阿附荀勖和贾充。

回过头来说，被荀勖、荀颛、冯纨盛赞的贾充之女究竟如何呢？

我们先从贾充的家庭讲起。这是一个相当奇葩的家庭。

贾充的原配本是李丰之女李婉。李丰正是与夏侯玄、张缉密谋刺杀司马师，后被司马师活活打死的魏国中书令。很难想象，贾充身为司马家族亲信，他的岳父竟是司马家族的政敌。而在这场政变中，贾充又起到了什么作用？史书中并没有记载。

李丰被杀，李婉也遭到流放。不过她和贾充所生的两个女儿未受到牵连。长女贾褒后来嫁给齐王司马攸为妻，成为齐王妃。

李婉被流放后，贾充开始重新规划他的仕途。没过多久，他迎娶魏国名将郭淮的侄女——郭槐为后妻。前文讲到，郭淮乃是亲司马懿的实力派将领，从这桩婚姻不难看出贾充表明其政治立场的姿态。而且，根据《晋书·贾充传》的记载，贾充正是在这段时间成为司马师的幕僚，混入政治核心圈子的。可见，贾充和太原郭氏结亲成了他仕途的转折点。

贾充的后妻郭槐是个以强烈嫉妒心留名于史册的阴狠女人。

司马炎对昔日政敌采取宽厚政策，他登基后，漂泊多年的李婉也被赦免。然而，李婉回到京都却走投无路。原来，蛮横的郭槐居然不准贾充接纳李婉进门。

这事连司马炎都有些看不过去了。他劝道："贾卿，你们夫妻团聚是大喜事，赶快把李婉接回府吧！"

贾充一脸为难："这……臣家里实在不方便哪。"

司马炎会意，他对郭槐的嫉妒心早有耳闻，今天算是领教了。想了片刻，他提出一个办法："我特准你娶两位正室夫人，可好？"也就是说，李婉和郭槐没有妻妾之分，二人平级。司马炎不想让贾充难堪，又希望贾充夫妻团聚。

贾充回到家，战战兢兢地跟郭槐商量："陛下让我接回李婉，你们俩没有妻妾之分，她当右夫人，你当左夫人，好不好？"

郭槐听罢，火冒三丈："皇帝管天管地，但管不着咱家事，贾家立下佐命大功，我也有份，李婉哪有资格跟我并列？"

"夫人息怒，息怒，我不把李婉接回来便是。"贾充见郭槐撒泼，只好赔罪。最后，他把李婉安顿在贾府外，迫于郭槐的淫威，从不敢去探望。

当时类似案例很多，司马炎的舅舅王虔（王元姬的弟弟，王肃之子）的前妻是毌丘俭的孙女。毌丘俭死后，孙女遭流放。晋朝建立后，毌丘氏被赦免，王虔果断接回了前妻。

郭槐纵然蛮横，可李婉的女儿贾褒毕竟贵为齐王妃。

就在前面提到的夕阳亭践行酒会上，贾褒突然当着群臣的面，跪在贾充面前一个劲儿地磕头哀求："请您把母亲接回来！"贾褒思母心切，把头磕得血流如注。

在座同僚眼见齐王妃这副惨状，多有人上前求情，可贾充想起不好惹的郭槐，还是不敢答应。

后来，贾充的母亲病危，贾充哭问："您有什么遗言要嘱托给儿的吗？"

贾母叹了口气："你就连把李婉接回府都做不到，我还有什么事能托付给你？"

郭槐的嫉妒刻薄并不仅限于对李婉。有一次，她怀疑儿子的奶妈勾引贾充，竟将奶妈活活打死。贾充不敢顶撞，唯有忍气吞声。不幸的是，没两天，他年仅三岁的儿子，就因目睹这一幕惨剧惊吓过度而夭折了。

同样的惨剧接连发生，郭槐又打死了小儿子的奶妈，再次导致小儿子夭折。此后，她和贾充再没生下儿子。除了这两个早夭的男孩儿，郭槐还生了两个女孩儿，可想而知，这两个女孩在母亲变态的性格熏陶中能长成什么样子。

皇宫里，荀勖、荀顗、冯纨仍在喋喋不休地劝说司马炎让贾充的女儿当太子妃。

司马炎见连荀氏大佬荀顗都帮着贾充说话，不由得动了心思。只是，他想到别人对贾充女儿的评价，还是觉得有点不甘。

“卫瓘的女儿才貌出众，这事……容朕再想想……”

恰在这时，一个娇媚的声音自外面传了进来：“长得漂亮有什么用？”说话者，正是以绝世美貌著称的皇后杨艳。

话音未落，杨艳姗姗而至。“陛下，您只考虑卫瓘之女才貌出众，难道不想想卫瓘和贾充谁实力更强？”当时，卫瓘官拜征北将军、幽州都督，因远在北方边疆，朝中势力远不及贾充。她接着说道：“臣妾也认为，应该纳贾充之女为太子妃！”史书中记载杨艳接受了郭槐的贿赂。实际上，杨艳贵为皇后，郭槐还能拿什么贿赂她？杨艳这样做完全是爱子心切，寄希望于日后贾充能尽心辅佐儿子。

杨艳的话犹如当头棒喝，令司马炎不得不重新审视这个问题。他又看了看身旁的荀勖和荀顗，暗想：跟贾充结亲，意味着傻儿子能得到颍川荀氏和太原郭氏两大豪族的支持，这确实比娶一个美女重要得多。

最后，在这些人的劝说下，司马炎终于决定让儿子迎娶贾充之女为太子妃。

婚事尘埃落定，贾充从被司马炎忌惮的齐王（司马攸）党，摇身一变成为司马炎仰仗的太子（司马衷）党。不出荀勖所料，司马炎为巩固太子党的实力，一改先前的诏命，再也没提让贾充前往雍州的事。贾充得以继续留任朝中。

婚 礼

贾充共有四个女儿，前妻李婉生的两个均已出嫁（长女贾褒嫁给齐王司马攸）。后妻郭槐生的，大的名叫贾南风，小的名叫贾午。

贾充面临一个选择：“贾南风和贾午，到底该把谁嫁给太子？”他盯着两个女儿，不禁有些犯难。

当时，贾南风十四岁，勉强到了出嫁年龄，贾午只有十一岁。可是，贾南风长得实在太丑了，就连贾充也觉得把她嫁给太子有点说不过去。虽然贾午容貌也不出众，但毕竟年纪小，看上去还不至于太招人厌恶。

出于这样的考虑，贾充打算让幼女贾午嫁给司马衷。

公元 272 年的初春，洛阳城洋溢着喜庆气氛，太子司马衷要迎娶贾午。而这时候，贾府上下却是一片嘈乱。

“快点！快点！都什么时候了，怎么还在磨蹭？”贾充焦躁地催促。

几名婢女正手忙脚乱鼓捣着贾午的礼服，贾午笨拙地扭动身躯，她矮小的身子完全被埋没在宽大的礼服中，根本走不动路。

怎么办？这样走出去岂不当众出丑？突然，贾充喊道：“南风！你来试穿！”

贾南风比妹妹年长，身材也略高些，她迫不及待地穿上礼服，结果勉强合身。接着，她紧紧抱着身上的礼服，眼神流露着无限贪婪，再也不打算脱下来了。

这礼服将会改变我的一生。贾南风年纪虽小，但想得很明白。

郭槐没了主意：“到底要嫁哪个女儿？”

“当然是南风！”贾充吼道。

众人愕然。起初选定贾午出嫁，临时改成贾南风，这难道不是欺君之罪吗？不过现在顾不上那么多了。

须臾，贾南风身穿婚服迈出贾府的大门，在迎亲队伍的簇拥下向皇宫而去。

由此，礼服引起的混乱竟演变成这样一个出人意料的结果，贾南风成为太子妃，这最终影响了西晋王朝未来数十年的国运，并导致无数人命丧黄泉。

实在太丑了……司马炎看着贾南风，阵阵作呕。可是，长得好看又有什么用？

从今往后，傻儿子将赢得贾氏、荀氏两大豪族的支持。他只能这样宽慰自己。

直臣的结局

多年来，贾充和任恺之间进行着旷日持久的派系斗争，此前，因为贾充和司马攸结亲，司马炎两次力挺任恺。可自从贾充把女儿嫁给太子司马衷后，局面就出现了逆转。不仅如此，贾充更赢得了以皇后杨艳为首的弘农杨氏外戚的支持。没过多久，贾充由车骑将军升任为司空（三公），仍兼任侍中（门下省要员）、尚书令（尚书台统领），权势如日中天。而他的政敌任恺则在走下坡路。

贾充向任恺反戈一击的时刻到了。他对司马炎谏言："任恺忠勤职守，担任侍中岂非屈才？不如让他任吏部尚书。"吏部尚书归尚书台，正是贾充的直属下级。

司马炎自然明白贾充的鬼心眼，但是，既然贾充已成为儿子的保护伞，他也就犯不着再袒护任恺，当即答允下来。

任恺无奈离开门下省，进入尚书台，从此在贾充的压制下处处受刁难。

不久，贾充伙同荀勖、冯统上疏弹劾："任恺奢靡无度，居然私藏御用器皿，实乃大逆不道！"

任恺因此遭到罢免。他的确有御用器皿，但来路却是名正言顺的。

"陛下真是糊涂啊！这些器皿都是臣的夫人齐长公主（曹叡之女）出嫁时的嫁妆！"任恺气得七窍生烟，大肆抨击朝廷，这让司马炎和他更加疏远。

往后的几年里，任恺数次被朝廷起用，又数次遭到罢免，仕途坎坷。他为发泄胸中抑郁，日耗万金满足口腹之欲。在西晋时期，士大夫早已抛弃了东汉末年崇尚节俭的风尚，即便像任恺这样拥有贤臣美誉的正直之人，其生活也奢靡无度。

眼看任恺落魄，他的支持者全都无能为力。

某日，黄门侍郎和峤途经洛阳城北的北夏门。和峤刚过了门，忽听轰隆隆一声巨响，北夏门轰然坍塌。

和峤回头望去，叹了口气："唉！倒了！倒了！"

侍从听出和峤是在为任恺的事触景生情，忍不住说道：“任大人失势，您是不是该拉他一把？”

和峤摇了摇头：“元褒（任恺字元褒）就跟这北夏门一样，不是一两根木头能支撑得起来的。”这句话的原文是：“拉攞自欲坏，非一木所能支。”后来衍生出“独木难支”这一成语。

又过了十来年。

这天，太常寺官署内所有人都忙忙碌碌，却只有该署最高大员——太常任恺呆呆坐在席位上，仿佛眼前那些公务跟自己没半点关系。

署官实在忍不住了，只好提醒任恺：“大人，拜三公的典礼马上就要开始了，您还不准备准备？”太常属于九卿之一，主管礼仪，朝廷任命重臣的这类仪式都是由太常寺负责的。

任恺耷拉着眼皮，显得兴致索然：“又是哪位大人官拜三公啦？”

“您怎么还不知道？是魏尚书官拜司徒！”

“魏尚书？是魏舒？”

“正是！”

任恺听罢，猛地抄起酒壶一通狂饮。喝完，他狠狠地将酒壶扔到府衙窗外。

“魏舒！当初还是我提拔他当的散骑常侍！这些年我历经宦海浮沉，几经罢免，最后只做到个太常闲职，他却都当上司徒了！今天！今天！竟要我出面给后生主持拜三公典礼！我还有什么脸面！”

“大人！您可别乱说啊……”

署官正要相劝，只听咣当一声，任恺径自昏厥过去，重重摔在了地上。

几天后，任恺郁郁而终。

酒后失言

就在任恺失势的这段时间，他的政治盟友，中书令庾纯同样过得很不如意。

在一次宴会上，庾纯看着贾充趾高气扬的模样，胸口像堵了一块石头。随着几杯酒下肚，他愈发感到憋屈。忽然，他把酒樽摔在地上，站起来指着贾充骂道："天下汹汹，都是因你贾充作恶！"

贾充脸色铁青："我辅佐二世（司马昭、司马炎），荡平巴蜀，有什么过错？！"当年伐蜀之役，司马昭命贾充率军入驻汉中，以遏制谋反的钟会。

"你有什么过错？"庾纯已经气得失去了理智，他借着酒劲，说出了一句谁都不敢提及的话："高贵乡公现在在哪儿？"高贵乡公即是被弑的前朝皇帝曹髦。虽时隔多年，这仍是一件敏感事件。

庾纯话音落定，举座震惊。

"放肆！放肆！将他拿下！"贾充麾下侍卫纷纷拔剑出鞘，将兵刃架在了庾纯的脖子上。

"贾公息怒！"羊琇慌忙劝解。

"不可动武！"王济也喝止冲动的士兵，他是魏朝名将王昶的孙子，后面还会讲到。

庾纯觉得脖子上冷飕飕的，霎时间，他醉意全无，脑子里只有一个念头：说错话了……

事后，他连番上表谢罪，但还是被朝廷罢免。

庾纯被罢免的表面理由是对贾充不敬，深层理由则是提及敏感政治话题。然而，贾充却对这一结果并不甘心，他誓要置庾纯于死地而后快。

几天后，何曾和荀顗，这两位对贾充趋炎附势的重臣上表弹劾庾纯。按说庾纯都被罢免了，如今已是一介平民，还有什么可弹劾的呢？这里不得不说贾充一伙心狠手黑，他们弹劾庾纯的理由足够致命，乃是西晋时期最不容宽恕的罪名——不孝。

何曾、荀顗奏道："庾纯老父已八十一岁高龄，可庾纯根本不在家赡养父亲，依然热衷于仕途，要不是遭罢免，他根本就顾不上赡养老父！"

这番指责不是凭空臆断，而是确有法律依据，只是这条法律被何曾等人曲解了。

司马炎的弟弟——齐王司马攸听出了其中的破绽，反驳说："法律规定，父母年过八十，如果家里只有一个儿子，这个儿子便不能从政，需要在家赡养父母。

如果父母年过九十，家里不管有几个儿子都不能从政。庾纯老父八十一岁，但庾纯有兄弟六人，其中三人都在家赡养老父，所以庾纯不算违法。”要知道，贾充是司马攸的岳父，但司马攸不管这些，他要站出来说句公道话。

司马攸力保庾纯，打破了贾充等人一言堂的局面，群臣跟着展开激烈争论。

司马炎听了半天，他并不想因为这点破事就把庾纯搞死，遂下了定论：“罢免庾纯，完全是因为他醉酒后胡言乱语。齐王说得在理，不要再弹劾庾纯了。再说……”他扫了一眼群臣，“父母年过八十没辞官回家的，也不单单是庾纯一人吧？”此言一出，众人纷纷垂下头，不敢再多说废话了。

过了些年，司马炎起用庾纯为国子祭酒，又晋升侍中。

后将军荀昄（颍川荀氏族人）再度把庾纯不孝的陈年往事扯了出来，打算阻止庾纯升迁。

侍中甄德（魏朝郭太后堂弟，重量级的前朝外戚）出面驳斥：“先前陛下都说了，不再追究这事，荀昄这么没完没了就是抗旨不遵！”

司马炎也不耐烦了，他瞪了一眼贾充，心道：你都已经赢了，就适可而止给人留条活路吧！最后，他直接将荀昄罢免，结束了这场贾庾私斗。

庾纯虽然得以重返政坛，不过像任恺一样，他已完全没有和贾充抗衡的实力了。

就这样，贾充彻底击败了他的政敌，成为西晋初年势力最大的权臣。

贾充把朝廷搞得乌烟瘴气，但坦白讲，他充其量也只是努力经营自己的仕途，虽然他的女儿贾南风日后成为导致天下苍生涂炭的罪魁祸首，但至少到目前为止，他还没有做出什么伤天害理的事。

晋国仍然在以宽仁为本的政治环境中稳健前进着。

极具反差性的是，此时的吴国却和晋国形成强烈对比，已经步入自汉朝以来最严酷的暴政时代。其惨烈程度史上罕有。

暴　君

时光倒流回司马昭死的前一年，公元264年秋，年仅三十岁的吴国皇帝孙休突然身患重症且完全丧失了说话能力。

这天，孙休强撑起身子，勉强写下几个字：速召丞相濮阳兴入宫。

俄顷，濮阳兴冲冲地赶来，他很清楚，孙休这个时候召自己肯定是要授以托孤重任。

“臣叩见陛下！”

孙休伸出手，把住濮阳兴的臂膀，然后又指着侍立一旁的年幼的太子，喉咙发出痛苦的嘶嘶声。

“臣必不负陛下所托！”

就在濮阳兴的哭泣声中，吴国第三代皇帝孙休驾崩了。

可是，濮阳兴打算拥立孙休的儿子继位时，受到朝臣万彧的劝阻：“蜀国刚刚灭亡，吴国内忧外患不断，太子年纪还这么小，怎么能保证社稷安泰？”

“那你说该怎么办？”

“乌程侯才识明断、遵奉法度、好学不倦，不如立他为帝。”这位乌程侯名叫孙皓，现年二十三岁，乃是当年“南鲁党争”中被废的孙和之子。万彧罗列了一堆孙皓的优点，其实原因只有一个，他和孙皓交情好。

在万彧的劝说下，濮阳兴联合张布、丁奉（几年前二人合力拿下权臣孙綝）一起把孙皓托上了皇位。万彧拥立跟他关系好的孙皓当皇帝，显然是做了笔成功的政治投资（至少暂时看是这样），而濮阳兴和张布则一半为社稷考虑，一半也希望孙皓登基后能念自己的人情。但世事往往出人意料，三人拥立孙皓，其结果却是给自己和整个吴国带来了史无前例的劫难。

从此，吴国群臣算是一只脚跨进了地狱大门，他们将成为三国至西晋这百年来最悲惨的一批臣子。

孙皓登基头两个月还算正常，到了第三个月，渐渐露出残酷的本性。第四个月，孙皓突然以莫须有的罪名将濮阳兴和张布夷灭三族。这相当令人难以置信，孙皓年纪轻轻，又是通过非正常途径继承皇位，按理说，这样的皇帝会处于弱势，可孙皓登基仅四个月就把拥立自己的重臣满门抄斩，其手段狠辣着实罕见。

孙皓杀了张布，居然还把张布的小女儿纳入后宫。他挑衅地问张氏："你父亲去哪儿啦？"

"被奸贼所杀！"张氏悲愤地骂道。

孙皓当即命人把张氏活活打死，随后又把张布已出嫁的大女儿掳到后宫。

吴国群臣终于看清了孙皓的真面目——一个荒淫残暴的疯子。

而后，孙皓愈发肆无忌惮，他设置剥脸、挖眼等酷刑，随心所欲地诛杀臣子，杀人手法颇能体现病态心理。一次，孙皓将散骑常侍王蕃斩首后，命近侍扮作野兽，争相啃咬王蕃的头颅；中郎将陈声因秉公执法得罪嫔妃，被孙皓用烧红的锯生生锯断了脖子分尸。孙皓的嫔妃同样朝不保夕，稍有不如意即被处死。当时，居住在建邺的百姓总能看到嫔妃的尸体顺着秦淮河漂出城外。并且，承袭吴国皇室自相残杀的传统，孙皓对同族更是一点都不手软。

在"南鲁党争"时代，太子孙和（孙皓的爸爸）无端被孙权废掉，后又被同族孙峻、孙亮谋害。这些事给幼年的孙皓蒙上了巨大的心理阴影。孙皓先是逼朱皇太后（孙休的皇后，朱据和孙鲁育之女）自杀，接着，将孙霸（孙权第四子）子嗣流放，将孙奋（孙权第五子）全族诛灭，将孙休（孙权第六子）两个儿子处死、另外两个流放，甚至连他同父异母的两个弟弟孙谦、孙俊也找碴儿杀了。至此，孙权的孙子除了先前死掉的，其余全部遭到孙皓迫害。

喜欢杀人的皇帝，一般都爱折腾。

孙皓也不例外。他继位第二年就因为听了望气者的一句话，贸然把国都从建邺迁到了武昌。迁都是个大工程，朝廷为此征调大批民夫运送物资以维持皇室的巨大开销。孙皓来到武昌后，马上派人把当地古代名臣名家的坟全给刨了个干净，以阻断煞气。

孙皓在武昌刚住了一年，又迁回建邺。自然，官员和百姓少不了一通折腾，朝野怨声载道。

孙皓总共当了十八年皇帝，这期间，他改过八次年号（平均两年一次），并颁布过十五次大赦（基本上每年都有大赦），这绝对是要把吴国往死里折腾的节奏。

从孙皓无数令人发指的疯狂行径来看，他的确是在加速吴国的灭亡。难道这是他对杀父仇人——以孙权为首的孙氏一族进行报复吗？或许在他潜意识里正是如此。

吴臣的挣扎

这些年，陆氏始终是吴国一等豪族。有一次，孙皓问左丞相陆凯（陆逊的侄子）：“你们陆氏有几人在朝中任官？”

陆凯回答：“两位宰相，五位侯爵，还有十几个将军。”在众多身居高位的陆氏成员中，除陆凯外，同等重量级的便是他的堂兄——时任南荆州都督的陆逊之子陆抗。当时，陆凯和陆抗作为吴国末期的柱石重臣，艰苦支撑着吴国社稷。

孙皓听了，浑身一颤，缓了半晌，悻悻道：“你们陆氏可真是强盛啊！”

不料，陆凯答道：“君贤臣忠，国称之为盛；父慈子孝，家称之为盛。如今政荒民弊，臣还有什么脸面自夸强盛？”

“你！”孙皓怒视陆凯，牙根咬得咯咯作响。他暗思：早晚有一天，我定要让你家破人亡！

公元 267 年初，陆凯和大司马丁奉、御史大夫丁固密谋废掉孙皓。按照礼制，当孙皓祭拜宗庙时，会让一位重臣率三千禁军守护在宗庙周围，陆凯正是想借这股兵势逼孙皓退位。三千禁军握在谁手里，将是政变成败的关键。

祭拜前夕，孙皓征询陆凯的建议：“你认为该让谁率军护卫宗庙？”

陆凯的心怦怦直跳，表面上却不动声色，他佯装思索后答道：“臣举荐大司马丁奉。”丁奉是孙权时代即崭露头角的宿将，历经四朝，声望无人能及，他也是陆凯的同谋之一。

“丁奉？”孙皓死死盯着陆凯的双眼，过了好一会儿，摇摇头，“不！朕不想用丁奉。朕要用留平。”

就这样，三千禁军落入留平手中。

陆凯没有放弃，他想尝试拉拢留平入伙，便对儿子陆祎说：“你去探探留平的口风，如果这人跟我们同心同德，你就把计划告诉他。”

陆祎领命而去。他叩开留府的大门，只见留平兴冲冲迎出来说道：“陆君！今天出了件喜事！”

“哦？什么喜事？”

“我刚刚听说有野猪闯进丁奉的营帐，这可不吉利啊！”留平边说边坏笑。原来，他和丁奉关系不好，所以才幸灾乐祸。

陆祎见此情形，知趣地把事先要说的话咽了回去。

两年后，陆凯病危。

孙皓听说陆凯重病的消息，马上派出使臣去责难陆凯。

陆凯想起他叔父陆逊当年也是这样遭到孙权的苛责，顿觉义愤填膺。等使臣走后，他挣扎着从床上坐了起来，奋笔疾书，写下此生最后一篇奏表。在这篇奏表中，陆凯一口气列举了孙皓二十条罪状。随即，他唤来一名侍从。

“替我把这封奏表呈给陛下。”

侍从接过奏表，转身要走。

“你等等。”

陆凯叫住侍从。他反复思量：自己是一了百了，可这封奏表若是呈给孙皓，会给家人带来怎样的后果？孙皓这么折腾下去，肯定会毁了吴国，而江东陆氏的繁盛，必须要延续下去……他想来想去，又把奏表拿了回来，塞到枕头下面。

多年后，《三国志》的作者陈寿有幸看到这篇言辞切直的奏表，可他问遍了吴国旧臣，却没一个人听说过这回事。想来，奏表最终没有公布。

孙皓每每想起陆凯生前数次触犯自己，就恨得咬牙切齿，他很想搞垮陆凯的子嗣，只因对另一位陆氏重臣——南荆州最高统帅陆抗心有忌惮，所以只能暂时忍下。

这天，江东士人刁玄向孙皓呈上一则预言。据闻，这预言乃是蜀汉名臣诸葛亮和庞统的恩师——“水镜先生”司马徽关于乱世命数的卜卦。可是，刁玄为取悦孙皓，竟篡改了其中的内容，他在预言最后添了一句话：“……江东国君最终会一统天下。”

历朝历代相信谶纬术的国君不在少数，绝大部分都懂得低调审慎地看待这种事，但孙皓毫不掩饰自己对谶纬术的热衷，这自然极容易招致像刁玄这样的投机者出现。

公元 271 年，孙皓为顺应天意，亲率大军北伐晋国。其实说征伐不太准确，因为孙皓是带着皇室成员和数千后宫佳丽随行，或许在他的概念里，这次军事行动和几年前的迁都没什么区别，无非就是把家搬到洛阳。吴军冒着严寒行军不说，还要伺候几千个皇室成员，可谓苦不堪言。这样荒诞的行径，就连当初拥立他的右丞相万彧也忍不了了。行军途中，万彧和丁奉、留平密谋："倘若陛下到华里（吴国和晋国的边境）还不返回，我们就另立新皇帝！"

孙皓没有坚持走到华里，他也察觉到军队随时有哗变的危险，无奈，只好返回建邺。

一年后，孙皓获悉万彧、丁奉、留平的密谋。此时丁奉已病故，孙皓决定向万彧和留平下手。

在一次酒宴上，孙皓命人偷偷往万彧和留平的酒里投毒，可负责斟酒的近侍有意减少万彧的酒量，留平也在酒后及时服用解毒药，二人勉强逃过一劫。不过，他们明白孙皓肯定不会放过自己，没过一个月，万彧自杀，留平在恐惧中忧虑而死。二人一死，他们的家族成员全部被孙皓流放。

吴国的暴政与晋国的善政可谓南北两重天。

下面，让我们把目光移向晋国和吴国的主战场——荆州。

羊祜的理想

公元 269 年，京都洛阳的羊府。羊祜正陪侍在叔母辛宪英的床前，悉心照顾叔毋。再过几天，他要离开洛阳赴任荆州都督。考虑到辛宪英时已七十九岁高龄，此去一别，恐怕再难相见，羊祜内心无比伤感。

不经意间，羊祜注意到辛宪英的被褥是反过来盖的。这昂贵的蜀锦被褥是前不久羊祜孝敬辛宪英的礼物。难道叔母不喜欢？羊祜不解，问道："您怎么把锦缎面反过来盖呀？”

“太华丽了，我不舍得糟蹋啊！”

羊祜忍不住眼圈发红：“叔母！侄儿怕今后不能再照顾您了。”

辛宪英慈爱地笑望着侄子。这位颇富传奇色彩的女子，生于董卓火烧洛阳城的同年，在她的一生中，见证了汉末乱世、三国兴起以及蜀国和魏国的灭亡。几十年来，她数度闪现出睿智的光芒，庇佑羊氏和辛氏的兴旺。如今，她的子侄辈中，羊琇、羊祜俱名重天下，再无须她操心了。

几天后，羊祜动身远赴荆州，同年，辛宪英安然辞世。

荆州，早在东汉末年，经过荆州牧刘表的善加经营，一度发展为全国学术文化中心。到了三国时期，荆州以长江为界被一分为二，北荆州归魏国所有，南荆州归吴国所有，其交界处成为两国的重要战场，兵祸不断。北荆州的首府是襄阳，距襄阳城南十里处有座山，当地人称为岘山。岘山东临汉江，与著名的鹿门山隔江相望。

这年春暖花开，几个登山客正意兴盎然地向岘山顶峰攀登，其中走在最前面的人步履矫健，兴致最高。他不时驻足，手捋长髯吟诗作赋，赞叹大自然的雄伟壮丽。仔细看去，他其实已年近半百了。这人正是新任荆州都督羊祜。他生性乐山好水，自来到荆州后便为岘山的壮丽所折服。

就这样走走停停，羊祜一行人登上了岘山之巅。

在羊祜身边，有一位貌似向导的人正滔滔不绝地讲解。

“刚刚咱们经过的地方，乃是汉末名将孙坚战死之处。看……”他指着南山脚下一处民居，“那就是诸葛亮恩师庞德公的故居。当年荆州牧刘表亲自到这里拜访，想请庞德公出仕，不料庞德公避世心切，并对刘表说：‘世人追慕名利，只会留给子孙危险；而我却想让子孙安居乐业。’刘表只好悻悻离去。后来，庞德公渡过汉江去鹿门山采药，从此杳无音信。”

见众人听得入神，他继续讲解：“离庞德公故居不远处有个鱼池，鱼池背靠岘山，面临汉江，池旁种松竹、芙蓉，景色优美，便是著名的‘习家池’（几百年后，唐朝诗人李白、孟浩然、皮日休、贾岛等均有诗描写习家池的美景），习氏乃荆州豪族，其女嫁给凤雏庞统的弟弟庞林为妻，庞林随刘备入蜀，妻子习氏留在荆州，夫妻二人从此天各一方，直到刘备在夷陵之战败给陆逊，庞林降魏，夫妻才终于团聚……南山脚下的湖常年碧绿，名叫洄湖，在湖的上游，是诸葛亮重要幕僚杨仪（魏延的政敌）的故居。洄湖旁边有个蔡洲，则是汉末荆州豪族蔡瑁故居，蔡洲也正因此得名。魏武帝曹操年轻时就跟蔡瑁交情深厚，他平定荆州后，还曾造访过蔡府……”

这向导名叫邹湛，他对这里的历史如数家珍，正因他是荆州本地人。现今，他在荆州都督羊祜麾下任职。众人听着邹湛声情并茂的描述，眼前不由得浮现出东汉末年荆州士人的风骨。

羊祜站在岘山之巅俯览群峰，又望着山下奔流不息的汉江，心中感慨万千。他悠然叹道：“自开天辟地之日便有了这座山，古往今来，不知有多少贤人志士站在此地远眺，现在他们早已葬于黄土，真是令人伤感。若我死后有灵，魂魄必再登岘山！”

邹湛应道：“羊公德冠四海，追慕先贤之道，将来必留名千古，与岘山一同传诵后世。”他不会想到，很多年后这番话竟真的应验了。

羊祜在历史上颇具名望，约在正始年间，羊祜迎娶夏侯霸之女为妻，再加上之前羊徽瑜嫁给司马师，泰山羊氏从此和魏国最强的司马氏、夏侯氏两大家族有了姻亲关系，声势如日中天。但是，羊祜却从正始年一直隐遁避世十几年，期间多次拒绝曹爽、司马昭等人征聘。羊祜这种行为和当时众多有识之士（譬如山涛）类似，在司马氏侵蚀曹氏的过程中，一些士人选择回避。不过，当局势日趋明朗，司马氏取代曹氏已成定局之后，摆在这些士人面前的路也就只剩下一条了。

羊祜在曹髦时代出仕，他刻意和曹氏皇帝保持距离，并迅速向司马氏靠拢。在西晋建国前后这段最敏感的时期，羊祜执掌皇宫禁军，成为守护司马家族的重要力量。必须要说明的是，虽然羊祜以司马家族爪牙的身份呈现于人前，但因为他完美的道德修养和谨慎的性格，世人对他评价极高。

多年来，羊祜身为晋朝开国重臣，心里藏着数不清的国家机密，但他性格谨慎，那些存在自己手里的纸面资料，事后全部被付之一炬。羊祜向朝廷举荐过无数人才，但他从不让被举荐者知道是自己从中出力。有人不以为然，觉得羊祜是谨慎得过了头。

羊祜这样回道：“那些被举荐的人如果能封官授爵，是朝廷恩典，如果他们因此来谢我，就是本末倒置了。与其到那时候为难，不如索性不让他们知道当初是我举荐的。”

后来，羊祜受命开府。不过，他没像其他重臣那样忙着组建自己的幕府，反而表现得极尽谦卑，根本不去征召幕僚。

有人劝羊祜经营些产业，羊祜回道：“背公谋私是臣子大忌，我以此为耻。”

公元269年，年近半百的羊祜怀揣满腔抱负来到荆州，一个能让他名垂青史的机会终于到来了。与历届军事统帅不同，羊祜极力关注民生，相比之下，军事反倒成了副业。实际上，他非常清楚自己肩负的使命——把司马炎提倡的宽仁政风从京都带到荆州。

一年后，距离襄阳东南七百里的夏口（吴国境内）出现了一阵骚乱。

吴国皇帝孙皓的宠臣何定率五千人来到夏口狩猎。

这很奇怪，为什么一个朝臣会率军到前线狩猎？前文曾提到吴国独有的世袭领兵制给孙氏皇权带来的威胁。当年，朱绩收押诸葛融，丁奉处死朱熊、朱损时均须携带军队以备不测。

那么，这位率五千军队，以狩猎为名的何定的目标又是谁呢？

答案是吴国夏口都督——身为孙氏皇族的孙秀。孙秀受孙皓忌惮不是一天两天了，他见何定来者不善，一不做，二不休，果断带着家人和数百亲兵叛逃晋国。

孙秀归降后，羊祜顺势煽动驻守石城的吴军叛乱，吴国边境的防备再度被削弱。可他没有趁机发起攻势，反而将戍边守军减半，并让那些卸甲的士卒开垦出八百顷良田。羊祜初上任时，荆州仅有不到半年的存粮，经过三年妥善经营，荆州积攒了足够支撑十年的军粮。

羊祜的戍边策略，除了源于他个人的理念和性格外，更重要的是他胸怀一个宏伟的目标——彻底平定吴国。为此，他需要足够的耐心来进行周密的筹备。

半个世纪的漫长岁月里，吴国屡次凭借长江阻挡北方的入侵。但蜀国灭亡后，三足鼎立的局面被打破，晋国将益州纳于掌中，如此也就掌握了长江上游的控制权。

羊祜意识到，荆州虽是两国相争的主战场，但位于长江上游的巴蜀才是能彻底平定吴国的关键。

巴蜀舰队

公元 272 年，也就是羊祜任荆州都督两年后，这天，一个花甲老人步出襄阳城的大门，他紧了紧背上的行囊，然后朝旁边送行的羊祜深深一拜。“羊公请留步吧！”这老人名叫王濬（jùn），已年近七十，一直充任羊祜僚属，仕途并不算亨通。不过，羊祜对王濬一再提携。今天，王濬即将要离开荆州，赴任益州巴郡（今重庆市）太守。

王濬当上巴郡太守，也是羊祜向朝廷举荐的。不过，像其他那些被羊祜举荐过的人一样，王濬对此毫不知情。

羊祜对王濬嘱咐道：“起初有人告诫我说你欲望太重又奢侈放纵，不能委以重任，不过，我倒觉得那些都是细枝末节，没必要放在心上。而且，我一直认为你有雄才大略，日后定能成就大功。幸蒙朝廷垂恩，让你当上巴郡太守，一定要好好把握。”

王濬听罢，既惭愧又颇受鼓舞。他不禁想起多年前的一件事。那年他修建宅邸，在门前开了一条极宽的路，邻居不解地问：“王君，您门前这路修得也太宽了吧？”

“你懂什么？这条路将来要能容得下一支长戟幡旗的仪仗队呢！”

邻居听王濬口出狂言，不禁偷笑。几十年过去了，王濬家门口这条宽阔的道路始终没有仪仗队通过，而今，他已须发皆白。

“当年，我曾谓自己有鸿鹄之志，今天，我志向犹存！”

羊祜露出释然的笑容，他相信自己没有看错人：“往后好自为之吧！”

“在下这些年受羊公栽培，大恩没齿难忘。就此拜别！”王濬转身，往益州巴郡而去。

或许是多年来受到羊祜的感化，这位行为奢侈放纵、品行不甚好的老人来到巴郡后，也将晋国的宽仁善政带到了这里。

巴郡东临吴国边境，当地百姓因为兵役太重，只要生下男孩儿基本都不愿意抚养，任其自生自灭。王濬到任后放宽徭役，又对抚养孩子的百姓给予优待。这些政策保全了巴郡几千婴儿的性命。

不久，他因政绩出色又转任益州广汉郡太守。

一个清晨，王濬从睡梦中惊醒，他回想起方才的梦境，有些心神不宁，便向擅长解梦的僚属李毅问道："我梦到头顶的房梁上悬挂着三把刀，看着看着，突然又冒出一把刀。这是不是凶兆？"

李毅想了一会儿，答道："下官推断这是吉兆。三刀是个州字，又多一把为益，预示益州。难不成朝廷要任命您当益州刺史啦？"

王濬将信将疑。

没过几天，益州刺史皇甫晏突然死于军队哗变。随后，王濬出兵剿灭叛军，而羊祜则不失时机地举荐王濬继任益州刺史。这下，王濬的梦竟成真了。

公元272年，羊祜频频给司马炎写信："要想彻底平定吴国，不能再像以往那样只考虑从江北攻向江南，而应该充分发挥水军优势，从长江上游顺流而下，直插入吴国腹地，这才是制胜关键。要实现这一战略，首先需要在益州组建强大的舰队。"

司马炎采纳羊祜的建议，马上让益州刺史王濬征调本地屯田兵督造战船。

王濬接到诏书后，心潮澎湃。但没多久，他的造船计划陷入困局。原来，益州的屯田兵只有几百人，根本没办法完成如此浩大的工程。而司马炎也没有授予王濬征募新兵的权力。

正当王濬一筹莫展之际，僚属何攀谏言："不如征调各郡士兵，凑足上万人然后一齐开工，这样很快就能造完一整支舰队了。"

王濬犹豫道："这事得先跟朝廷请示才行。"

"朝廷肯定不会让咱们调兵。咱们索性来个先斩后奏，就算朝廷不同意，人只要到位也就板上钉钉了。"

这是一招险棋，古往今来，地方统帅擅自调兵基本视同谋反前兆，譬如魏朝时的"淮南三叛"——王淩、毌丘俭、诸葛诞，谋反前无一不是如此。

王濬捋着自己雪白的胡须，陷入沉思。片刻后，他下定决心，为实现胸中的抱负，就算以身犯险，也要一试！

于是，他没有经过朝廷许可便向益州各郡派出使者，传达征兵的命令。大部分郡太守迫于王濬的威慑力，不得不老老实实就范，可当王濬使者来到广汉郡的时候，到底还是惹出了麻烦。

广汉太守张敩没被轻易糊弄过去，他死死盯着使者的眼睛，一字一句地问道："你说王濬要征调本郡士兵督造战船？"

"正是！"

"这种事得朝廷恩准，你把朝廷诏书拿来给我看看。"

"这……下官不曾携带诏书……"

"没有诏书擅自调兵就是谋反！来人，将此人拿下！"张敩不由分说，将王濬的使者五花大绑，押送京都治罪。虽然他是依法办事，但这样做未免也有些鲁莽。

司马炎闻讯大惊，火速召张敩入京问话。

"你怎么能草率收押王濬下属？应该先秘密禀报！"

张敩很实诚，回答说："巴蜀偏远，地势险要，当年被刘备、刘禅父子割据几十年，万一再出现这种事，谁能担待得起？将这人收押，我都觉得是轻的呢！"言外之意，照当时的情形，张敩完全可以当场把使者处死，然后起兵讨伐王濬。

再怎么说，张敩秉公执法是一片好心。司马炎挥挥手，把张敩打发了下去。

事后，他既没有继续责备张敩，也没有为难王濬，甚至更默许了王濬的造船计划。没过多久，司马炎又接受羊祜建议，提拔王濬担任监益州军事（监比都督要低一级，但同样都是州的军事统帅），这下，王濬有了实打实的兵权。司马炎的确是位不喜欢猜忌臣下的皇帝。

不到一年，在王濬的努力下，数艘巨型战舰终于建造完成。战舰长约一百五十米，能承载两千人，船上有木墙箭楼，宽大的甲板可供战马往来疾驰，其规模之大，亘古未有。这一切，都要仰赖羊祜。自然，羊祜绝无法预料到王濬日后取得的成就，但正所谓无心插柳柳成荫，更何况羊祜以如此开放的心态，耐心地栽培着他的树苗呢。

王濬在长江上游建造战船，大量木屑顺长江漂向下游，被吴国建平太守吾彦发现了。建平是吴国西部边境重镇，吾彦写了封请求扩充军备的奏疏，连同木屑作为物证一起呈给吴帝孙皓。可是，孙皓连理都没理。

吾彦不能招募军队，只好用铁索横跨江面，希望能阻挡晋国的战船。于是，在益州和荆州的交界处，江面上拦起无数根粗大的铁索，这构成了吴国的防线，而在益州腹地，一支庞大的水军舰队蓄势待发。

就在这个时候，荆州都督羊祜迎来一场突如其来的战事，这最终让他的伐吴大计搁浅了。

西陵之战

公元 272 年，也就是太子司马衷迎娶贾南风的同年，这年秋天，孙皓出乎意料地发出一封诏书，命西陵督步阐入朝。步阐，正是吴国重臣步骘（诸葛瑾的挚友、吴国第四任丞相、著名的外戚）的儿子。

长江水在西陵峡一带急转向南，形成一个九十度的转角，在江的西南岸边矗立着一座巍峨的城池，这就是昔日步骘倾数年心力建造的西陵城。自步骘建城至今，步氏一族据守此地已长达近半个世纪。这期间，步氏几乎从未踏足吴都建邺。也正因为此，步氏才躲过了一波又一波的政治动荡，在江东“吴郡四姓”（张、陆、顾、朱）接连被迫害，张昭、诸葛瑾、全琮的后代相继卷入灭族之祸，以及无数臣子惨遭孙皓屠戮的岁月里，步氏依旧显赫于世，成为西陵不折不扣的钉子户和土皇帝。

可眼下，固守西陵的步氏意识到，自己的好运快走到头了。

步阐匍匐在地上。在他面前，一名朝廷使臣正朗声诵读着诏书：“西陵督步阐久居边境，劳苦功高，朕甚是想念，故命步阐速速入京朝见……”

步阐听毕，噤若寒蝉。入京肯定凶多吉少！他虽然没见过孙皓，但对孙皓的暴行早有耳闻。在孙皓的酷政下，京都朝臣的脑袋随时都有可能搬家，而那些远离朝廷的藩镇重臣，则全部被列入孙皓猜忌的黑名单，入京对他们而言，基本等同受死。

“臣遵旨！”步阐颤声应道，缓缓站起身来。他满面堆笑地看着朝廷使者，手却暗暗摸到了腰间的佩剑，突然，他猛地拔出佩剑。

还没等朝廷使臣反应过来，一道剑光划过，使臣血溅当场。

与其束手待毙，不如反了！

是夜，步阐率宗族子弟在西陵举起反旗，归顺晋国。

10 月，吴国南荆州最高统帅陆抗派遣吾彦等诸军赴西陵平定叛乱。而晋国也获悉步阐归降的消息，急忙命巴蜀驻军支援西陵，并让羊祜攻打江陵，以牵制吴军。

吾彦等吴将抢在巴蜀晋军前头抵达西陵城下，纷纷请陆抗下令攻城。

这个时候，陆抗坐镇乐乡（位于西陵和江陵之间），他判断西陵城绝不可能短期内攻破，如果晋军援军赶到，己方势必陷入腹背受敌的窘境。便传令下去："不准攻城，全军在西陵城外修筑防御工事。"

显然，陆抗做好了打持久战的准备。

11 月，晋国北荆州都督羊祜率军攻向江陵（西陵以东），巴东监军徐胤率军攻向建平（西陵以西），两支晋军总计八万人，意图对西陵城下的吴军形成夹击之势。

吴军只有三万。

陆抗意识到局势紧迫，决定离开乐乡，亲赴前线。他面临一个抉择，是去西边的西陵征讨步阐，还是去东边的江陵迎战羊祜。

吴国诸将认为当务之急是保住江陵。陆抗力排众议："江陵城防坚固，用不着担忧，但如果西陵沦陷，荆州南部蛮夷会蜂拥而起，后患无穷。"西陵南部是少数民族部落的聚集地。

陆抗决定去西陵，但江陵也不能不管。临行前，他给正攻向江陵的羊祜下了一招狠棋——摧毁江陵堤坝。

很多年前，吴国人在江陵城北建造堤坝，迫使江水改道。水势淹没江陵城北的土地，阻断连通北方的道路，形成一道天然屏障。这座堤坝捍卫了江陵几十年。但时过境迁，随着晋国水军日益强大，靠水势保护江陵的作用也就越来越小。而且，羊祜恰恰利用水运的便捷，从北荆州往江陵的前线源源不断地运送着军粮。

即便如此，这座堤坝仍承载着吴国人的感情，令他们难以割舍。陆抗不顾众将的反对，毅然决定将堤坝摧毁。

与此同时，羊祜果然心系堤坝的安危。晋军补给只有依靠水运才能保证速度，但水路的命脉——江陵堤坝却掌握在吴军手中。羊祜为保全堤坝，想出一个欲擒故纵的计策，他故意放出假消息，声称晋军要摧毁堤坝，以发挥北方骑兵的优势。

然而，无论是羊祜的欲盖弥彰，还是吴国将士的强烈反对，都没有扰乱陆抗的判断。几天后，江陵大坝轰然崩塌，原本畅通的水道干涸，晋军运粮船半途搁浅，只能临时改由运粮车在泥泞中缓慢行进。由此，围攻江陵城的羊祜军队粮食吃紧，攻势渐渐疲软。

对于陆抗来说，江陵城压力骤减，这下，他终于可以专心去西陵督战了。

12 月，羊祜认为攻下江陵已经彻底无望，只好派荆州刺史杨肇（zhào）率偏军前往西陵，但求能解救步阐，勉强弥补这场战争的损失。

杨肇来到西陵后，赫然发现吴军已筑起层层坚固的防御工事。杨肇军陷入被动，与吴军僵持。

不过，说到底吴军数量远逊于晋军。两个吴国将领感到前途渺茫，临阵叛变，到了杨肇军中。这对吴军无异于雪上加霜，可陆抗之所以被称为名将，正是因为他有一项远超过常人的能力——将劣势转化为优势。

陆抗判断：叛将一定会把我军虚实告知杨肇。随即，他将大批精锐部队埋伏在吴军部署最薄弱的区域。

翌日，杨肇果然依据叛将的情报，攻打吴军原本的防御漏洞。他万万没有料到，等待自己的是吴军最精锐力量的反扑。

转年 1 月，杨肇军队彻底溃退，紧跟着，羊祜和徐胤也各自撤军。西陵城中的步阐绝望了，他只能独自面对吴军潮水般的强攻。

几天后，西陵陷落，步阐被夷灭三族。当年，贫困潦倒的步骘只身闯荡江东，和诸葛瑾一道成为吴国首屈一指的重臣。步氏，经历了半个多世纪的繁华显赫后就此泯没。

在这场西陵之战中，吴军统帅陆抗在诸多不利的局面下始终技压羊祜一筹，扭转乾坤。战后，晋军统帅羊祜遭到弹劾，官位由车骑将军贬为平南将军，不过仍都督荆州，荆州刺史杨肇则被彻底罢免。

羊祜在战术上远逊于陆抗。可是，羊祜却有一个强项——建立在道德之上的谋略。西陵之战后，羊祜以出乎意料的方式展开了反击。

以德服人

羊祜常在边境一带狩猎，偶尔有身中吴国箭矢的猎物跑到晋国境内，羊祜会马上将猎物送还给吴国人。有时候荆州会爆发小规模战事，被晋军俘虏的吴国人在见识过北荆州国泰民安的景象后，无一例外被羊祜释放。类似这样的事接二连三发生。过了一阵子，每当羊祜出现在边境，居然会引得吴国军民向他挥手致意。

羊祜，这位晋国荆州都督很少攻城略地，反而化身为晋国的形象大使，以宽厚仁德辐射着敌境。虽然他多次战败，却比任何一位常胜将军更能赢得敌人的尊敬。

就这样，司马炎提倡的宽仁政治在羊祜的努力下渗透到了吴国境内。晋国和吴国的边界线虽没有变化，但吴国民心却渐渐归于晋国。在这种情况下，孙皓仍不知收敛地推行暴政，严防吴国人叛逃到晋国。可越是这样，叛逃者就越多，因为人心是无法被束缚的。

某次，陆抗生病，羊祜派人送来一服药。

陆抗的僚属不放心，劝道："最好先确认有没有毒，羊祜毕竟是敌人，不能不防。"

陆抗摆了摆手："以羊公的德行，就算乐毅和诸葛亮都比不上，难道能做出下毒这种下三烂的事吗？"

羊祜的行迹，很容易让人联想到春秋时期以"仁"自居的宋襄公。宋襄公还是太子时，曾主动要求把太子之位让给庶兄，可按照礼制，庶子根本不可能成为继承人，这番虚情假意的谦让不会危及宋襄公的太子地位，而让他赢得了仁义的名声。而后，宋襄公受诸侯霸主齐桓公托付，联合四国军队护卫齐国公子继位，这一义举，再次让他获得巨大利益。在公元前638年的泓水之战中，宋襄公为了维护自己仁义的名声，一定要等到楚军列阵完毕再展开攻击，最终以惨败收场。

宋襄公两次靠仁义之名获利，又因过分迷信仁义（或者可以称为往日的成功经验）而失败。那么，羊祜是否会像宋襄公一样呢？这问题暂时无法回答，但别着急，答案将在羊祜死后得以揭晓。

再说陆抗，他意识到羊祜刻意传播晋国善政给吴国带来的威胁，遂下令禁止边境驻军侵犯晋国百姓。虽然陆抗看清了形势，但无奈孙皓不给陆抗长脸，他居然怀疑陆抗通敌，直接派出使臣责问。

陆抗解释说："如果我不这样做，更会彰显羊祜美德，最终受损的只有我们。"

总之，这场没有硝烟的战争，吴国算是输得彻彻底底。

公元274年秋，吴国最后一位柱石重臣——陆抗病逝。他临死前给孙皓上了最后一封奏疏："请陛下扩充西陵和建平（吴国西部防线，邻接益州）的军备，严防敌军顺长江而下，这样，臣也死得安心了。"

孙皓可不想让陆抗死得安心，他不仅没搭理陆抗的奏疏，反而趁陆抗离世，把陆凯（已故去五年）的儿子全部流放了。这些年，他一直没忘记陆凯生前屡次惹毛自己的事，只由于忌惮陆抗，才忍着没敢对陆凯一家下手。

半个多世纪以来，孙氏皇族始终压迫着陆氏，到了孙皓时代，陆氏再次横遭祸害。不过，陆氏仍然稳居江东势力最大的豪族之列。或许正是陆氏这份地位，成了束缚他们的枷锁，令他们不敢放手一搏吧？史书描述"吴郡四姓"的家风：张文，朱武，陆忠，顾厚。陆氏对无数次政治迫害采取最大限度的隐忍。这艰难的隐忍，最后被包装成"忠"这个概念，留名于史册。

未竟的遗愿

前不久，晋朝重臣裴秀因服用寒食散暴毙。他死后，一封生前已经写完却没来得及上呈的奏疏被无意中翻了出来。这封奏疏的内容是劝司马炎趁吴帝孙皓倒行逆施这个千载难逢的良机，尽快出兵讨伐吴国。

俗话说，人之将死，其言也善。裴秀的临终奏疏再次激起司马炎对统一天下的渴望。不过眼下，司马炎只能等，因为羊祜刚在西陵打了败仗，他必须给羊祜时间，让荆州军心重新振奋起来。

西陵之战转眼过去了四年，司马炎早已恢复了羊祜之前被贬去的所有职权，而益州刺史王濬也晋升为益、梁二州都督（监益、梁二州军事，梁州是晋朝从原益州拆分出来的汉中），巴蜀水军舰队蓄势待发。羊祜见时机已然成熟，遂上奏朝廷，请求大举进攻吴国。这封奏疏，被后世称为“请伐吴疏”。

羊祜的请战得到司马炎的支持，却激起贾充、荀勖、冯统等人强烈反对，他们的理由是：雍州、凉州、秦州一带战祸不断，实在不应该两线作战。这段时间，在晋国西部边境，秃发树机能率起义军数度击溃官军。

羊祜再次上疏：“只要平定吴国，西部叛乱自可熄灭。”表面上看，吴国远比秃发树机能的起义军要强大得多，这是什么逻辑？羊祜这样分析：吴国内部已经腐朽不堪，在外力推动下容易攻破，而雍凉叛乱则是晋国内因促成，因此不易收拾。羊祜可谓深明事理。他很清楚，内因才是起决定作用的。

但是，贾充、荀勖、冯统等人再次驳回羊祜的上疏。司马炎没办法了。

转眼到了公元278年，羊祜五十八岁了。这年初春的一天，羊祜换上一件轻便皮裘，带着几名贴身侍卫步出军营。

“走，去岘山！”羊祜来到荆州整整十个年头。这十年来，每逢春秋之季，他必定要登一次岘山。

往年登山，众人皆轻装前行，可这次，跟在羊祜身后的几名侍卫却抬着一棵柏树幼苗。

一行人来到岘山脚下，开始挖土，不一会儿就挖出个深坑，然后将树苗栽上。《舆地名胜志》记载，这棵羊祜亲手栽培的柏树，后来被称为“晋柏”。

羊祜在荆州苦心经营多年，为的就是看到吴国覆灭，可随着年纪越来越大，身体状况越来越差，他已经意识到，自己这个心愿恐怕在有生之年都没法实现了。想到此处，他轻抚着柏树苗，喃喃低语：“只好让你来替我见证吴国的覆灭了。”接着，他重重地叹了口气：“天下不如意，恒十居七八。当断不断，当取不取，徒令后人增添遗憾！”

返回军营后，羊祜给堂弟羊琇写了封信：“近来，我总想卸去戎装，头戴葛巾回归乡里，只要有块棺材那么大的容身之处足矣。我本是一介平凡士人，却妄居高位，总担心别人会议论我贪图官位。其实，我仰慕的古代先贤唯有疏广啊！”疏广是西汉名臣，晚年主动辞去官位，回到故乡后将皇帝赐给他的黄金遍赠父老乡亲。羊祜的心境在这封信中表露出来。

不知不觉，夏去秋来，又到了登岘山的季节。

“羊公，咱们是不是该去登岘山啦？”侍卫询问。

羊祜沉默片刻，缓缓地摇了摇头：“不去了……”

接着，他提笔给司马炎写了封奏疏，请求卸去荆州都督之任，返回京都洛阳。

几天后，司马炎恩准，羊祜随即起程，离开了他守了十年的荆州。

羊祜一踏进洛阳城，一名朝廷使臣匆匆奔到面前拜倒禀报：“羊公节哀，弘训太后崩！”弘训太后，正是司马师的夫人——羊祜的胞姐羊徽瑜。

“啊！”羊祜大张着嘴，顿时老泪纵横。他本来就在路途上染病，这下哀伤过度，病情更严重了。

秋日，枯黄的树叶纷纷落下，羊祜疲惫地躺在床上，昏昏睡去。

偶尔，他感到精神稍好，便支撑起疲倦的身子走下床。当他推开窗户的时候，赫然发现外面已下起了鹅毛大雪。

外面响起一阵咯吱咯吱的踩雪声，一位客人正冒着漫天飞雪穿过羊祜家的庭院，向他的寝室走来。

吱扭一声，羊祜寝室的门被推开了。

羊祜揉了揉困倦的双眼，只觉得眼前这人似曾相识，却不大想得起来：“你是……”

“羊公可好？在下张华……”这位张华，官任尚书，正是两年前羊祜上《请伐吴疏》时，朝中寥寥无几的伐吴支持者之一。他此番前来，一是受司马炎之命探望羊祜病情，二是向羊祜征询伐吴的建议。

“哦！快请进。”羊祜热情地把张华请进屋，随后，二人对伐吴一事谈了许久。羊祜有种预感，自己未竟的夙愿，终于可以经由张华实现了。

张华拜别羊祜，直奔皇宫面见司马炎。

“张卿，羊公说了些什么？”

“羊公说，吴国统治无道，可不战而克。若孙皓不幸死去，吴国另立新君，就算有百万雄师，也难以越过长江了！”

“好！好！那羊公身体可好？能否亲征？”

“病情依旧没有好转，不过，羊公说并不需要他亲征。”

司马炎不禁黯然神伤：“如果是这样，谁能接替羊公出任荆州都督？”

“羊公举荐尚书杜预！”

“杜预……”

公元 278 年底，羊祜在洛阳病逝。他出殡之日，天寒地冻，司马炎的泪水滴在胡须上结成了一个个冰柱。羊祜去世的消息传到荆州，整个荆州罢市，街头巷尾哭声不断。荆州人主动避羊祜的名讳，把房屋的“户”都改称为“门”，把“户曹”改称“辞曹”。老百姓在岘山为羊祜立碑，并让李安为其篆刻碑文。李安是当时的刻碑名匠，先前也曾为诸葛亮的荆州故居篆刻宅碑，相当有名。半个月后，遵循羊祜遗愿，杜预出任荆州都督。他来到荆州后，但见观碑者无不唏嘘流涕，遂将此碑命名为“堕泪碑”。羊祜去世的消息又传到了吴国，吴国军民也为这位敌国统帅的故去而叹息。

羊祜的堂弟羊琇上疏：“亡兄临终前多次叮嘱，希望薄葬在祖坟处。”

“羊公德高望重，怎能草草安葬？不准！”司马炎固执地决定在离京都十里远的皇陵旁安葬羊祜。

羊琇又上疏：“亡兄多次叮嘱，不要把印绶放进灵柩。”印绶，代表过往的荣华，生不带来死不带去，羊祜走得很安心。

齐王司马攸也上疏：“舅母（夏侯霸之女）一再重申，切勿以侯爵之礼安葬，请一切从简。”司马攸当年过继给司马师当养子，因此，羊祜乃是他的舅舅，夏侯氏则是他的舅母。

司马炎叹了口气，只好勉强答应：“成全羊公的遗愿吧。”

羊祜身为荆州都督，虽没有攻城略地，却主动承担起更宏远的目标。首先，他不仅把晋朝的宽仁政风从京城带到了荆州，更辐射到了吴国境内。其次，经他的举荐，王濬当上了益梁都督，杜预又继自己之后当上了荆州都督。这两个人，日后都成为晋国扫平吴国的决定性因素。羊祜高瞻远瞩，他的格局，也远远超越了一个地方军事统帅应有的范畴。

羊公传说

羊祜去世了，很多关于他的奇闻逸事也流传开来。

相传羊祜五岁时屡屡对奶妈提到一个金环："我有个金环！先前常拿在手里玩的！"

"乱讲！你哪里有什么金环？"奶妈莫名其妙。

"就是有，我把它藏在外面那棵大桑树下了。"

奶妈顺着羊祜的指引，果真在邻居东墙外的大桑树下找到一个金环。邻居见此情景，不禁潸然泪下："这是我多年前早夭的孩子留下的玩具啊！"于是，羊祜被人认为是邻居儿子的转世。关于这段转世记载，自然无须去纠结其真伪，姑妄言之，姑妄听之。

纵使羊祜有过这种奇幻的经历，但他对命运却看得淡然。

羊祜年轻时，有个风水师对他说："你家祖坟有帝王之气，不过千万不能破土，否则你就无后了。"

羊祜听了这话，不管三七二十一，就在祖坟旁边开挖，以示不信。

风水师连连惋惜："帝王之气被你毁了，但勉强还能出个断臂上公。"

后来，羊祜从马背上摔下来，折断手臂，而他晚年，果然位至上公又没有子嗣。

当年羊祜初到荆州时，指着一处正在拆除的府衙问道："这府衙好好的，为什么要拆？"

旁人回答："当地风俗，若上任官员死在任上，则认为府衙不祥，须拆掉重建。"

羊祜面色不悦，言道："生死有天命，难道是房子决定的吗？从今以后，这种陋习一律禁止！"

从这些逸事，可以将羊祜的个性窥知一二。下面，让我们再看看羊祜的仕途，以便对这位西晋名臣有个更全面的认识。

在史书中，羊祜以德高望重被世人称颂，他貌似完全置身朝廷派系斗争之外。不过，倘若我们仔细探究就会发现，他绝非任恺那样的直臣，相反，他竭尽全力与荀勖、贾充等人保持良好关系。

就在太子司马衷和贾南风成婚后不久，一天，司马炎突然问贾充："当初任恺谏言，想让你出任秦州都督，你知道羊祜是什么意见吗？"

"这……臣猜不到。"贾充支支吾吾，他料定羊祜不会说什么好话。

"羊祜私下劝我，把你留在朝廷里。"

"啊？……"贾充愕然感慨道，"我今天才知道，羊公真不愧是位宽厚长者！"事后，他亲自登门拜谢羊祜。不过，和贾充搅和在一起，毕竟不光彩。羊祜这事办得很低调，以至于受益者贾充开始都不知情。那么，羊祜为什么会帮贾充说好话呢？有可能是源于他的政治理念——相比起任恺和贾充的角逐，他更关心秦州的民生，所以才向司马炎这样建议吧。

再怎么说，羊祜算卖了贾充一个很大的人情，但由于他卓越的政治智慧和道德修养，没人认为他跟贾充同流合污。在伐吴问题上，羊祜与贾充、荀勖等人意见相左，但也上升不到派系斗争的程度。那么除此之外，羊祜和其他同僚的关系又怎样呢？我们尝试着将史书中零散的记载拼凑起来。

西陵之战，王戎（"竹林七贤"之一）在羊祜麾下从征，不知什么原因，差点被羊祜以军法处斩，而王戎的堂兄弟——王衍也素为羊祜所不齿。王戎、王衍对羊祜积怨已久，很多年后，王氏兄弟掌权，常诋毁羊祜，以至于朝野间流传这样一句话："二王当国，羊公无德。"

王戎以贪婪市侩著称，他和羊祜根本不是一路人。那么，"竹林派"中另一位重臣——口碑甚佳的山涛，和羊祜关系怎么样呢？史书记载，羊祜权倾朝野时，司隶校尉李憙（xǐ）弹劾裴秀、山涛等重臣私占官田。司马炎虽没有深究，但事后山涛因为得罪权臣被一度调离出朝廷。史书特别提及此事发生在羊祜掌权时代，又说山涛被贬是因得罪权臣。如此，这位权臣大概就是羊祜了。似乎可以推断，山涛与羊祜的关系不太融洽。

在羊祜力挺的伐吴问题上，山涛又持什么态度呢？

山涛也反对伐吴，可他的理由跟贾充等人不同，他不是担心失败，而是担心成功。他私下说过这样的话："大家都不是圣人，外部一安宁，内部的忧患就要接踵而至了。如果放任吴国这个外部威胁，难道不是更有益处吗？"

乍一听，山涛的观点只能用阴暗来形容，不过仔细想想，倒也不乏哲理。人性本是自私又贪得无厌，正像商业只有在竞争的环境下才能蓬勃发展，国家统治也只有在有敌对势力威胁的情况下才能兢兢业业。总之，山涛是从哲学角度来解释政治问题的。

羊祜和山涛的政治立场不尽相同。我们再来看看和羊祜站在同一阵营，羊祜临终前举荐的杜预。

常年来，杜预的仕途上始终横着一块巨大的绊脚石，这绊脚石名叫石鉴，他是伴随杜预数十年的政敌。二人的怨仇不知因何而起，也不知要追溯到什么时候了。

公元 270 年初，二人矛盾爆发，杜预在石鉴的弹劾下遭罢免。

几个月后，杜预被朝廷起用，又再次遭石鉴弹劾。这次更严重，杜预被石鉴直接押往廷尉治罪，最终被削爵位，勉强捡回一条命。

过了些年，杜预展开反击，他弹劾石鉴虚报军功。二人激烈的争执在朝廷引起轩然大波，结果，二人一并被罢免。

又过了没多久，二人被起用。杜预学聪明了，没有直接出面，而是退居幕后指使同党弹劾石鉴，罪名和上次一样是虚报军功。于是，石鉴被罢免。

二人就这样你来我往斗了很多年。

这位石鉴，应该有人觉得眼熟，回顾二十几年前的那个夏夜，他酣睡在河南郡一所陋屋中，却被身旁辗转反侧的山涛踹醒。没错，他正是山涛多年的至交。

羊祜最有名的著述是《老子传》，他对玄学研究极深，可种种迹象表明，他与同样崇尚玄学的"竹林派"不那么和睦。不过，大概是因为羊祜、山涛的名声和人品都极佳，二人的微妙关系在史书中也就讳莫如深了。

伐 吴

公元 278 年，杜预接替羊祜任荆州都督，成为晋国南战区军事统帅。

杜预曾在尚书台任度支尚书（负责军资调度）多年，有“杜武库”的美誉。他刚上任荆州，便以迅雷不及掩耳之势奇袭吴国名将——西陵督张政。在羊祜时代，晋国从不搞突然袭击，每次攻击前都要事先通报。如今，杜预打破以往惯例，吴军被打得落花流水。

张政担心受孙皓责罚，竟向朝廷隐瞒了败绩。可是，他完全没有料到，杜预并不满足于在战场上占些小便宜，其真正目的是要彻底整垮自己。

几天后，杜预将缴获的俘虏和军资全部送到吴都建邺。这招实在太狠了，孙皓大发雷霆，当即裁撤张政，引发了吴国南荆州军界震荡。杜预虽为羊祜推崇，但他的行事风格却跟羊祜截然不同。他除了善用诡计之外，也干过一些很不人道的事，日后，他攻破江陵，把城中对他不尊重的人全都杀了泄愤。

前文曾留下一个疑问——倘若羊祜伐吴，是否也会像宋襄公一样拘泥于“仁”的形式呢？这疑问本应随着羊祜的死埋没于黄土，再无从知晓，不料，杜预以他的实际行动给出了答案。显然，羊祜并不在意后继者的德行，他很清楚赢得最终胜利需要的是什么。而羊祜的仁，或可称为谋略，正是大战以前的铺垫。

公元 279 年，荆州都督杜预、益梁都督王濬，这两位曾被羊祜提携的人，接连上疏请求伐吴。

朝廷里，度支尚书张华力挺伐吴。

贾充、荀勖、冯纨则反对伐吴。

这年年底，司马炎终于下定决心，正式颁布伐吴诏书。战役声势浩大，动员了晋国东、南、西各大战区所有实力派统帅。

接着，司马炎明确下达了各路统帅的战略目标。

东战线——徐州都督司马伷（司马懿第五子）攻向建邺以北三十公里处的涂中（今安徽省滁州市，王凌谋反前，吴国曾在此处堵塞涂河，修筑涂塘）；扬州都督王浑（魏朝名将王昶的儿子，太原王氏族人）攻向建邺西南四十公里处的横江

（今安徽省和县）。这两路晋军，在长江以北对吴都建邺形成夹击之势。

东南战线——豫州刺史王戎攻向武昌（今湖北省鄂州市）；江北都督胡奋（魏朝名将胡遵的儿子）攻向夏口（今湖北省武汉市）。这两路晋军意图切断吴都建邺和荆州之间的联系。

南战线——荆州都督杜预攻向江陵（今湖北省江陵县），这里是吴国南荆州的重要门户。

西战线——益梁都督王濬协同巴东都督唐彬（巴东隶属益州，但因为地理位置重要，故单独设置军事统帅）先攻克吴国西部边境重镇建平郡，然后继续顺江东下，直捣吴国腹地。这位唐彬，即是先前邓艾死后奉司马昭之命到雍州体察民情，对雍州政局做出准确判断之人。

以上，共七位统帅，总计二十万大军。而负责各路军队后勤事宜的，则是伐吴的坚定支持者——度支尚书张华。

另外，司马炎又委派贾充任全军总帅，坐镇荆州襄阳郡。这位权贵外戚，身为伐吴最坚定的反对者，反而成了伐吴战役名义上的最高统帅。

司马炎坚信伐吴必胜，虽然贾充反对，但还是想让贾充在战胜后分一杯羹。毕竟，贾充是他儿子未来最强大的保护伞。可贾充看不透局势，硬是赖在京都不走，一门心思地上疏奏请终止伐吴计划。

这下，即便是宽容的司马炎也怒了："贾卿如果不领命，朕就挂帅亲征！"

话说到这份儿上，贾充不敢再违拗，只能前往襄阳督战。

就在伐吴诸将蓄势待发之际，司马炎接到一个喜讯——困扰晋国西部边境十多年的鲜卑起义军首领秃发树机能被晋将马隆斩杀。顺带讲一下马隆，他也是个有故事的人。

回顾公元 251 年夏天，魏朝扬州都督王淩在船舱里服毒自尽，已烂了快两年的令狐愚尸体也被挖了出来。

路过者全都捂着鼻子远远绕开，三天过后，没人敢给令狐愚收尸。

这时，一个人径直奔向令狐愚的尸体，他毫不介意上面爬得密密麻麻的蛆，一边抱着尸体，一边解开绳索喊道："在下给大人收尸！"

围观者吓得要死："你就不怕受牵连？"

“在下名叫马隆！是令狐大人的宾客！”

可实际上，马隆并不是令狐愚的宾客，他和令狐愚之间也没什么瓜葛。随后，马隆妥善安葬令狐愚，又为令狐愚服丧三年。他这样做究竟出于什么目的？可能很复杂，也可能很纯粹。义理，怜悯，或是借机扬名。

总之，此事过后，马隆不仅没受到牵连，他的大名反而尽人皆知，他从此步入仕途。

距司马炎伐吴一年前，马隆受到司马炎破格提拔，前往西部平定叛乱。次年，他参考诸葛亮《八阵图》中的描述，造出一种攻守兼备的战车，将之投入战场，然后，他又在战场周围掩埋磁铁，让己方士兵穿戴皮甲，干扰身披铁甲的敌军。凭借这些奇思妙想，马隆最终以三千精锐攻破数万叛军，斩杀了秃发树机能。

晋国西部边境战火熄灭，让司马炎伐吴的信念更加坚决了。

大舞台

公元 280 年 3 月初，晋军各路统帅依既定方略纷纷向目标挺进。

在这声势浩大的伐吴浪潮中，西线统帅王濬怀着建功立业的强烈渴望，率领当时最强大的水军舰队顺长江攻入吴国境内。

首先挡在他面前的是数根横跨长江的粗大铁索。

“往铁索上浇麻油，放火烧！”王濬下令。

铁索经过火烧逐渐变软，再经巨型战舰撞击，轻松断裂。

王濬就这样轻易突破了荆州和益州之间的障碍。

随后，王濬接连击败吴国西境无数军队，舰队突破建平郡，向乐乡、江陵一带逼近。王濬傲然站在船头，任凭雪白的胡须迎风飘扬，只觉得胸中无比畅快。在他身后，是一座座攻陷的城池，而在舰船的甲板上，则堆着包括陆抗两个儿子——陆晏、陆景在内的两百多个吴国将帅的头颅。

“这又是谁的首级？”王濬指着一个新呈献上来的头颅问道。

“回禀将军，这好像是吴国乐乡督孙歆的首级……”在刚才的一场混战中，王濬前锋击败了孙歆部队。

“好！好！”王濬尽情享受着胜利的喜悦，他也没仔细查清楚，便提起笔挥毫落墨，赫然将吴国乐乡督孙歆的大名写在了呈给朝廷的战报中……

可是，这头颅并不是孙歆的。

孙歆正战战兢兢地龟缩在乐乡城里，无暇顾及刚派出去迎击王濬的部队是胜是败（可以肯定是败了），因为他已自身难保。此时，乐乡城外的树林中插满晋军旗帜，而不远处的山上也燃起了熊熊烽火。乍看之下，乐乡城外至少驻扎了几万晋军。孙歆怎么也想不明白，这几万晋军是如何在自己毫无察觉的情况下，神不知鬼不觉渡过了长江。他在给同僚的信中惊问：“晋军难道是飞过长江的吗？”

几万人当然不可能隐身飞过长江。事实上，这支晋军只有八百人，他们不属于王濬，而是荆州都督杜预派出的奇兵。八百奇兵埋伏在树林中虚张声势，迷惑孙歆。不一会儿，被王濬击溃的吴军仓皇逃回乐乡，杜预这支奇兵又趁乱冒充吴军涌进乐乡城，顺利活捉了乐乡督孙歆，吴国重镇乐乡沦陷。

几天后，司马炎同时接到了两份战果——王濬送来的“孙歆”首级和杜预送来的孙歆活人。满朝公卿不禁哄堂大笑。

说到底，王濬的疏忽除了博洛阳官员一笑之外，倒也没给他带来什么恶劣影响。不过，王濬对功名的渴求，也通过这件事表现得淋漓尽致。不久，他将为此惹上更大的纠纷。

乐乡督孙歆事件只是个小插曲。这个时候，杜预正率主力围攻他的首要战略目标——江陵。七十年来，这座坚城始终掌握在吴国手中，成为南荆州不可逾越的屏障，如今，随着吴国边境城池一个接一个土崩瓦解，江陵也不可避免在杜预的围攻下沦陷。

前面说过，晋国总共调动了七位颇具实力的军事统帅（司马伷、王浑、王戎、胡奋、杜预、王濬、唐彬）同时向吴国发起攻势。这七位统帅中，司马伷、王浑、王戎、胡奋、杜预均是由北向南攻打既定战略目标，王濬和唐彬却有些特殊，他们从巴蜀顺长江走水路，由西向东攻入吴国，而他们的战略目标可以这样形容——能打到哪儿就打到哪儿。

从这方面看，可供王濬发挥的空间极大，但是，在战役之初，也就是3月上旬，司马炎发出过一封诏书，内容为："王濬攻破建平（南荆州西境重镇）后受杜预节度（归杜预管），接近吴都建邺时改受王浑节度。"究其原因，还是司马炎不太放心王濬。这也难怪，王濬大半生默默无闻，六十多岁才出任羊祜僚属，直到今天他连司马炎的面都没见过，信任的程度自然要大打折扣。

杜预接到这封诏书后，觉得很不合情理，分析说："倘若王濬不能攻破吴国西境，那他根本没法跟我会师，谈不上受我管辖；倘若王濬攻破西境，则应顺流而下直捣吴国腹地，这样的丰功硕绩，更没有受制于我的道理。"杜预看得很明白，王濬根本就不该归自己管，也不是自己能管得了的。

4月初，王濬走水路，和江陵的杜预顺利会师。不过，想必王濬对此并不期待，因为这意味着他将要划归杜预管辖了。

这天，侍卫向王濬禀报："杜将军差人送来一封书信。"

王濬接过信。看毕，他本来紧皱的眉头瞬间舒展开，只见信中写道："您既然已攻破西境，就不要瞻前顾后，应直取吴都建邺，立下旷世奇功！"杜预的信中只有鼓励，全无任何想束缚他手脚的意思。

而后，杜预遵循既定战略，果然不去抢王濬的风头。他一路南进，一直平定了大陆最南端的广州（今广西、广东地区）和交州（今越南）。至此，吴国长江上游的领土完全被晋朝攻陷。王濬在欣喜之余，将杜预的书信呈递给朝廷。

此时，司马炎也意识到，这场战役的主角非王濬莫属，无论是杜预还是王浑，都不该再去约束他了。4月4日，司马炎又下诏书，这封诏书完全推翻了之前的意思。

首先，司马炎将王濬的监益、梁二州军事提升为都督益、梁二州军事，王濬成了真正的益梁都督。接着，让杜预分出一万七千兵给王濬。王濬继续东进，协助胡奋、王戎攻克夏口、武昌。然后，胡奋、王戎再分出一万三千兵给王濬，让王濬直取建邺。那么，先前让王濬接近建邺时受王浑节度的说法又做何解释呢？诏书上没有明说，大概是司马炎顾及王浑的情绪，觉得有点尴尬就没再提。

另外，诏书又提到司马伷、王浑、王濬等人仍然受贾充节度，再次重申了贾充最高统帅的地位，并让贾充从荆州襄阳转移到离建邺更近的豫州项城督战。这意味着伐吴之役即将进入围攻建邺的决战阶段了。

纵使远在洛阳的司马炎都能洞悉战局，可临近前线的贾充却再次打起退堂鼓，他上疏道：“吴国仓促间难以平定，眼看快到夏天，南方湿气重，军中恐怕会蔓延疫病，请陛下火速召回诸军。考虑到此战损失重大，臣请腰斩张华告谢天下！”朝廷里，中书监荀勖跟贾充沆瀣一气，同样主张撤军。贾充和荀勖为什么对伐吴这样抵触？除了对军事方面感觉过于迟钝，也是担忧“狡兔死，走狗烹”的命运会降临到自己头上。

司马炎自然不糊涂，他答复贾充说：“张华的意思就是朕的意思。”言外之意，你还敢腰斩我不成？

贾充无奈，只好老老实实移屯到项城。

紧跟着，司马炎又单独给王濬写了封诏书：“你顺流直取建邺，不用顾及别的。”

总之，王濬经过羊祜多次举荐，又得到杜预和司马炎的鼎力支持，终于被推向了最耀眼的舞台。

4 月中旬，王濬得到杜预一万七千兵增援后越过江陵，继续顺长江向东，沿途联合王戎攻克武昌，又联合胡奋攻克夏口，并得到王戎和胡奋共一万三千兵的增援。最终，王濬率八万水军直逼吴都建邺。

最后的丞相

益梁都督王濬打得顺风顺水。与此同时，在东战线，扬州都督王浑也进驻到建邺西南五十公里处的横江，把长江北岸的吴国势力扫荡一空。

建邺城临江矗立，在建邺城外的江面上，停驻着吴国丞相张悌率领的三万吴军，他刚刚奉命要去迎战王浑。

张悌溯江行进四十多公里后，已经能望见长江北岸的王浑大军了。丹杨太守沈莹言道：“听说王濬正率水军逼向建邺，不如我们就在这里迎战王濬。如果我们去江北打王浑，就没人能守护建邺了！”

张悌惆怅地叹了口气："无论怎样做，吴国灭亡都无法避免了。若等王濬逼近，我军恐怕连最后一战的勇气都会丧失殆尽，到时候陛下出城投降，君臣无一人为社稷殉难，这难道不是耻辱吗？"

"那您打算……"

"我打算渡过长江，和王浑决一死战。如果我临阵战死，全当报效社稷，无悔无憾！"

沈莹为张悌舍身赴死的精神深深感动了："在下誓追随丞相左右。"

适逢初春，江面上吹起和煦的暖风，带走了去年冬天的寒气。这寒气不正像暴虐的孙皓，终会被春风吹散吗？然而，张悌却固执地想要为这邪恶的王朝殉葬。春风拂过张悌的脸颊，他最后一次回首，看了眼建邺。然后，他悲壮地下令："全军进驻江北！"

在今天的马鞍山市一带，长江向东北流，横江便在这一段流域的西北岸。很快，驻守在横江的晋军统帅王浑即将面临吴国最后也是最猛烈的抵抗。

张悌派沈莹为前锋，王浑则派豫州刺史周浚为前锋，两军展开激战。

沈莹麾下五千人号称"青巾兵"，本是战斗力极高的山越人。但眼下，"青巾兵"的攻势却显得相当疲软。沈莹一连发起三轮突击，结果都被周浚挡了回去，而他自己也死在乱军之中。沈莹一死，吴军士气土崩瓦解，纷纷掉头逃往长江方向，晋军紧追不舍。数万人都在狂奔，犹如洪水泄堤，不可阻挡。然而，却有一个人伫立在战场上一动不动，静静地准备着拥抱死亡。

张悌将宝剑插在地上，抬头漠然望着前方，一拨又一拨的吴军从他身旁飞奔而过，距他前面百米，晋军犹如凶神恶煞般冲杀过来。

吴国右将军诸葛靓拽着张悌的衣袖："巨先（张悌字巨先），存亡有天命，不是你能左右的。没必要轻生啊！"这位诸葛靓，正是当年诸葛诞在淮南发动叛乱前送往吴国做人质的幼子。

张悌摇了摇头道："我年幼时就受过你家诸葛公的提携，我常担心自己辜负贤士知遇之恩。今天，我以身殉国，死得其所！"他所说的诸葛公，即是吴国名臣诸葛瑾，也就是诸葛靓的堂叔。

诸葛靓还是紧紧拽着张悌的衣袖不放，希望带张悌逃离战场。

张悌甩了甩袖子：“仲思（诸葛靓字仲思），你本是魏国人，不该死在这里，你自己逃吧，以后还能回到故乡！”

诸葛靓听到这里，只好独自逃命。他跑了百余步后回头望去，只见张悌已被晋军砍得血肉模糊。而诸葛靓则成功逃离战场，在不久后，还有关于他的一段故事。

这场战争致使两千名吴军横死。死，有轻如鸿毛，有重如泰山。按说守卫疆土应该是军人的本分，但吴国有这么一个混账皇帝祸害天下，而全天下都渴望统一，那么这些阵亡的吴国将士到底算不算死得其所呢？

总而言之，张悌，这位吴国最后的丞相终于得偿所愿，以死殉了社稷。

乱世终结

就在张悌和王浑展开决战的时候，东战线的另一位晋军统帅——司马伷也进驻建邺以北三十公里处的涂中，他隔着长江，紧盯吴都建邺。更具威慑力的，则是顺长江而下，日益向建邺逼近的王濬水军舰队。

孙皓派张象率一万水军溯江而上，迎击王濬。但当张象远远望见江面上的晋军旗帜后，果断倒戈，加入了晋军。

4 月，孙皓最后会集了两万人，将皇宫中零零散散的珍宝都拿了出来：“击退晋军，这些珍宝都是你们的！”

众人垂涎欲滴地盯着珍宝，纷纷振臂高呼：“誓为陛下决一死战！”可他们心里想的却是：珍宝属于谁，现在已不是你能说了算的。当晚，这临时拼凑的两万吴军即发动哗变，抢走珍宝，又放火烧了孙皓的皇宫。

孙皓彻底绝望，吴国再没有任何力量能抵御晋军了。

现在，晋军各路统帅均已达成自己的战略目标，都在静候朝廷下一步部署，而只有益梁都督王濬仍风驰电掣般向建邺挺进。他即将要路过王浑所在的横江。

王浑麾下何恽谏言：“请将军现在就攻打建邺，否则功劳肯定被王濬抢走。”

王浑回答：“朝廷不准我冒进，若抗命，战胜不能免责，战败更是重罪。况且，此前诏书让王濬受我节度，到时候我与王濬合流，一起攻向建邺岂不稳妥？”

“王濬气势如虹，怎么可能甘心听您的命令？”

前面说过，司马炎在战役之初下了一道诏命，让王濬接近建邺时归王浑管辖，可随后，司马炎力挺王濬，就没有再提这回事。那么王濬、王浑究竟该如何处理？就全看个人理解了。

王浑对何恽的提醒不以为然，他给王濬写了封信，邀请对方途经横江时上岸召开军事会议。需要特别注意的是，王浑以书信的形式“邀请”王濬上岸，这并非军令，也没有配兵符。王浑为何这么客气？究其原因，恐怕也是司马炎前后矛盾的诏书让他没有十足的底气。

4 月 30 日，王濬舰队开到三山（今安徽省芜湖市三山区）时，收到王浑送来的书信。在他前方五十公里处的长江西北岸，就是王浑驻军的横江，越过横江再前进五十公里，则是此战的最终目的地——建邺。

攻克建邺，意味着终结近百年乱世。这诱惑力实在是太大了。

僚属提醒道：“将军，再往前就到横江了，王浑请您上岸军议。”

王濬呆呆地望着建邺方向出神，喃喃自语：“功名……停不下来啊……”

“将军？您说什么？”

王濬一咬牙，一跺脚：“就跟王浑说，风太大，船停不下来！”他距离横江尚有五十公里路程，如果想停，当然能停下来。然而，功名，散发着强烈的诱惑力，让他奋不顾身地奔向建邺。王濬的心停不下来了。

与王濬同行的巴东都督唐彬把这一切看在眼里。他预感到王濬和王浑日后免不了争功，他不想牵扯进这场复杂的争斗，便对王濬道：“在下近来偶染风寒，想先停船休息几天再走。”

然后，唐彬果断命令自己的舰队停止前进，表示出不想跟同僚争功的态度。

当夜，王浑收到了王濬的回信。他抬眼望去，只见王濬的舰队正从江面上径自飞驰而过。几天前，他还在为自己击溃了这场战役中吴国最强的军队沾沾自喜，他也因那封让王濬受他节度的诏书信心满满。可现在，他内心只有愤怒和懊悔。

“混账东西！”王浑狠狠地将王濬的信踩在脚下，心急火燎地下令，“周浚！马上率前锋开拔！一定要赶在王濬之前攻入建邺！”随后，他自己也率主力向建邺挺进。那么，周浚到底能否抢到王濬前面攻进建邺呢？按照两军的正常速度，应该说绝无可能。然而，后面两天发生了一系列事件，竟导致局面出现了变化。

5月1日上午，王濬舰队开到建邺城西的石头城。这座石头城距离建邺仅几公里，是建邺的卫星城，也是保护建邺的最后一道屏障。石头城沦陷，意味着建邺形同裸城。

此时，王濬收到孙皓送来的投降书。

“把降书送给王浑，让他来建邺会师。”王濬吩咐道。事实上，孙皓的降书本就是一式三份，同时送给了王濬、王浑、司马伷三位晋军统帅。王濬主动将降书送给王浑，仅仅是卖个顺水人情，因为以目前的形势，他知道王浑是无论如何都不可能抢在自己前头了。

5月1日中午，王濬抵达建邺城下，但他没有进城。不需要了。孙皓袒胸露背，自缚双手，带领二十一位宗室成员出建邺城外，向王濬叩首跪拜，正式宣告国祚终结。王濬把孙皓搀扶起来，他向建邺城内瞭望，只见浓烟滚滚，火光冲天，原来是孙皓的皇宫正在熊熊烈焰中燃烧……

自公元229年孙权称帝至公元280年孙皓投降，吴国历经五十一年后灭亡。但实际上，早在公元196年孙策割据江东时，吴国版图便已粗具雏形，算起来，吴国可以说有八十四年的历史了。在这近一个世纪中，孙氏一直把压制江东本土豪族作为对内的首要政策，而孙氏皇族内部自相残杀，大概应该归因于孙权无意中给他后代树立的价值观。有人说，如果当年没有发生“南鲁党争”，太子孙和顺利继位，那么吴国或许会良性健康地延续下去。也有人说，纵然如此，孙皓毕竟是孙和的儿子，孙和死后还是免不了轮到孙皓继位，吴国终无法逃脱这位混账皇帝的魔掌。但是，如果孙和没有被孙权、孙鲁班、孙亮、孙峻一帮所谓的亲人陷害，孙皓是否会拥有一个美好的童年，成为一个心理健全的人呢？

总之，吴国就这样灰飞烟灭于历史的长河中了。历时两个月的战役，终于结束了近百年的乱世。

争名夺利

5月1日傍晚，王濬接到王浑发来的军令。他一边看，脸色一边变得阴沉起来。军令中写道："为防孙皓逃跑，命王濬即刻围攻建邺！"

王浑担心王濬率先攻破建邺，居然想用这种办法拖住王濬。

"战争都结束了，吴国没了，王浑还让我围攻建邺，简直莫名其妙！"王濬冷笑。然而，王浑这回发来的不是简简单单的书信，而是搭配兵符的军令。王濬深知自己有抗命嫌疑，遂一直停留在建邺城外，以免落下口实。接受孙皓投降已是头功，进不进建邺又有什么所谓呢？

是夜，王濬得到一个令他震惊的消息：王浑恨自己独揽大功，打算在建邺城下跟自己火并。

眼看要闹出大事了，僚属何攀（曾建议王濬征调益州驻军督造舰队）献策："赶紧把孙皓送给王浑，以免事态不可收拾！"

王濬也觉得是，便将孙皓送给王浑。一场危机暂时得以化解。顺便提一句，孙皓在王浑的军营没住几天，就又被王浑转赠给了司马伷，最后由司马伷送给了朝廷。这位亡国之君，作为危机公关的礼物，就这样被几位统帅送来送去。

与此同时，王浑麾下的豫州刺史周浚赶到，率先进入建邺。可是，无论王浑还是周浚，心里都相当憋屈，因为孙皓已经向王濬投降，周浚入建邺，其性质并非攻破敌国首都，而是进入自国城池，这还得感谢王濬等了他大半天，功劳自然大打折扣。

5月2日，王濬尾随在周浚之后，率军开进建邺。

几天后，王浑、司马伷甚至杜预等人的军队也纷纷赶到，转眼间，建邺会集了二十万晋军，在这闹哄哄的局面下，王浑和王濬的纠纷也正式拉开了帷幕。

王浑先下手为强，上疏弹劾王濬贪功心切，抗旨不遵。此事在朝中激起轩然大波。本来，这很容易裁定，可复杂的是，王浑和王濬之间并不是一场公平的较量。前文说过，王濬出道甚晚，六十多岁成为羊祜的僚属，年近七十才出任益州地方官，且从未涉足朝廷的政治核心。王浑则不然，他的爸爸王昶是司马懿亲手提拔的荆州都督，他的老婆钟琰之是重臣钟毓的孙女，他的儿子王济又娶了司马炎的女儿——常山公主为妻。王浑这个太原王氏家族，绝对算西晋一等一的世家豪门。

朝臣大多和王浑私交很好，纷纷上疏请求将王濬收押。

司马炎猜到其中原委，他有心挺王濬，同时还要避免驳王浑的面子，便压住群臣，只是责问王濬道："先前朝廷发出诏书，让你受王浑节度，王浑按甲休兵等你，你怎么不听王浑命令直抵建邺？你纵然有功，也应尊崇王法，这样抗命，朕还怎么号令天下？"

王濬上疏辩解："臣在正月二十二日（公历为3月10日）接到诏书，命臣顺流东下（这封诏书确实提到让王濬受王浑节度，可是被王濬含混省略过去了），臣受诏出兵。后又接到诏书（4月4日诏书），命臣和司马伷、王浑、唐彬等人皆受贾充节度，并没有单独说让臣再受王浑节度（司马炎写这封诏书时已改变了初衷，不想再束缚王濬的手脚）。臣途经三山时，王浑给臣发来一封信，邀请臣上岸军议，也没有提到让臣受他节度的意思（王浑对王濬的'客气'成了把柄）。臣的舰队顺风疾行，根本停不下来，没办法掉转船头回去和王浑会合（这就有点胡扯了）。不出一天，臣接到孙皓的降书，臣不敢耽搁，当即告知王浑。三月十五日（公历为5月1日）傍晚，臣才见到王浑的兵符，命臣围攻建邺。可当时孙皓已经出城归降。难道臣要发兵围攻自国城池吗？再者，书信传达需要时间，这期间又变故频生。假使臣孤军深入打了败仗，给臣定罪还说得过去。但臣统领八万水军，令孙皓望风而降。王浑屯驻江北，不能洞悉战场虚实，看臣得了头功就眼红，希望陛下不要误听谗言。"

司马炎看毕，点头认可，他当然知道王濬钻了些空子，但至少表面上说得条条在理。

王浑不罢休，他授意豫州刺史周浚上疏，诬陷王濬的军队私藏吴国宝物，火烧建邺皇宫。

周浚很不情愿，劝说王浑："当初您打败张悌后没抓住机遇，致使王濬抢了头功，现在却又和王濬争功，这么干不太合适。"

王浑不听。周浚只好上疏弹劾王濬，这下，他把自己也搁了进去。

王濬不是个忍气吞声的人，他再次上疏申辩："二月（公历为4月上旬），孙皓把大批财物赏赐给下臣，那时候皇宫中已经没有什么宝物。三月（公历为 4 月下旬），孙皓决定出降的时候，近侍又把剩下的宝物盗走，并放火烧了皇宫。臣派到皇宫的人是去救火，不是放火！而且，臣派到皇宫审查书籍典章的人还遭到周浚擅自扣押。周浚在十六日（公历为 5 月 2 日）比臣早一步进入皇宫，就算有宝物，也是被周浚先到先得，臣无缘得之。另外，王浑比臣先一步登上孙皓的楼船，如果船上有宝物，那肯定是被王浑偷了。还有，周浚部下八百人在建邺城中抢劫，臣缉捕其中二十余人遣送给周浚处置，周浚至今也没给臣一个交代。再向陛下禀报一事，此前，王浑与张悌在横江一带战斗，吴军被斩两千人，而王浑、周浚谎称有八千七百人，以上这些，都希望陛下明察。”

王濬本为自辩，可他气不打一处来，变被动为主动，居然弹劾起王浑和周浚。

跟王浑关系要好的朝臣纷纷进言：“王濬在自辩书里根本没有写清楚他历次接到诏书的详细日期，肯定是钻了空子。再加上他违抗王浑军令，请押往廷尉治罪！”

司马炎说道：“诏书在传递途中或有稽留延误，不能因此指责王濬抗命。王濬功大于过，瑕不掩瑜。”他为什么要这样袒护王濬呢？首先，必须要说司马炎明白事理。其次，王浑一族，也即是太原王氏，乃是齐王司马攸的坚定盟友，司马炎有心想压制齐王党势力。这和之前在贾充、任恺的派系斗争中，他袒护任恺是同样道理。关于王浑父子与司马攸的故事，后面还会讲到。

亲近王浑的朝臣不依不饶，誓要整死王濬：“王濬擅自烧毁吴国舰船一百三十五艘，应该让廷尉出面审理。”

司马炎不耐烦地摆摆手：“行了行了，别再为难他了！”

随后，他命廷尉刘颂考核王浑和王濬的功勋大小。他的本意，是希望刘颂能抬王濬，抑王浑。

然而刘颂却裁定王浑的功劳高于王濬。

司马炎很不高兴，责备刘颂有失偏颇，将刘颂降职处分。继而，他亲自裁定，赏赐王浑食邑八千户，赏赐王濬则高达一万户，又特别授予王濬诸多超越其官位的特权。

伐吴这一年，王濬已七十四岁高龄，他终于在古稀之年凭借自己的努力官拜镇军大将军，赢得了至高无上的荣耀和地位。他家门前那条宽阔的大道，也终于迎来了长长的鼓吹仪仗队。可是，王濬过得并不舒心，他的政敌隔三岔五地弹劾他，同时，他对王浑更无时无刻不保持着强烈的戒备心。

有时，王浑因公事要和王濬会面，王濬便紧张兮兮地在周围部署好卫队才同意相见。而他每次觐见司马炎，总是提起伐吴功劳，并满腹牢骚地讲述自己被王浑压抑的冤屈，最后连司马炎都听烦了。

王濬在荣耀、压抑、警惕中度过了生命中的最后六年，于八十岁高龄时去世。

王浑后入朝官任尚书左仆射，后拜司徒。他原本担任扬州都督时中碑不错，可自从当上司徒后，声誉却反不如前。想来，他度过了人生的巅峰，也没太大心气再折腾什么了。关于王浑和他的儿子王济，以及太原王氏一族，在后文还有故事。

功臣们

讲完王濬和王浑，再说说伐吴战役中的其他功臣。

杜预受赐食邑九千六百户。他将自己的功绩篆刻在两块碑文上，一块立在万山脚下，另一块立在岘山之巅。

“多年以后，高山变深谷，深谷变丘陵，到那时不知道世人还会不会记得我！”他是个执着于让自己留名千古的人。

早在正始年间，他的爸爸杜恕得罪司马懿，被弹劾流放，途中忧愤而死。杜预的仕途也戛然而止。一直到司马师死后，司马昭让妹妹高陆公主嫁给杜预为妻，从此终结两家的怨仇，杜预才得以再度出仕。如今，他成为西晋统一天下的最大功臣之一。

战后，杜预继续留镇荆州，可他打算急流勇退，遂多次上疏：“臣家累世文吏，不擅武事，请求辞去荆州都督之职。”

司马炎没有同意。

而后，杜预频频贿赂洛阳权贵。

有人不解，问道：“杜公行贿，是打算求官职，还是求爵位？”

“我但求那帮人别害我，哪敢奢望他们帮我！”

杜预晚年沉浸在对《春秋左氏传》的研究中，并著有《春秋左氏经传集解》《春秋左氏传音》《春秋左氏传评》《春秋释例》《春秋长历》等书。他经常向司马炎旁敲侧击地表明自己与世无争、潜心于学术的愿望，言道：“王济有马癖，和峤有钱癖，臣有《左传》癖。”王济是王浑的儿子，和峤是夏侯玄的外甥、王浑的女婿，这两个人后面即将讲到。

五年后，杜预被征入朝，不幸在前往京都的路上病逝，终年六十三岁。

王濬麾下的巴东都督唐彬受赐食邑六千户。后来，他历任幽州都督、雍州刺史，颇有作为。十四年后善终。

负责攻打武昌的王戎、负责攻打夏口的胡奋也都加官晋爵。王戎三年后被征入朝廷任侍中。胡奋的女儿胡芳被选入司马炎后宫，胡奋成了著名的外戚。

胡芳是一个性格刚烈的女人，在此讲讲她的逸事。

有一次，司马炎和胡芳玩游戏的时候，胡芳不小心抓破了他的手指。司马炎有些气恼地说：“你可真是个将种！”

胡芳毫不示弱，答道：“我爷爷（胡遵）北伐公孙渊，西抗诸葛亮，我父亲南讨吴国，我当然是将种了！”胡芳直率豪爽的性格让她备受司马炎宠爱。

胡奋的爸爸胡遵自诸葛亮北伐时期就一直跟着司马懿混，胡氏一族始终坚定不移地支持司马家族。在此后二百多年中，胡氏后代一直活跃于政坛，子孙位至公侯卿相者有几十人，还出过两位皇太后。这一家族在两晋南北朝盛极一时。

进逼建邺的司马伷后来官拜大将军，两年后病逝。顺便提一句，这位司马伷的孙子即是东晋开国皇帝司马睿，他的后代，未来都将成为故事里的重要角色。

除了以上几位身临战阵的将领外，在朝廷负责后勤工作，同时也是伐吴坚定支持者的尚书张华受赐食邑一万户。可没过多久，张华在荀勖、冯𬘯的谗言诬陷下，先是被赶出朝廷，后又一度被罢免。他之所以遭受这样的厄运，完全是因为他支持齐王司马攸。关于张华的故事，后文还有很多，这里就不再赘述了。

另外，司马炎也没有忘记伐吴的“开山鼻祖”——羊祜。他赐给羊祜的遗孀夏侯氏食邑五千户，以感念羊祜之功。当初，夏侯霸只身逃往蜀国，魏国的亲戚纷纷和他断绝关系，唯独女婿羊祜依然待夏侯氏如初。幸运的夏侯氏，因为嫁对了人，不知令多少女人羡慕。

讲完这几位功臣，也该讲讲此战名义上的最高统帅贾充了。基本上，他除了从头到尾打退堂鼓外，就没干过正经事。

战后，贾充上表谢罪。

司马炎没有责备贾充，反而赏赐他食邑八千户。不光如此，就连和贾充沆瀣一气的荀勖也受到赏赐。究其原因，贾充和荀勖乃是支持太子司马衷的重要力量。甚至可以这样讲，在司马衷这个问题上，除了杨皇后一族外，他们也是司马炎唯一能仰仗的豪族势力，为此，司马炎必须要保住他们的地位。

也不是所有晋朝的臣子都因平定吴国得到实惠，至少有一个例外——骠骑将军孙秀。

十年前，孙秀官拜吴国夏口督，他因受到孙皓的威胁不得不逃往晋国。这十年来，孙秀过得无比滋润，他作为晋国对吴国进行政治宣传的活标本，官位甚至一度跃居贾充之上。不过，他的价值全因有吴国存在，而现在，吴国灭亡了。

孙秀悲哀地叹道："当年讨逆将军（孙权的哥哥孙策，官拜讨逆将军）以弱冠之年创业，没想到今天就这么被孙皓给丢了，祖宗基业从此化为乌有。苍天哪！怎么会这样！"他是为孙皓感到惋惜吗？未必。早在十年前，他应该就已经割舍了吴国的一切。然而，他的悲伤却是真实的，因为他预见到自己失去了利用价值。

不多久，孙秀果然由骠骑将军降为伏波将军。

亡国之君

吴国灭亡后的第二个月，孙皓偕家眷来到京都洛阳。他清楚记得六年前听过的一则预言。

卜者言："六年后您会驾临洛阳。"

孙皓大喜过望，他想当然地认为自己会一统天下。

如今，他真的来到了洛阳，却不是以胜利者的姿态，而是以俘虏的身份拜见司马炎。

司马炎像对待刘禅一样赦免了孙皓，又授以爵位供其养老。在一次宴会中，贾充问孙皓："听说您喜欢剥人脸皮、凿人眼睛，不知道臣子得犯多大罪才会遭受这样的酷刑？"

孙皓瞥了一眼贾充，回答："企图弑君、心怀不忠的臣子，便要受此刑罚。"他讥讽贾充谋杀曹髦倒无可厚非，但他将那些惨死在自己屠刀下的无辜者都冠以不忠的罪名，实在是个彻头彻尾的浑蛋。

贾充听罢，羞愧得抬不起头。一方面，他被孙皓戳中了痛处；另一方面，想必是因为见识到孙皓这位厚颜无耻的教主，自愧弗如吧。

这件事记载于《资治通鉴》。在《晋书》中也有一个类似的故事。

某日，司马炎和王济下棋，孙皓在旁观看。王济一边下棋，一边随口问孙皓："您怎么能剥臣子的脸皮呢？"

西晋初年，君臣关系融洽，司马炎又是个性格随和的人，所以臣子在皇帝面前从不拘束，王济当时没有正襟危坐，他把脚随意伸到案几下面。孙皓见状，损道："臣子对君主无礼就要被剥脸皮。"

王济偷偷把脚缩了回来，司马炎微微一笑，也不说什么。

看得出来，晋国臣子对孙皓滥用酷刑着实无法理解，而孙皓既已成亡国之君，还这么盛气凌人，他的底气到底从何而来？

一次，庾峻（任恺政治盟友庾纯的哥哥）向孙皓故臣李仁问道："听说孙皓剥人脸皮、凿人眼睛，可有此事？"

李仁回答："孙皓身为一国之君，秉持生杀大权，对犯人施以刑罚，这有什么过错？臣下直视君主即是傲慢无礼，无礼即是不忠，不忠即是谋反，挖掉眼睛难道不应该吗？"他大言不惭地为孙皓辩护，大概是想博一个忠于故主的名声。有这种颠倒黑白、无视道义的走狗，难道不正是孙皓嚣张的根源吗？

在移居洛阳的众多吴国旧臣中，有一个人名叫薛莹，他是吴国初代名臣薛综的儿子。

司马炎问他："你说说，孙皓为什么会亡国？"

薛莹据实回答："孙皓亲信小人，滥用酷刑，臣子心怀恐惧，所以败亡。"

后来，有人问陆喜（陆逊侄子，陆抗堂弟）：“薛莹能位列吴国第一等名士吧？”

陆喜说：“在孙皓的无道统治下，第一等名士是那些隐居遁世的人；第二等名士主动避开权位，屈居卑位；第三等名士秉承正见，不惧强权；第四等名士揣度时局，偶尔能做出点善行；第五等名士温恭谨慎，不助纣为虐。所以吴国最贤明的士人都默默无闻，一般人根本不知道他们是谁。次一等的士人，有名声但离灾祸更近。薛莹在那个凶险的时代名声显赫，故应该介于第四、第五等之间吧。”

陆喜将遁世隐居者奉为第一等，而执正见、不畏强权者都排在其次，这似乎显得过于消极和不作为了。按照这个逻辑，他的同族兄弟陆凯、陆抗大概也只能排在第三、第四等的位置。从这一点不难看出，自陆凯、陆抗死后，吴郡陆氏一族的心态。不过，陆喜的消极，也恰恰说明在那个极端邪恶的社会环境中，个人根本无力与强权抗争，或许最明智的选择，真的就只有超然世外，等待外力将之摧毁了。

孙皓投降后被封为归命侯，四年后死于洛阳。

就在晋国平定吴国的这年 10 月，公卿为庆祝天下统一，屡次请求司马炎封禅。

司马炎犹豫再三，最终没有答应封禅的请求。

封禅，是指帝王到泰山祭拜天地的礼仪。根据《史记》记载，管仲提到三皇五帝时代便有封禅的传统，但毕竟年代太久远，基本上跟神话传说没什么区别。战国时代，儒士将封禅的概念系统化，此后一直到明朝，开国皇帝朱元璋正式取消封禅仪式。两千多年里，成功登泰山举办封禅大典的帝王只有六位，他们分别是：秦始皇、汉武帝、隋文帝、唐高宗、唐玄宗、宋真宗。帝王拥有至高无上的权力，可唯独在封禅这件事上不敢乱来。他们相信，自己手中的权力是上天恩赐的，倘若功德不够，擅登泰山就会触怒天地。

烛光

公元 280 年，这是值得牢记的一年，因为这年，持续近百年的乱世总算终结了。必须要说，为我们带来无数故事的三国时代，无论后人看起来多么荡气回肠、激昂亢奋，但对于当时的人来说，唯有悲情。根据统计，东汉鼎盛时全国人口超过五千五百万，可经过汉末群雄一通乱打，到公元208年赤壁之战时，全国人口居然下降到仅有一百四十万人。虽然不排除有很多四处逃难的人无法统计，但这个数字依旧触目惊心，也就是说，超过百分之九十的人死于战乱。三国后期，全国人口才渐渐恢复到七百六十万。到天下一统的公元280年，全国人口上升到一千六百万，仍远低于汉朝。那些让我们感怀仰慕的乱世“英雄”，一个个谁都没少杀人。

这一天，无论是中原、巴蜀，还是江南，都是普天同庆，一派祥和，一千六百万人享受着来之不易的和平。

在京都洛阳，离皇城不远处有间宅子。这宅子极尽简朴，多年来的每个夜晚，宅子的书房中总是亮着暗淡的烛光，有时很晚才熄灭，更多的时候，烛光会一直持续到天蒙蒙亮。

书房里有两个人，主人正就着烛光伏案写作，旁边一个小书童边整理着书籍，边随口劝说：“大人，今晚您就别写了，早点休息吧。”书童虽这么说，但他知道，这话跟白说一样。

主人应道：“是觉得有点儿累，可一下笔就停不下来呀。”就这么又写了一会儿，他总算撂下笔，伸了个懒腰，又揉揉困倦的双眼，打算给自己争取一个短暂的放松。

书童见状，也放下手里的活，和主人聊起闲天：“大人，您别怪我多嘴，您从巴蜀来洛阳都这么多年了，以您的学识，现在只混个治书侍御史着实有点屈才。”

主人不以为意，淡然一笑道：“说起来，就算这治书侍御史也得来不易啊！想当年，若非张华大人举荐，我恐怕要终老于家了。”

“您既然出仕，就该察言观色，谁不知道中书监荀勖权倾朝野，您不跟他搞好关系怎么行？”

“荀勖嘛……哼！他想赶我出京。我偏不买他的账，这不，天无绝人之路，杜预大人又帮我说好话，把我留在了朝廷。”

“可不是吗？荀勖想赶您走，是因为他不喜欢您写的书。”

主人听到这话，板起了脸："他不喜欢？我写的书不是他能说了算的！我写的是历史，写的是这百年来的历史！想他荀氏族人中，荀彧和荀攸两位大贤实乃左右历史的关键人物，让这二位留名青史当之无愧，可他荀勖算什么？一介佞臣！"

"还有啊，我听说丁氏也对您很不满意。"

"丁氏？哪个丁氏？"

"您怎么忘啦？就是前一阵子非要送您一千斛米的丁氏呀，他们想借机让您给他们的先人立传，您没答应。"

主人嗤之以鼻："他们那是痴心妄想！有资格在我这部书里立传的，都是名臣、重臣、诸侯、国君，还有贤人志士！丁氏先祖丁仪、丁廙兄弟？他们充其量只是曹植幕僚，因帮曹植争夺世子之位以惨败收场被曹丕处死。虽说可怜，但以那两个人的分量，要想立传，根本不够格嘛！"

"您知道他们在外面怎么说您吗？"

"说什么？"

"他们反咬您一口，说您找他们索要贿赂，就是那一千斛米，还说，因为他们不给您米，所以您才不给丁仪、丁廙立传。黑白颠倒啦！"

"他们当真这么说？"

"当真！"

主人突然开怀大笑起来："随他们说去吧！后人若是信了，我也无话可说。不过，肯定还是明白人居多。想来，我恩师真有先见之明，早就提醒过我。"

"您恩师怎么说？"

"他说我将来必定凭才学扬名天下，但也会遭到世人的诋毁非议！"

书童听罢，咧嘴一笑："大人，听您这么一说，我才觉得，您跟您恩师可真是一脉相承，他老人家也是受到世人不少非议呢！"

这家主人的恩师，正是当年劝刘禅投降的巴蜀名儒谯周。这家主人，姓陈名寿，乃是巴蜀名士，时年四十八岁。

"不聊了，我得继续写！若不是平定了吴国，我都不知道后面该怎么收笔。对我来说，伐吴最大的收获，莫过于能一览吴国的史籍啊！"陈寿说着，又提起了笔。

书童知道这又将是个无眠之夜了。他闷着头，继续整理从吴国皇宫接收来的史料，然后抱着一大摞书卷堆到陈寿面前：“大人，您写的这部书想好书名了没？”

陈寿顿了顿，伸出三个指头，郑重其事地说道：“我写的是三部书，记住，是三部！《魏志》《蜀志》《吴志》！”

这位陈寿，即是《三国志》的作者。一开始，书分为三部发行，直到北宋年间，三部书才合并为一部，命名为“三国志”。陈寿选取史料极其严谨，对于诸多不可信或存疑的事迹均废弃不用，以质朴、简约的文风记载了自东汉末年到西晋初年近百年间的历史全貌。在二十四史中，《三国志》与《史记》《汉书》《后汉书》评价最高，被合称为“前四史”。固然，《三国志》受限于政治环境，以魏国为正统，且对司马氏不乏回护溢美，又因为文字简约，很多事写得过于粗略。但是，这些都不足以掩盖《三国志》的光辉。我们必须要感谢陈寿，因为后世无数关于三国的小说、戏曲、电影电视乃至电子游戏等，都是从他这部书中衍生出来的。

另外，不得不说的是中国历代的历史编撰者们。自春秋时代，孔子开始撰写《春秋》记述鲁国的编年史，再到西汉时代，司马迁完成旷世巨作《史记》，从五千年前的三皇五帝一直讲到了汉朝。自此之后，无论太平盛世还是兵荒马乱，总能在恰当的时机冒出一批人尽可能严谨地记述着历史的进程，得益于此，中国的史书再没有断裂过。诚然，有人批评中国的史书——尤其是正史，存在诸多个人倾向和感情因素，难以呈现完美的客观，但是，历史本就是由人创造的，史书又由人来撰写，如果没有了人的感情掺杂其中，又何谈人的历史呢？而关于人的故事，又哪有完美的客观呢？今天，我们探寻那些早已逝去的历史人物的是是非非，吸收前人积累的智慧和吸取教训，当然，也从中获得了足够多的娱乐，这都要感谢那些默默奉献的史书作者。

就在陈寿写《魏志》的同时，夏侯湛（魏国初代名将夏侯渊曾孙）也以缅怀曹操为初衷编写了一部《魏书》，可当他看过《魏志》后，自知《魏书》无法望其项背，便一把火将《魏书》烧成了灰。西晋名臣张华看过陈寿的作品后忍不住感慨：“真该让陈寿再撰写晋朝的历史啊！”

另外，陈寿对诸葛亮推崇备至，他竭尽所能地搜集诸葛亮的文章、书信、奏疏、兵法，编成了一部《诸葛亮集》。几百年后，因为《三国演义》这部小说的渲染，诸葛亮变成善用奇谋的神人，很多人本着“后入为主”的精神，反而认为陈寿对诸葛亮的客观评价——“治戎为长，奇谋为短，理民之干，优于将略”有诋毁成分。殊不知，《三国志·诸葛亮传》和《诸葛亮集》中所记载的这位蜀汉丞相，才是更加趋近于真实、丰满且有血有肉的人。

除《三国志》和《诸葛亮集》之外，陈寿还著有《古国志》和《益部耆旧传》两部书。

陈寿虽才华横溢，但仕途相当不顺。他在为父守丧期间，因生病让婢女伺候自己服药，因此被乡党非议。他遵行母亲临终前的遗愿，将母亲安葬在洛阳而非巴蜀故乡，这事让他再次遭到同僚弹劾，并一度罢免了官位。

公元 297 年，朝廷起用陈寿任太子中庶子。可陈寿还没等正式上任就病逝了，享年六十五岁。他死后，《三国志》才被西晋朝廷正式收录为官方史籍。

昔日今朝

这天，司马炎坐在皇位上，不禁陶醉起来，全天下尽在他的掌握中。陡然间，他想起了一个人。不！不对！至少那个人是自己无法掌握的。可普天之下，莫非王土，他还能逃到哪里去呢？

吴国灭亡后，诸葛靓随大批吴国旧臣迁到洛阳。他从未想到自己有生之年还会踏足这片土地，此刻，他茫然若失地徘徊在洛阳街道上，放眼可及的一切都显得那么陌生。在他记忆里，洛阳仍停留在二十多年前的模样。那时候他尚年幼，每天都过得无忧无虑，还经常跑进大将军府玩，因为那里住着一个他青梅竹马的朋友。而后，他被送往吴国，魏国的一切都离他远去，再后来，就连魏国都不复存在了。

洛阳城早已物是人非，儿时的朋友也不再居住在大将军府，而是搬进了深邃的皇宫里。

诸葛靓幼年时的朋友，正是西晋开国皇帝司马炎。诸葛靓的杀父仇人，则是司马炎的父亲司马昭。

他不想见司马炎，可是司马炎偏偏想见他。

“诸葛靓现在在哪儿？”

“听说他躲在琅邪王府。”

“哦……想来也会是这样。”司马炎倒没觉得惊讶。

前文讲过，魏朝正始年间，诸葛诞和两位重臣联姻，长女嫁给王淩长子王广，次女嫁给司马懿第五子司马伷。司马伷即是琅邪王，他是司马炎的叔叔，也是平定吴国的六位统帅之一。司马伷的夫人琅邪王妃还有一个称呼——诸葛太妃，她便是诸葛靓的姐姐。诸葛靓来到洛阳后即投奔到姐姐、姐夫家里。

“陛下要见诸葛靓？”侍臣问道。

“嗯，我想见见他……”

“臣即刻召他进宫。”

“他不会来的。”

“那臣带侍卫把他绑来。”

司马炎摇了摇头：“不，还是我去见他吧！”

皇帝亲临琅邪王府，自然动静不小，全府上下皆叩拜相迎。司马炎扫视一圈，笑了笑，果然不出所料，人群中并没有诸葛靓的身影。他不再理会面前的这些人，径自穿房过屋，四下寻觅。

“仲思（诸葛靓字仲思），别躲了！”你还能躲到哪里去呢？

总算，司马炎在琅邪王府的厕所里找到了正在躲藏的诸葛靓。

“仲思，快出来，这里气味可不好闻。”他说着，便把诸葛靓拽了出来。

二人四目相对，沉默无语。

“仲思，你就没什么想说的吗？”

诸葛靓还是不说话。

司马炎试图打破尴尬，故作轻松，问道：“你记不记得咱们小时候经常一起玩呢？”

“有些事我不记得了，但有些事我永远忘不了。”

诸葛靓闭起双眼，在一片漆黑中，浮现的不是童年的欢声笑语，却是亡父诸葛诞的音容笑貌。他的泪水冲破眼睑，浸湿了双颊，他哽咽道："今天，我只恨自己不能像豫让那样吞炭漆身……"吞炭漆身是一个典故，来源于《史记·刺客列传》。义士豫让企图刺杀赵襄子，他为隐藏身份吞下火炭，又用漆涂满全身，销毁了一切能证明自己身份的证据。诸葛靓渴望像豫让那样，但司马昭已死，父仇再不能报，如今又怎能和司马炎再续儿时的友谊呢？

良久，司马炎叹了口气："既然如此，我也不便再勉强了，希望你日后多多保重吧。"他失落地离开了琅邪王府。

后来，朝廷打算征召诸葛靓入朝为官，诸葛靓拒不应召，毅然回到徐州琅邪的故乡。据说，他毕生或坐或卧，永远都背对着洛阳的方向。不过，仇恨不可能这样无休无止地传递下去，时间能改变一切。多年以后，诸葛靓的两个儿子俱出仕，次子诸葛恢更成为东晋中兴名臣，和荀闿（荀勖的孙子）、蔡谟被合称为"中兴三明"。而且，东晋开国皇帝司马睿身为琅邪王司马伷和诸葛太妃的孙子，对琅邪诸葛氏怀有极深的感情，正因为此，琅邪诸葛氏也愈加繁盛起来。

狂欢夜

公元280年，西晋王朝沉浸在国家统一的欢庆气氛里，无数人为这一天付出生命，如今全成了过眼云烟。这年5月，司马炎改年号太康。在太康年间，民生、经济、文化得以复苏。东晋文学家干宝在其著作《晋纪·总论》中用"天下无穷人"描绘太康年间欣欣向荣的景象。太康年号将持续整整十年（280—289），史称"太康盛世"。

一个世纪以来，士大夫被宦官、外戚、豪族轮流欺压。虽然在魏朝时，大批士大夫都投靠了司马家族，但毕竟曹氏皇帝在那儿摆着，士大夫每天都过得谨小慎微。现在，代表士族利益又好说话的司马炎成了最高统治者，士大夫终于翻身做了主人，再无须把脑袋别在裤腰带上过日子。精神松懈，加上权力稳固，于是，他们的物欲像井喷一样爆发了。

前面曾经提到很多西晋重臣，像何曾、和贾充敌对的直臣任恺、伐吴功臣王濬，无一不是日耗斗金以满足口腹之欲。

讲讲何曾对吃的追求。每次朝会，何曾从来不吃皇宫里的御膳，不为别的，只因为他觉得太难吃。司马炎无语，只好特准他从自己家带饭菜。那么何曾自家的饭菜到底奢华到什么程度？史书记载，何曾每顿饭要花费一万钱，即便如此，他还总抱怨没什么可吃。前面提到的直臣刘毅多次弹劾何曾奢侈无度，司马炎顾念他是开国元勋不予追究。何曾的两个儿子更是有过之而无不及，长子何遵嚣张到私造皇室器具，这事又被刘毅弹劾，何遵遭到罢免。次子何劭好点儿，他在这方面不敢挑战皇帝，却敢挑战爸爸，每顿饭上升到了两万钱的标准，足以令何曾汗颜。

何家可谓是名副其实的吃货。关于西晋达官显贵的奢侈腐败，史书还有相当多的描述。

一次，司马炎收到国外进贡的礼物——当时极稀有、昂贵的火浣布。火浣布即石棉纤维，自然，在一千七百年前的西晋，没人知道这种布料是致癌物，司马炎也不例外，他命人将火浣布裁剪成衣服，然后穿在身上，兴高采烈地来到散骑常侍石崇府邸做客。

司马炎本打算向石崇显摆自己的稀世服装，可当他来到石崇家门口时，只想找个地缝钻进去，原来石崇派来迎接他的五十名奴仆个个都穿着火浣布衫。

这位财大气粗的石崇，乃是西晋重臣石苞的幼子。很多年前，石苞临终时给几个儿子分遗产，唯独没有石崇的份儿。

夫人看不下去，劝道："石崇最小，你多少也得给他留点儿。"

石苞回答："你可不如我了解这孩子。我就算什么都不给他留，他以后也能富可敌国。"

知子莫若父，石苞果然没看错，石崇日后真的成为天下首屈一指的巨富，可他获取财富的手段着实不光彩。史载，司马炎死后，石崇任荆州刺史时，竟驱使手下劫掠当地过往商队，明目张胆干起了路霸的勾当。不过，当司马炎还在世的时候，石崇就已经富得流油，没人知道他是如何掘到第一桶金的，参考他的平生事迹，基本可以断定，非法所得占了很大比重。

石崇和贵戚王恺（王元姬的弟弟，司马炎的舅舅）斗富的事迹也在史书中被多次提到。

据传说，王恺用饴糖水（用米、大麦、高粱、玉米等经发酵糖化制成）刷锅，石崇便用蜡烛当柴烧；王恺在家门口围起四十里长的紫绶屏障，石崇便在家门口围起五十里的锦缎屏障；王恺用赤石脂（一种红色天然矿物，有药用价值）刷墙，石崇便用香料刷墙。不用想也知道，这些记载肯定夸大其词，姑且不提糖水刷锅会不会串味，蜡烛能不能把饭煮熟，单说四五十里的屏障就足能围上整个洛阳城，二人这么干，与其说是炫富，不如说是搞公益活动。

在多次炫富竞赛中，王恺屡屡被石崇“技压一筹”。最后这事闹得连司马炎都知道了，他按捺不住，决定插一手。

“舅舅，我帮你扳回面子！”说着，司马炎把王恺拉到后宫，抬手一指，“你看！”

王恺顿觉眼前一亮，一株高达二尺的珊瑚树赫然摆在一个极显眼的位置。不消说，这珊瑚树是皇宫中的至宝。

“你把这个搬回家，给石崇看看，让他开开眼。”

王恺感激涕零地把珊瑚树搬回了家。一切准备妥当后，他盛邀石崇前来观赏。

“石君，见过这样的宝贝吗？”王恺得意地炫耀着。

石崇围着珊瑚树踱了两圈步，鼻腔中发出一声闷哼，突然，他抄起一件铁器向珊瑚树猛砸过去，眨眼间，稀世珍宝化为一地碎屑。

“你！你疯啦！这是陛下赐我的宝物！你就算嫉妒也不能这么干啊！”

“嫉妒？哼！大不了赔你便是。”石崇对身旁的侍从吩咐道，“把家里那几株珊瑚树都搬过来给王大人瞧瞧。”

侍从转身离去。不消半个时辰，一队人抬着六七株珊瑚树摆到王恺面前，石崇这几株珊瑚树的尺寸竟比司马炎送给王恺的那株还要高出一倍，其品相等级世所罕见。石崇抬手一指，满不在乎地说道：“随便挑一株拿走！”

司马炎听说后，心里有些嫉妒，不过也仅限于此，他对臣子骄奢淫逸的生活向来采取纵容态度。这是因为，他能坐上皇位完全仰赖士族的支持，而司马氏原本就是魏国最大的士族，他们彼此之间的交情已不知延续了几辈人。更何况，司马炎本身也不是一个心胸狭隘的人。

有些臣子的口味颇重，甚至连司马炎都消受不起。

某日，司马炎到王济家赴宴。席间，他对一盘蒸肉赞不绝口："味道真不错！怎么做的？"

王济回答："肉里加了人奶。"

"呃……"司马炎只觉得一阵作呕。当即扔下筷子，退席而去。

王济是伐吴功臣王浑的儿子，他爱马、善射，又挥金如土。当时京城地价奇高，王济斥巨资在洛阳买了一大片地用作骑马射场，并用铜钱编成围栏，人称"金沟"。

再来说说司马炎童年挚友、羊祜的堂兄——羊琇，他也是个生活奢靡的权贵。

羊琇温酒用的酒具非常独特，个个都是用炭粉制成的小兽形状，一度风靡于洛阳富豪之门。乍一看，这也没什么特别，何以令人趋之若鹜？《太平御览》和《晋书杂记》将羊琇的酒具做了更加细致的描绘。原来，当使用这容器温酒的时候，由于一些精巧的设计，小兽的嘴部竟能一张一合，向外吐出火苗，而小兽的眼睛也会变成火红色。确实是很有意思的玩意儿。

这一代士大夫，他们的先辈多在东汉末年体验过食不果腹的窘困，他们自己又在曹魏时期险恶的政治环境中举步维艰。到了如今，他们幸运地遇上一位很好说话的皇帝，完全不用担忧"狡兔死，走狗烹"的噩运降临到自己头上。他们尽情放纵，仿佛要把压抑了一个世纪之久的苦闷全部宣泄出来。

忙碌的皇帝

在这个追求享乐的时代，位居权力顶峰的司马炎又过得怎么样呢？他忙得不可开交。

因为，吴国灭亡后，孙皓的五千嫔妃全部纳入了他的后宫。从人道主义层面来讲，这五千嫔妃从此算是脱离了地狱般的生活，再不用担心脑袋搬家了。眼下，她们唯一需要操心的，就是如何赢得司马炎的宠幸。

可是，加上司马炎原有的后宫，晋室嫔妃已经高达上万人，就算他每天都临幸不同的女人，至少也要二十七年才够。这实在是一项浩大的工程。而更令他头疼的，则是每天都要从这上万嫔妃中做出选择。

司马炎患上了选择障碍症，最后，他把这项艰巨的任务交给羊来解决。退朝后，司马炎坐在羊车里，任由羊拉着自己随意停在某个嫔妃的门外。

可想而知，上万嫔妃的竞争是何等激烈。比起如何勾引司马炎更棘手的问题出现了，她们首先要吸引羊的注意。显然，羊和司马炎有着截然不同的审美情趣，于是，一些新奇的争宠手段应运而生。每逢傍晚时分，嫔妃不只要在门口搔首弄姿，更纷纷在门前插竹枝、洒盐水来满足羊的嗅觉。看到这场景，很容易让人联想到灯火辉煌的红灯区。据说，中国和日本古代妓院门口撒盐的传统即是源于司马炎御羊随幸的事迹。再提一句，所谓青楼，在南北朝以前，泛指涂青漆的豪居，多指帝王居所，到了南北朝以后，才逐渐变为妓院的代名词。

司马炎供养上万嫔妃，伴随着巨额开销。为此，他想出了一个生财之道——卖官。

我们知道，在魏晋时期，九品中正制是官吏选拔的唯一途径。九品中正制的三项指标——家世、德行、才学中，家世这一项的重要度极高，这正是保障士族豪门垄断官位的合法手段，倘若司马炎开了卖官制度，岂不意味着那些有钱但社会地位低下的商人也能当官？然而，自打司马炎爷爷那辈，魏国的士族就大力支持司马氏，他才有了今天的皇位，司马炎就算穷疯了，也不会为了赚钱去损害士族的利益。换句话说，在西晋，士族的利益神圣不可侵犯。

既然官吏任命完全被九品中正制限定死，那么司马炎个人的财政问题又怎么解决呢？

办法都是人想出来的。

司马炎决定把“加官”卖给公卿。所谓加官，是指正职之外，额外赋予的荣誉性官位，补充一句，这并非爵位，爵位是靠立功赚来的，相当于国家的干股，是一张铁饭票。而加官，则仅限那些门下省官位，如侍中、散骑常侍、黄门侍郎等皇帝近臣。

根据史书记载，像王沈（“文籍先生”）正职骠骑将军，加散骑常侍；荀顗正职司空，加侍中；荀勖正职中书监，加侍中；王浑正职尚书左仆射，加散骑常侍；

王濬正职镇军大将军，加散骑常侍……这些财大气粗的豪族不胜枚举的“加官”基本都是来路不正，半公开地给了皇帝一笔钱才买来的。

侍中、散骑常侍名额有很多，但也并非所有侍中和散骑常侍都靠买。譬如前面讲过的门下省首席侍中任恺，他这个侍中可是凭真本事挣来的正职，也正因为此，同样加官侍中的贾充和荀勖在门下省的话语权要远逊于任恺。

于是乎，司马炎鼓励有钱的公卿斥巨资购买门下省加官，成为皇帝近臣，以此获得跟在自己身边的资格，俨然一位政坛巨星带着自己的粉丝团。按理说，伴君如伴虎，但在司马炎时代却完全没有这方面顾虑，谁都想整天跟在皇帝身边，除了平时能聊天侃大山沟通感情外，还能获取意想不到的政治利益，绝对是一本万利的投资。

口拙文景

虽然司马炎做过卖官鬻爵这样不靠谱的事，但总的来说，他在位期间频施善政，又统一天下，人品也还不错。他最大的特点，就是鼓励臣子直言进谏，无论臣子讲话多难听，他从不会发脾气。在《晋书》中，关于臣子当面挤对司马炎的事迹数不胜数。大概司马炎也是习惯了，偶尔有人拍马屁还真受不起。

有次，右将军皇甫陶因为一件事跟司马炎争得脸红脖子粗，一点不给皇帝留面子，这让一旁的散骑常侍郑徽看不下去了。

郑徽上表弹劾：“皇甫陶对陛下无礼，应该判其不敬之罪。”

司马炎很不高兴：“朕正担心听不到忠言直谏，你竟敢越权胡乱弹劾！”

最后，郑徽反而被罢免了。

还有一次，太医程据别出心裁，用鸟头做了件衣服献给司马炎，以求博得龙颜大悦。结果只换来司马炎一顿臭骂：“恶心！以后别再搞这些变态玩意儿。”

司马炎为政可称得上明达，尤其是太康年间，百姓安居乐业，故当时人把他比作开创西汉“文景之治”的汉文帝。这天，司马炎心里美滋滋地向身旁的官员问了一句话：“卿觉得朕能跟汉朝哪位皇帝相比？”司马炎固然自信满满，但遗憾的是，他问错了人。

他问的这位公卿名叫刘毅，官任司隶校尉，正是前面提到的一口气列举八项九品中正制弊端，并多次弹劾重臣之人。他脾气直、性子烈，绝对是位直臣。

一个向皇帝溜须拍马的良机就这样摆在刘毅的面前，但刘毅的表情一如既往冷冰冰的。他板着脸答道：“陛下能跟东汉末年的桓帝、灵帝相提并论。”东汉正是自桓帝和灵帝时代急剧衰败的，刘毅拿这两个历史上赫赫有名的亡国之君和司马炎比较，让在场所有人大惊失色。

历史上大多数君王，但凡赶上这种事，基本是两种处理方式。第一种，当场发飙，直接干掉对方。第二种，表面不作声，以后找机会干掉对方。而司马炎实在太实诚了，他居然刨根问底起来：“朕一统天下，又勤于政事，爱卿将朕比作桓灵，是不是贬得太过了？”这话问得有点好笑，想来是因为平时臣子跟司马炎说话经常没大没小，司马炎也早就习惯，只不过这回他觉得刘毅说话太夸张了。

刘毅紧跟着回了句话，差点没把司马炎噎死：“桓灵卖官的钱入了国库，陛下卖官的钱入了私囊。这么看，您还不如桓灵呢！”

这戳中了司马炎的要害，他确实卖官，可严格意义上来讲，这话有点以偏概全。首先，桓灵不管三公九卿，什么官都卖，曹操的老爸曹嵩就曾斥资一亿买了个太尉；司马炎卖的只是属于他自己的部门——门下省的官位，说白了，公卿还得凭本事往上爬，花钱买个侍中、散骑常侍这样的兼职全当玩玩。其次，桓灵时代民不聊生、国库空虚，只能靠卖官钱填补财政赤字。但在司马炎时代，国库充实，卖官的钱便用来养他庞大的后宫，从某种角度上来讲，大概算作他自己两个直属部门（后宫和门下省）之间的资源调配。

这是句玩笑话，不管怎么说，卖官鬻爵都是不对的。

司马炎没想到刘毅会这么说，唯有勉强挤出些笑容来掩饰尴尬，过了一会儿，他僵硬的笑容变得自然、自信，因为他终于想出该怎么反驳了。

“桓帝、灵帝时代听不到这种话，今天有您这样的直臣，证明朕与桓灵是不同的。”

但凡是善于辩论的人，一定会让对方不知不觉地跟着自己的思路走，司马炎显然不属于这类人。就好比两个人对骂，一个人指着另一个人说：“你是猪！”而另一个人费了半天劲，终于证明自己不是猪，而后还沾沾自喜起来。这样的对话发生在地位平等的人之间尚且觉得可笑，更不用说是发生在皇帝和臣子之间。然而，司马炎这种平易近人的实诚性格，确实是他区别于或者说是超越绝大多数古代帝王的可贵品质之一。

最后，还是散骑常侍邹湛给了司马炎一个台阶，他说道："当人遇到意料之外的突发事件时，总会自然流露出本性，刚刚刘毅直言冒犯，群臣莫不惊骇变色，陛下非但没生气，反而说出这样一番耐人寻味的话，由此看来，陛下无疑是超过了汉文帝。"这位邹湛，即是昔日在荆州陪羊祜同游岘山之人，此时也是官运亨通。他虽是恭维，但也说得实在。

再来说刘毅，他是汉朝刘氏皇族后裔，在太康年前后总共做了六年司隶校尉，其间，他弹劾过皇帝、太子以及不计其数的达官显贵。之前提到，羊琇犯法险些被判处死刑，何曾父子奢侈无度，均是被刘毅弹劾。刘毅性格耿直致使树敌太多，毕生没有机会受封爵位。他不止一次直言冒犯司马炎，但司马炎并不以为意，又感念他生活清贫，多次接济他钱粮。

不过，常言说得好，千万别触动龙的逆鳞。司马炎也有逆鳞。普天之下，能真正牵动司马炎神经的，也唯有他的傻儿子司马衷了。

东宫凶气

让我们将时间线稍稍往前提到公元 278 年，此时距统一天下尚有两年时间，西晋王朝正处于健康良性的上升期。不过，就在帝国的心脏——洛阳皇宫中却暗藏波澜，全然不似外界那样和谐。东宫实际上的主人——太子妃贾南风已酿出多起命案。

几个太监架着一名侍妾站在贾南风面前。若仔细观察，可以看到侍妾腹部微微隆起，明显有孕在身。

"你好大胆子……"贾南风冷冷说道。

侍妾早就吓得魂不附体："臣妾知错了，臣妾再也不敢了。"她的错误便是怀上司马衷的孩子，可实际上，她身为司马衷的侍妾，这本该是件值得庆贺的事。

“谅你以后也不敢，而且，你也没机会了。”

话音未落，贾南风抄起一柄画戟，猛地向侍妾腹部直刺过去……

贾南风自十六岁册封太子妃至今已逾六年，六年来，类似的惨剧在东宫屡屡发生，所有怀上司马衷孩子的侍妾，不是流产就是暴毙。东宫名义上的主人——司马衷本就是个智障者，他在贾南风的淫威之下只有畏缩屈服的份儿，而这一切，司马炎还全不知情。

这天深夜，在东宫的院落中，一个人影匍匐着藏在花丛中，偶尔，这人抬起头来，月光照在其脸上，才看清原来是个面容娇艳的女人。她大气都不敢出一下，趁着夜色的掩护躲过值班巡查的太监，蹑手蹑脚向皇帝所在的寝宫潜行。

经过一条长长的走廊，七拐八拐之后，她终于跑到司马炎寝宫的门外。

长期恐惧和压抑的情绪得到释放，她一下子瘫倒在地上，大声啼哭起来。

“陛下救我！陛下救我！”

司马炎听到哭声，从寝宫中走了出来，他身躯微向前倾，仔细观察才看清女子的模样。他不但认识，还很熟悉。

“谢玖！你怎么在这儿？”

这个名叫谢玖的女人原本是司马炎的嫔妃。说起来令人咋舌，因为司马衷一直没有生下孩子（其实都被贾南风谋害），司马炎怀疑自己的傻儿子缺乏性知识，遂委派专业技术高超的谢玖担任司马衷的性启蒙教师。功夫不负有心人，司马衷很快上道，而可喜可贺的是，谢玖也在言传身教的过程中怀上了司马衷的孩子。

“陛下！臣妾的孩子怕是保不住了！”谢玖哭个不停。

司马炎眉头微皱，他知道一定出事了：“你先别哭，告诉我发生了什么。”

谢玖这才忍住抽泣，将她在东宫所见所闻娓娓道出……

“若臣妾继续留在东宫，必遭贾南风毒手。”

“大逆不道！”司马炎听着谢玖的哭述，气得额头青筋暴出。他素以宽仁被人称颂，从没干过草菅人命的事，可不承想，就在他眼皮底下命案迭出。“我要下诏！废掉贾南风！将她幽闭金墉城！”先前讲过，金墉城曾作为魏国两代皇帝——曹芳和曹奂的软禁之所，这个时候恰逢扩建完毕，仿佛正是为贾南风准备的。

然而，司马炎这个决定没能付诸实施，他遇到了前所未有的巨大阻碍。

弘农杨氏

就在司马炎暴跳如雷的时刻，皇后杨芷不知不觉间按住了司马炎的手臂。“陛下可别冲动！贾充为晋室立过殊勋，贾南风少不更事，纵然有罪，且看在她父亲面上，宽恕她吧！”贾充对晋室立下的最大功绩便是弑杀高贵乡公曹髦，但杨芷在意的并非这些陈年旧事，如何依靠贾充的权势保住司马衷的太子地位才是重点。也就是说，她保贾南风，实际上是保司马衷，至少她自己是这样认为的。

杨芷是司马炎的第二任皇后，她也是第一任皇后杨艳的妹妹。到了这里，有必要将司马炎的两任皇后——杨艳和杨芷，以及弘农杨氏一族做一番介绍了。

三年前，皇后杨艳病危，她临终前最牵挂的唯有司马衷，于是，她对司马炎说出了此生最后一个心愿：“我堂妹杨芷才貌兼备，请陛下纳她为妃。”杨艳实则打算把儿子托付给妹妹照顾，为此，她必须要托妹妹上位。

司马炎和杨艳感情至深，自然心领神会。杨艳死后，司马炎信守承诺纳杨芷为妃，第三年册立杨芷为皇后。而杨芷也没有辜负姐姐托付，一心一意承担起保护司马衷的重任。

再来说说杨艳、杨芷所属的弘农杨氏，正是在东汉末年有“四世三公”之称，招来无数世人羡慕嫉妒恨的显赫家族。三国时期，弘农杨氏的大佬杨彪因为和袁氏关系密切遭到曹操打压，其子杨修更被曹操处死。杨芷的爸爸名叫杨骏，他并非杨彪、杨修这一脉，但也是同族，论辈分，他应该算杨修的族侄。杨骏素来平庸无能，凭借女儿的关系一步登天，越来越忘乎所以。

胡奋（伐吴战役的七路统帅之一）对杨骏说：“纵观古今，女儿被册立为皇后的家族多遭不幸，你仗着女儿那么强横，难道是想让祸患快点到来吗？”

杨骏反驳：“你女儿胡芳不也嫁给天子了吗？”

“我女儿是嫔妃，给你女儿当婢女使唤的，这岂能同日而语。”

杨骏还有两个弟弟——杨珧和杨济，二人颇具才略。不过这兄弟二人，尤其是杨珧，对杨骏很不看好。杨济和杨珧一样深谋远虑，更是箭术高超，为人豪迈，他和王济、孔恂、王恂被司马炎并称为“恂恂济济”，寓意贤才众多。另外，他在平定吴国的战役中担任贾充副帅，立下军功。

杨骏、杨珧、杨济被时人合称“三杨”，权倾朝野。弘农杨氏继杨彪、杨修父子死后沉寂了半个多世纪，至此，凭着杨艳、杨芷相继被立为皇后，以及“三杨”上位再次扬眉吐气，成为当时声势最盛的外戚家族。自然，他们也是司马炎最仰仗的太子党。而杨珧尽管不看好大哥杨骏，但毕竟不能胳膊肘往外拐，为了自家权益，他还是坚定地站在太子党一边，而且，他多次成为打压齐王党的主谋，可说是太子党中最尽心尽力的一个人。

押　宝

权倾朝野的“三杨”堪称当时最强外戚，而更具升值潜力的外戚则非贾充莫属。

此前，贾充以投机家的眼光买下两份期货——齐王司马攸和太子司马衷，他的两个女儿分别嫁给这两个人为妻。因此，相比起“三杨”死抱司马衷，贾充的政治立场更加灵活，他在司马攸和司马衷之间左右摇摆，颇有脚踩两只船的架势。他的如意算盘，便是凭借两个女婿，无论将来出现何种局面都能立于不败之地。

然而，他这种优势状态没能持续多久。

某日，夏侯和（魏国初代名将夏侯渊第七子，时已年近古稀）对贾充言道：“您的两个女婿论及亲疏没什么不同，难道您不该支持有德者吗？”很长时间以来，公卿对司马衷能否胜任太子越来越质疑，而相对地，司马攸的呼声日渐高涨，甚至有人流露出将来让司马攸继承皇位的想法。夏侯和的意思自是劝贾充支持司马攸。

贾充保持缄默，没有明确表态。他心里反复掂量，到底是冒着忤犯皇帝的危险支持司马攸，还是和满朝公卿为敌支持司马衷？

很快，二人的对话传到司马炎耳中。司马炎一不做，二不休，当即夺去贾充车骑营的兵权，又贬了夏侯和的官。

这下，贾充看清了形势，无论司马炎平时多好说话，一旦扯上司马衷绝对是眼里不揉沙子。而且，他又想起司马攸前不久帮庾纯说话的旧事，于是，他迅速表明立场，成为太子党的一员。这期间发生了一件事，可以看作贾充抛弃司马攸的证据。

当司马师的夫人羊徽瑜去世后，群臣针对司马攸该以什么样的礼制吊唁展开争论。

河南尹王恂上奏："齐王（司马攸）毕竟是文明皇太后（王元姬）的亲生骨肉，所以说，应该以诸侯的身份为弘训太后（羊徽瑜）吊唁更为妥当。"

王恂这番话是什么意思呢？

众所周知，司马攸曾过继给司马师做养子，在司马昭时代，这种身份颇具优势，因为即便司马昭也不得不承认："天下是景王（司马师）的天下……"然而，时过境迁，司马师在人们心里的形象早已模糊，到如今，还是做司马昭的儿子更具竞争力。如此，王恂的意思也就明白了，他在强调司马攸仍是司马昭的儿子，这么一来，就为司马攸将来能顺利继承皇位打下了基础。王恂为什么要帮司马攸？原来，他是王元姬的弟弟，也是司马炎、司马攸的舅舅，他当然希望司马炎死后由外甥司马攸继承皇位，而非跟自己关系疏远的司马衷，这样他和皇帝的亲戚纽带才不至于越来越松。前面提过，在任恺和贾充的斗争中，王恂阿附贾充，可是，当贾充明确表示支持司马衷后，王恂和贾充的关系也就变得有些微妙了。

贾充反驳说："齐王应行臣子之礼，为弘训太后服三年母丧。"这句话的重点，旨在压低司马攸的身份，强调司马攸仍是羊徽瑜（司马师）的儿子。

贾充的提案很快激起同僚的驳斥："贾充说得毫无道理，服母丧、行臣礼，自古闻所未闻。臣等皆认为应该依王恂所言，让齐王行诸侯之礼吊唁弘训太后。"

但是，司马炎最终违背众意，支持了贾充的观点。这很能说明司马炎的心态：既然司马攸已经过继给司马师，以后就别来自己家添乱了。

就这样，贾充抛弃了司马攸，把宝完全押在司马衷身上。

这件事发生在伐吴战役前夕，恰恰解释了贾充为何三番五次上疏反对伐吴。

当时，他才刚明确表示加入太子党阵营，难免有些谨小慎微，瞻前顾后。但平心而论，贾充的顾虑有点多余，当他表态支持司马衷后，司马炎绝对是想借那场必胜的战役把他挺起来的。

某日，司马炎问散骑常侍裴楷："你说说，我这些年都做过哪些好事？又做过哪些错事？"

裴楷回答说："陛下自是一代明君，但天下百姓之所以还没把您跟尧舜相提并论，完全是因为朝廷里有贾充这批佞臣。您应招纳天下的贤才，弘扬正道，勿使天下人觉得您有私心。"

司马炎默然。他当然知道贾充是什么人。但他提拔贾充，不正是因为自己偏爱儿子的私心作祟吗？

非主流太子党

除了"三杨"和贾充这两大外戚家族之外，跟贾充关系铁瓷的中书监荀勖和侍中冯𬘘也支持太子司马衷。当时，荀氏家族中辈分最高的荀𫖮（荀彧的儿子）已死，荀勖便顺理成章接替堂叔成为荀氏宗主。

一次，中书令和峤对司马炎说："皇太子有淳古之风，而季世多伪，恐不了陛下家事。"这话说得很婉转，翻译成白话就是：太子呆傻，玩不转政治的。

司马炎很不高兴，什么都没说。

几天后，中书监荀勖、中书令和峤一起入宫觐见。司马炎问荀勖："近来太子可有长进？"

荀勖谄媚道："太子明识弘雅，比以前大有长进。"

"哼！"在一旁的和峤满脸不屑，"我怎么觉得太子还跟从前一样，毫无长进呢？"

本来，司马炎听了荀勖的话心情还不错，这下又被和峤泼了一瓢冷水。

两位中书省大员辞别司马炎后，一道走出皇宫，一路上，和峤冷着脸，一句话都没跟荀勖说。到了皇宫门口，中书省的专用车驾早已恭候在此，源自魏朝惯例，中书监和中书令须同乘一辆车。荀勖像往常一样登上车，靠在左侧，把右侧空出来让给和峤坐。但和峤却站在旁边纹丝不动，根本没有上车的意思。

“和大人，您怎么还不上车？”荀勖等得有些不耐烦。

“我觉得跟你坐一起是耻辱，从今天开始，我坐自己的专车！”

“这……岂有此理！”荀勖很是尴尬，驱车绝尘而去。

自这件事以后，中书监和中书令便分乘二车，成为东晋至南北朝的规矩了。关于这则故事有三个版本，干宝在《晋纪》中说谄媚者是荀顗，孙盛在《魏氏春秋》中说谄媚者是荀勖，为《三国志》作注解的裴松之则说谄媚者是荀恺（荀彧曾孙）。考证荀顗、荀勖、荀恺三人的官职，只有荀勖在这段时间做过中书监，由此可以很容易做出判断——谄媚者应是荀勖。不过，从这故事的诸多版本中也能看出荀氏家族的政治立场和他们臭名昭著的声名。

“三杨”、贾充、荀勖、冯紞这几位重臣牢牢绑在一起，带领他们各自的家族，几乎和满朝公卿为敌，成为拥护司马衷的政治势力。

除了以上这些人，素以智略见长的陈骞也值得一提。这位西晋元老重臣官拜大司马，他自恃功勋卓著（曾和石苞一起劝曹奂禅位，又连续十几年担任豫州、扬州都督），平时跟司马炎说话都爱搭不理，却唯独对司马衷毕恭毕敬，政治嗅觉可谓敏锐至极。

回到公元278年的这天深夜，司马炎的怒火并未因杨芷的苦苦哀求完全平息。但随后几天里，杨珧、荀勖、冯紞、赵粲（司马炎的嫔妃）等人纷纷出面为贾南风求情，在这些人的背后，则是实力雄厚的弘农杨氏以及延续五百余年的颍川荀氏的鼎力支持。他们都明白贾充是这个政治联盟的核心，为此，不惜一切代价也要保住贾南风的地位。

渐渐地，司马炎冷静下来，他意识到，如果废掉贾南风，就意味着亲手摧毁太子党联盟，这么一来，司马衷的太子地位势必不保。

“这事……还是算了吧……”司马炎无奈地叹息了一声。

史书记载，司马炎子女众多，单是儿子，史上留名者就有二十六位，但他却对最痴傻的司马衷付出了最多的爱。或许司马炎从未意识到，在他眼里，司马衷恰似一面镜子，映射出自己年轻时被司马攸超越的尴尬。身为哥哥，却不如弟弟……司马炎决定凭借手中的权力改变司马衷的命运，这其中也夹杂了他自己的悲哀，他为了让司马衷当上皇帝，必须做出妥协，必须忘记个人好恶，甚至必须放弃公理，最终，他不得不向贾南风低头。倘若司马炎是个普通人，这本无可厚非，但很遗憾，他是皇帝，于是，他的妥协便搭上了无数人的生命和帝国的未来。

“谢玖留在西宫好好生下孩子，不要再回东宫了。”接着，他转头叮嘱杨芷道，“你尊为皇后，以后要严加管教贾南风！”

半年后，谢玖在西宫平安生下一子，取名司马遹（yù）。司马衷则一直被蒙在鼓里，始终不知道自己有这么一个孩子。

皇后杨芷在挽救贾南风事件中起了巨大作用，但不知什么原因，贾南风并没念她的好。再怎么说，杨芷也算贾南风的恩人，有这样的结果，大概只能归结于贾南风刻薄凶狠、不懂感恩的性格吧。而且，杨芷频频约束贾南风，更激起了贾南风的不满。

就这样，仇恨的火苗在贾南风心中逐渐滋生，杨芷全然没有察觉。

而另一位帮贾南风说好话的赵粲，她虽是杨艳和杨芷的表妹，却敏锐地看出了一些苗头。于是，她从此开始阿附贾南风，成了贾南风的死党。

齐　王

经过太子党诸人的一番周旋，贾南风总算保住了太子妃的宝座，但司马衷这个太子仍坐得很不稳当，讽刺的是，包括司马炎、皇室成员以及满朝公卿在内所有人都极度紧张地关注这个问题，而当事者司马衷，却是唯一满不在乎的人。太子的意义，实在是他难以理解的。

可以这样讲，在司马炎时代，朝廷中最主要的矛盾都围绕着司马衷产生。除了几个臭名昭著的太子党成员（以及他们的家族）外，普天之下，没人愿意让一个智障者继承皇位。按理说，司马炎有二十六个儿子，虽然大多庸庸碌碌，但要从中选出个正常人绝非难事，公卿却全都一边倒地支持司马攸，根本没人提司马炎的其他儿子，这颇有和司马炎针尖对麦芒的意味。究其原因，也只能怪司马攸声望实在太高。

西晋初建的时候，司马攸受封齐王，他和其他藩王一样没有远赴藩国，而是留在京都。很快，司马攸便凭借卓越的才华和人望，在他诸多平庸的亲戚中脱颖而出。有几件事很能说明问题。

第一件事，司马炎特许藩王自行选拔藩国内官吏，这等于让藩王享有独立的人事任免权。然而，司马攸站在维护皇权的立场三次上疏反对，坚持通过朝廷任免齐国（司马攸的藩国）官吏。

第二件事，司马炎规定藩王的日常开销由朝廷承担，司马攸又前后十几次上疏反对，表示不想给朝廷添麻烦。

第三件事，齐国但凡有官吏生老病死，司马攸总是自掏抚恤金。国内收成欠佳，他就开放粮仓赈济百姓，削减赋税。

第四件事，司马攸明明是贾充的女婿，却出于公理保护贾充的政敌庾纯，这让他失去了贾充这个靠山，但赢来更多公卿的青睐。

司马攸的大公无私给他带来好名声的同时，也带来了猜忌。站在皇帝的角度上想，凡事以国家利益为先者，必是把自己当成国家的主人，但司马炎才是国家唯一的主人，未来的主人则是司马衷。纵然司马炎优待亲戚，但藩王毕竟是个敏感职业，要知道，藩王的本职工作是安分守己地待在藩国享福，至于参政，基本可以归为不务正业之流。很显然，无论司马攸是出于什么目的，他表现出了超越身份的政治企图。

若要翻老账，想当年，无论是争夺太子位，还是争夺父爱，司马攸一直是司马炎最危险的竞争对手，或许这不是司马攸的本意，但事实的确如此。

司马炎也想过要遏制司马攸。

就在司马攸担任骠骑将军的时候，司马炎下诏裁减骠骑营兵的人数。可是，裁军诏书下达后却遭到意想不到的阻力，几千名骠骑营士兵不肯退役，集体请愿希望继续跟着司马攸混，最后司马炎无奈妥协，这事不了了之。

基于这些事迹，司马炎不得不对司马攸生起强烈的戒备心。不过即便如此，司马炎到底算宽厚，只要别成为宝贝儿子的绊脚石，他还不至于痛下狠手。实际上，自司马孚死后，无论是食邑数量，还是权位，司马攸都稳居藩王之首，而且，司马炎也想过，在自己百年之后托孤给司马攸，让弟弟辅佐儿子。

有件事可作为司马攸一度成为“准”托孤重臣的佐证。

早在公元275年，一场罕见的瘟疫席卷洛阳，京都近半数人病死。司马炎也受到传染生命垂危。其间，贾充、荀勖、司马攸俱留守皇宫，为司马炎端药陪侍，寸步不离其左右。这三个人，应该就是司马炎钦点的托孤重臣。这里，有必要梳理一下三位重臣之间错综复杂的关系。荀勖和贾充是死党，司马攸是贾充的女婿，荀勖和司马攸交恶。贾充表面上明确支持司马衷，但心底里，司马攸仍是他最后一道保险。

“陛下怕是要驾崩了。”无论后宫还是朝廷，这样的猜测悄悄地传播开来。贾充、荀勖、司马攸随时做好接遗诏的准备。

然而几个月后，司马炎扛过了这一劫，病渐渐好起来了。贾充、荀勖、司马攸白忙活一场，各自拿着五百匹丝绢的赏赐被打发回家。不管贾充和司马攸心里做何感想，至少对荀勖来说，这未见得不是一件好事。倘若司马炎真的一命呜呼，他必遭司马攸和其他公卿联手打压，而贾充这只老狐狸，到那时会不会帮他都未可知。

荀勖绝不想坐以待毙。

藩王离京

几天后，荀勖、冯统、杨珧不约而同地进了皇宫。三人都与司马攸水火不相容，是绑在一根绳上的蚂蚱。

“陛下，冯统想跟您说件事……”荀勖一边说着，一边瞥向冯统。

“哦？”司马炎瞅着冯统。

几乎一瞬间，冯统眼圈变红，泪水在眼眶里打转：“陛下幸亏是痊愈，倘若真有什么差池，恐怕皇太子就保不住了！”他本来说话就带着哭腔，言讫，泪水夺眶而出。这几近真实的感情流露，令荀勖、杨珧暗自佩服。

司马炎不想深究冯统的演技，单是皇太子保不住这几个字，就足以吸引他的全部注意力："有话直说。"

"公卿拥戴齐王（司马攸）由来已久，就算齐王懂得谦让，难道您就真能放心吗？"

"那你说该怎么办？"

"最好的办法，就是让他离开京都回藩国去，只有这样才能保社稷安泰。"

"你以为朕不想让齐王走？可支持他的人太多，其中就属那些宗室藩王叫得最响，不是说赶走就能赶走的。"

杨珧言道："既然陛下这么说，不妨先把其他藩王调回藩国。一来可以削弱齐王势力，二来也为将来赶走齐王做个铺垫。"杨珧一下把打击目标扩大到了所有的藩王。按说他不蠢，怎会说出这种犯众怒的话？当时，外戚杨氏与藩王已然形成分庭抗礼之势，想必，杨珧自忖无论如何都无法再和藩王保持友好，所以才会行此破釜沉舟之策。总之，杨珧说完这番话后，便成了整个司马家族的公敌。

荀勖又出了个主意："直接让藩王回藩国难免人心动荡，而藩王中那些实力强大的更须谨慎对待。依臣之见，不如让藩王管理各自藩国所在州的军务，任命他们为州都督。这样一来，让他们去藩国赴任也就名正言顺了。而且，藩王成了州都督，手里有了兵权，也能稍加安抚他们的情绪。"

"有道理。"

公元 277 年秋，司马炎下诏：

"扶风王司马亮（司马懿第四子）改封汝南王，任豫州都督；东莞王司马伷（司马懿第五子）改封琅邪王，任徐州（两年后，司马伷率徐州军进逼吴都建邺，立下军功）都督；汝阴王司马骏（司马懿之子）改封扶风王，任关中都督；琅邪王司马伦（司马懿第九子）改封赵王，任邺城（邺城仍是魏室藩王的软禁地，极为重要）都督；渤海王司马辅（司马孚第三子）改封太原王，任并州都督……"

公卿一片哗然，纷纷瞪着中书监荀勖，谁都知道，诏书是经由中书省起草并颁布出来的。

荀勖两手一摊，满脸茫然："真没想到，陛下会做出这样的决定……"这个老奸巨猾的人一贯用此伎俩逃避同僚的谴责。

此次事件中，总计有十一位藩王被迫返回自己的藩国，除了司马攸之外，最具实力的几个藩王都被牵扯进来。虽然本应是矛头指向的司马攸依旧稳居京都，司马炎和太子党暂时还扳不动他，但是，随着藩王离京，司马攸的势力也被大幅削弱。如果说之前，司马炎还有心授予司马攸托孤重任，那么在最近几年里，他越来越把司马攸定位成头号政敌。

张华出局

吴国平定后，太子党和齐王党的争端不可避免地出现升温势头。

一次，司马炎向尚书张华问道："我百年之后，能把后事托付给谁呢？"

张华回答："齐王贤明厚德，又是皇室至亲，没有人比他更合适了。"这位齐王党的死忠，没直接说让司马攸继承皇位就已经很给面子了。

司马炎听了，闷闷不乐。

没几天，荀勖提议让张华出任幽州都督。

这里有必要解释一下，在三国时期，各州都督手握重兵，被司马氏和曹氏争相笼络。可到了西晋，随着国家日趋安定，藩镇重臣也就不那么吃香了。大家都想留在朝廷，这样不仅可以安享京都的繁华舒适，也能避免被踢出权力核心。至于那些镇守外州的都督，被扔到鸟不拉屎的偏远地区，所掌控的兵力频繁削减，还要防备朝廷猜忌，过得实在相当辛苦。

由此，在某些时候，举荐同僚出任外州都督便成了排挤政敌的手段。之前，任恺推举贾充任雍凉都督，荀勖提议让藩王出任各州都督均属此例。当然，这种情况仅适用于极少数大牌重臣，对那些分量不够的臣子，别说是一州都督，就算是一郡太守也得祖上坟头冒青烟才行。

司马炎当即采纳荀勖的提议。张华被赶出了朝廷。

然而，接下来发生的事谁都没有想到。金子放在哪儿都会发光，锥子藏在兜里也会锋芒毕露。张华来到幽州后恩威并施，让遍布在境外四千余里的二十几个胡人部落纷纷遣使朝贡。一时间，张华的威名响彻华夏，声望比之前更甚，太子党有种偷鸡不成蚀把米的感觉。

冯统决定彻底整垮张华。

这天，他和司马炎闲聊起魏朝往事，冷不防，他说了这样一句话："臣觉得，钟会叛乱，应归咎于太祖（司马昭）。"

"你胡说什么！"司马炎皱起眉头喝道。

冯统正了正衣冠，跪倒在地："容臣解释。钟会本来才智有限，但太祖褒奖太过，委以重任，因而助长了他嚣张跋扈的气焰，最终野心膨胀不可收拾。倘若太祖事先严加约束，也不至于酿成恶果。"

司马炎听毕，收起怒容，暗暗点头："有点道理。"

"陛下既然认同，就应谨记前车之鉴，避免再出现钟会这样的人倾覆社稷。"

司马炎听出冯统话里有话，追问："当今太平盛世，难道还有像钟会这样的人吗？"

"那些为平定天下立过大功、威名远播四海的藩镇重臣，皆有可能变成第二个钟会。"冯统没把话挑明，但像他说的，为平定天下立过大功、威名远播四海的藩镇重臣，自然非张华莫属。

几天后，司马炎下诏，把张华从幽州召回京都任太常（九卿之一，主管祭祀宗庙礼仪）。又过了一阵，宗庙的房梁不知怎么就折断了，张华因为这点破事被罢免，从这以后，终司马炎一生，张华再无缘出仕。张华被太子党整得一蹶不振，关于他的故事暂且告一段落，直到司马炎死后，他才会复出。

太子党危机

一直到公元 282 年夏天，太子党面临着一场突如其来的巨大危机——贾充病危。

这个为司马家族立下丰功伟绩，同时又把朝廷搞得乌烟瘴气的权臣，此时虚弱地躺在病榻上，双手哆哆嗦嗦，轻拍着床沿，嘴半张半合，喉咙里发出呜咽声，似有话要说。

"贾公，您还有什么放不下的吗？"

“我……怕啊……”

“您怕什么？”

“我怕死后……公卿肯定会给我个恶谥……”

贾充的担忧不是没有来由，在中国历史上，那些处于权力顶峰的人，无论是重臣还是帝王，活着的时候呼风唤雨，死后功过是非任人评说。谥号，正是对他们毕生的总结。虽然不乏名不副实的谥号存在，但通常情况下，谥号尚算公正客观。不过在西晋，因为司马炎优待，甚至是纵容功臣，也的确导致很多谥号有失偏颇。

譬如几年前，穷奢极欲的重臣何曾去世时，博士秦秀就曾仗义执言：“何曾骄奢无度，恶名传遍天下。如果生前随心所欲，死后又不受贬抑，那这世上还有什么可以约束权贵的呢？根据《谥法》的解释，名实不副称缪，肆意妄为称丑。考量何曾生前的行迹，应谥号‘缪丑侯’。”

司马炎将秦秀的提议驳回，最后赐予何曾“孝侯”这个善谥。尽管有此先例，但贾充仍然忧心忡忡。

贾氏族人聚拢在贾充床前，不知该怎么宽慰才好。恰在这个时候，贾充的侄子贾模低声感叹：“是非公道自在人心，又岂能掩盖得了？”这位贾模颇具才略，在贾氏一族中脱颖而出，深得贾充的喜爱。后面还会讲到他的故事。

贾模这番直言不讳的话，大概是想劝贾充放下那些不必要的执念，洒脱地离去，然而，贾充终无法做到，以至于走得相当不安心。

贾充死后，朝廷商议他的谥号。博士秦秀再次上疏：“根据《谥法》的解释，昏乱纪度称荒，应谥号‘荒侯’。”

“不可！”司马炎摇了摇头，“贾公生前曾作为伐吴之役的主帅，虽偶有瑕疵，但功不可没，应谥号‘武侯’。就这么定了！”

有司马炎撑腰，贾充的担忧算多余了，他最终被追谥为“武侯”。抛开这套名不副实的表面说辞，真正令贾充得到善谥的理由无非两个。其一，他率亲兵阻挡并弑杀了魏国第四任皇帝曹髦；其二，他生前在太子党成员中扮演核心角色，虽然死了，但包括太子妃贾南风在内的贾氏一族仍是支持司马衷的坚实力量。诚然，这两个理由没一个能搬得上台面的。

毋庸置疑，太子党之所以能屡占上风，完全是因为有司马炎撑腰。但是，齐王党人数众多，大有前赴后继的架势。这不稀奇，自贾充死后，太子党实力骤减，而除了荀勖、“三杨”、冯纨，以及他们的后台老板司马炎之外，几乎全体公卿和司马皇室成员都拥戴司马攸。眼看司马炎的身体一天不如一天，等他驾崩后，再没人能给太子党撑腰，那些被击垮的齐王党重臣也会东山再起。

对于太子党来说，把司马攸彻底赶出朝廷已势在必行。

正面交锋

荀勖、冯纨、杨珧等人经过一番筹划，终于决定和司马攸展开正面交锋了。

这天，冯纨向司马炎进言：“陛下让藩王返回封国，臣认为，应该从最亲近的藩王开始实施，如此才能名正言顺，不落人口实。而至亲者，莫如齐王。”

荀勖觉得冯纨这句话分量还不太够，又重重地加了一磅：“公卿都希望让齐王继位，就算齐王自己懂得谦让之理，但在这种情况下，太子根本没办法稳坐社稷。不信，陛下可以试试让齐王回封国去，公卿一定出面阻挠，若如此，则证明臣所言不虚。”齐王党的强势反被荀勖利用，成为对司马攸最不利的证据。

“嗯……”司马炎认真地点了点头。

公元 283 年 1 月底，司马炎正式下诏，让司马攸出任青州都督，同时，又拜司马攸为大司马以示安抚。司马攸的藩国——齐国就在青州境内，这是出自荀勖的谋略——让藩王担任藩国所在州的都督，这样可以更顺理成章地把藩王赶出朝廷。

朝廷顿时像炸开了锅，群情激奋。

河南尹向雄（曾为王经、钟会收尸的义士）劝谏：“陛下子弟虽多，但谁的名望都赶不上齐王。让齐王留在京都绝对大有裨益，望陛下深思！”

司马炎气不打一处来，他要赶司马攸走，正是忌惮司马攸名望太高，挡自己儿子的路，向雄居然还像煞有介事地拿名望说事。

“你给我闭嘴！”

向雄气得脸色铁青，也顾不得礼数，拂袖退出朝堂。

紧跟着，尚书左仆射王浑（伐吴战役中的功臣）、侍中王济（王浑的儿子）、侍中甄德（魏朝郭太后堂弟，曾是重量级的外戚）、中护军羊琇（司马炎的发小）、司隶校尉刘毅（著名的直臣）、尚书仆射李憙（曾弹劾裴秀和山涛私占官田，也是东宫第一任太子太傅），还有以司马骏为首的宗室藩王纷纷劝谏。

“陛下千万不能赶齐王走啊！”

“请陛下三思！”

“齐王是社稷擎天支柱！”

司马炎暗想：荀勖说得果然没错，整个朝廷都快成司马攸的了！公卿越是争，司马炎赶走司马攸的决心也就越坚定。

王济和甄德见局面僵住，决定改变策略。二人都是皇亲国戚，王济的老婆是司马炎的女儿常山公主，甄德的老婆是司马炎的姐姐长广公主，他们请自己老婆出面，企图打亲情牌劝说司马炎。

于是，常山公主和长广公主每天像例行公事一样在司马炎眼前哭天抹泪，翻来覆去就是一句话：“不能赶司马攸走。”

连续几天下来，司马炎忍无可忍了：“齐王是我弟弟，我让他回封国是我自家的事。王济和甄德派两个女人到我这没完没了撒泼打滚成何体统！”亲情战术未奏效，王济和甄德俱受到降职处分，常山公主和长广公主再也不敢搅和了。

随着司马攸被赶出京都已成定局，齐王党和太子党的冲突也日趋激化。在众多齐王党成员中，中护军羊琇的表现颇值得一提。

几十年前，羊琇帮司马炎坐上太子宝座，但这并不代表他和司马攸关系决裂。其实，羊琇和司马炎、司马攸兄弟二人感情都相当不错。另外，羊琇和司马攸之间还有一层关系，司马攸是司马师养子，羊琇则是司马师妻弟（羊徽瑜的堂弟），虽然没有直系血缘关系，但从法律层面讲，他是司马攸的舅舅。

所有这些因素，都在羊琇心中量化成精确的可用数字衡量的价值权重。下届皇帝，将在朋友的傻儿子和自己外甥之间产生，不言而喻，羊琇义无反顾地支持外甥司马攸，如若司马攸失势，恐怕自己后半辈子都会被弘农杨氏、贾氏、荀氏欺压，到那时别说玩小兽酒壶，恐怕都要和权力场说再见了。

羊琇气得将佩剑狠狠插在地上，转头对身旁的成粲言道：“我誓要手刃了杨珧这贼子！”

成粲点点头：“算我一个！”

这话要从别人嘴里说出来顶多是句气话。但话从羊琇嘴里说出，又入成粲的耳，就绝对不容忽视了。成粲官拜北军中候，这里要特别解释一下，北军中候即是我们熟悉的中领军（执掌皇宫内禁军），西晋时期一度更名为北军中候，不久后又改回中领军。为了不给大家平添不必要的困扰，我们在后面依旧会沿用中领军这一叫法。而羊琇，因为他和司马炎年少时的戏言官拜中护军。想想都令人不寒而栗，一个中领军，一个中护军，二人掌握着皇宫最强大的武装力量，要联手搞掉一个政敌自不在话下。前文说过，因为杨珧一句话，诸多藩王被赶出了京都，而那些藩王大多是羊琇的座上客。羊琇有底气说出这种话，除了有皇宫禁军做后盾外，想必也是得到了众多宗室成员精神层面的支持和鼓励。

杨珧听到风声，吓得不敢迈出家门半步。羊琇表面上目标是杨珧，但杨珧的后台老板却是司马炎，所以，这事往小了说是大臣之间的私斗，往大了说和兵谏（以武力威逼、规劝君主）没什么区别。

司马炎很快得知此事，他当即罢免羊琇这个中护军，降职为太仆（九卿之一）。羊琇的计划最终搁浅了。荀勖的话再一次萦绕在司马炎耳边，如果不赶快让司马攸离开京都，以后指不定还会闹出多大乱子。

想到这里，司马炎不寒而栗。

火力全开

司马炎下诏赶弟弟离京是公元 283 年 1 月，可他盼星星盼月亮，转眼这都过了一个月，司马攸还是全当没这回事，每天按时来上朝，摆明一副忧国忧民不顾家的态度，公卿大臣也还是吵吵闹闹，充当司马攸背后的坚实靠山。

连皇帝诏书都敢无视。

司马炎忍不下去了。为了推动这件事的进程，他下诏让太常寺的博士商议，到底该以何种礼仪恭送司马攸离京。言外之意很清楚，现在要讨论的是让司马攸怎么走，而不是该不该走。

然而，这项议案到了太常寺又执行不下去了。博士们再度把话头引回问题的起点——根本就不该让司马攸离开京都。于是，太常寺的七位博士：庾旉（fū）、太叔广、刘暾（tūn）（直臣刘毅的儿子）、缪蔚、郭颐、秦秀、傅珍联名写就一篇奏疏驳斥司马炎。这七位博士中的秦秀前面讲过，他曾打算给何曾和贾充恶谥未果，伐吴战役中，他反对贾充担任总帅，伐吴结束后，他又挺身而出为王濬鸣冤，到处得罪权贵。不过，倘若提及他的家世，一定会让所有人大跌眼镜，秦秀的爸爸正是魏朝臭名昭著的佞臣秦朗（阿稣）。魏明帝曹叡临终前授予秦朗、曹宇、曹肇、曹爽、夏侯献托孤重任，没几天，秦朗便主动退居幕后，把权位拱手让出。不过，秦秀却一改父亲的做派，成为西晋历史上赫赫有名的忠直正臣。

庾旉等人写毕，将奏疏提交给博士祭酒（太常寺次席）曹志审阅。

"曹君，你看这么写妥不妥当？"

曹志一边读，一边连连拍案叫绝："写得好！写得好！"继而，他怅然若失道："这样的贤才，这样的血亲，不让他匡扶社稷，却把他赶去海隅……晋室大概兴盛不了多久了！"曹志正是魏朝陈留王曹植的世子。当年，曹植深受曹丕迫害，胸有大志却无从施展，以致郁郁而终。曹志文学上的成就虽不及其父，但也满腹经纶、博古通今。晋朝建立后，他受到司马炎格外的礼遇。此刻，当曹志为司马攸鸣冤的时候，脑海中呈现出的却是亡父的音容笑貌。

"庾君放心！明日上朝，我必和诸君同心协力，劝陛下收回旨意！"

曹志不是随口敷衍，他当天又以个人名义写了一篇奏疏力挺庾旉，希望能让司马攸留在朝廷。接着，他将自己写的奏疏拿给堂弟曹嘉观看。这位曹嘉乃是在"淮南三叛"王淩事件中遭到赐死的楚王曹彪的世子。曹彪死后，曹嘉被废为平民，在曹髦时代，曹嘉又恢复了爵位。

曹嘉看毕，悠悠说道："兄长的奏议情深意切、言辞诚恳，一定会留芳青史，但怕是要惹得陛下龙颜大怒啊！"

再说庾旉，他得到曹志的鼓励后，又将奏疏递交给太常寺首席郑默审阅。郑默看完，同样支持。

庾旉心里仍然没底，他知道自己这么做是对的，但也不免有点害怕。当夜，他将奏疏递到了父亲庾纯面前。

“明日我要上疏，恳请陛下准许齐王留在朝廷，您看奏疏这么写行不行？”

庾纯看毕问道：“郑太常和曹祭酒都看过啦？”

“看过了，他们都表示支持。”

“嗯……”庾纯有些踌躇。他昔日的政治盟友任恺早已故去，他自己这些年也是跌宕起伏。他看着儿子的奏疏，仿佛又找回多年前在酒宴中痛骂贾充那份畅快淋漓的心境，常年的压抑被释放出来。“上奏吧！”庾纯索性豁出去了。

翌日，司马炎听着七位博士的联名奏疏，脸色一阵青一阵白。好不容易忍到庾旉把奏疏读完，紧接着，曹志继续上奏，力挺庾旉。司马炎气得浑身发抖，他的忍耐已到极限，再也不想听了。猛然间，他厉声喝道：“我让你们商量送齐王离京的仪仗队，可你们商量的是什么？答非所问！是何道理！”

司马炎很少动怒，这次，他是真的怒了，而且，他眼神里明显露出杀意。

朝堂上顿时鸦雀无声，谁都不敢吭声。一些立场不那么坚定的公卿开始考虑重新站队。

廷尉刘颂奏道：“庾旉等人藐视诏书，不答所问，答非所问，请押送廷尉受审。”

于是，太常寺七位博士全部被收监候审。

几天后，廷尉得出结论：“按律当斩。”这非同小可，从西晋开国至今，从未有过臣子因直言进谏被杀的案例。顿时，朝野一片哗然。

尚书夏侯骏愤然拍案：“陛下难道要诛杀直臣吗？”他须发怒张，对另外几位尚书台同僚言道：“尚书台八座尚书（指尚书令、尚书左仆射、尚书右仆射，外加五位执行尚书）等的就是今天，诸位和我一同上奏，驳回廷尉的判决。”

可是，并非所有人都像夏侯骏这般硬骨头，尚书朱整和褚契表示支持廷尉。

“孬种！”夏侯骏暗暗骂道。旋即，他联合尚书左仆射魏舒、尚书右仆射司马晃（司马孚第五子）等人驳斥廷尉，力保太常寺的七位博士。这是一次士大夫为维护自己权力和公理的抗争。他们明白，倘若开了斩杀直臣的先河，以后士大夫再也不要妄想有什么话语权了。

就在众人闹得不可开交的时候，庾旉的父亲庾纯迈着老态龙钟的步伐走上朝堂，他扑通一声跪在大殿上："这篇奏疏，我那天也有过目，一时糊涂，没来得及阻拦，请廷尉连我一并治罪吧！"庾纯心里清楚，局面已经越来越没法收场，他若不服软，一定会落得家破人亡。

几天过去，司马炎逐渐冷静下来。他的心又软了，遂对刘颂说道："太常寺那几个博士，都赦免了吧。"

博士们得以保住性命，但都被罢黜了官位。前面多次提到，任恺、石鉴、杜预、羊琇、石苞、张华等人都被罢黜过，即便司马炎信誓旦旦指着某位官员的鼻子说"永不录用"也无须在意，因为过不了多久，他们还会被起用，这事在西晋实属家常便饭。太常寺的博士也不例外，一段时间后，他们又重返政坛。在这些人中，秦秀始终保持着疾恶如仇的本色，他因得罪太多权贵，做了二十多年博士，从未有机会获得升迁，最后在任上去世。

太常寺和尚书台的风波总算是过去了，司马炎落寞地回到后宫，他看着一旁的侍中王戎，不禁叹了口气："曹志尚且不理解我的苦衷，其他人就更不用提了！"

司马炎当然清楚曹志伙同七位博士公然跟自己对抗是出于怎样的心理。但正因为这样他才觉得更憋屈，他自认为并没有像曹丕迫害曹植那样对待司马攸，反之，他给予司马攸的待遇就连司马家族的叔伯都望尘莫及，他只想让司马攸回藩国去，别挡自己儿子的路。

总之，在这场齐王党火力全开的战斗中，司马炎勉强压住了局面。

桃符性急

十几年前，王元姬弥留之际叮嘱司马炎："桃符性子急躁，你这做哥哥的又不慈爱，我最怕的就是以后你容不下他……"

十几年过去了，司马炎没有忘记这句话，他尽可能地关照弟弟，或者说，他努力装出关照弟弟的样子。但是，除非他宣布下届皇帝是司马攸，否则公卿永远不会罢休。

司马炎对公卿干涉自己的家事越想越恨，不过，从另一个角度讲，由谁继承皇位牵扯无数人的利益和性命，司马炎的家事即是国事，被旁人干涉也理所应当。

独享至高无上权力的皇帝，去奢望旁人的理解和同情又有什么意义呢？

公元283年3月，司马炎将济南郡划入司马攸的齐国，又赐予司马攸私人卫队、鼓吹仪仗若干，封司马攸的儿子司马寔为北海王。在做好一系列安抚后，他命令司马攸即刻离开京都去齐国赴任。

可司马攸完全把诏命当成耳旁风，他在洛阳待得踏踏实实，丝毫没有挪窝的意思。最后，就连他的幕僚都坐立不安了。

幕僚提醒道："殿下，朝廷都催促过好几次了。"

"我不走！"司马攸犯起犟，"荀勖这伙佞臣，居然敢动到我头上！"长久以来，他对荀勖和冯紞的憎恨溢于言表。也正是这个原因，让荀勖等人确信一旦司马攸得势，绝容不下自己，这才不惜撕破脸，誓要将他赶出朝廷。

幕僚苦劝："昔日姜太公被封为齐王，齐桓公九度联合诸侯，成为天下霸主。您德高望重，就算离开了京都，影响力也不容小觑。何必要在这里纠结，冒着抗旨的危险和陛下闹僵呢？"这番话很有见地，再怎么说，司马攸也算实力最雄厚的藩王，一旦司马炎驾崩，他仍有机会重返朝廷辅政，甚至是继承皇位也无不可。

司马攸听了幕僚的话，反而更生气了："我只恨自己不能匡扶社稷，你哪儿来这么多废话！"这句话该如何理解？是申明自己没有幕僚想得那么复杂？还是真被幕僚戳中内心所想？不得而知。

几天后，司马攸居然气出了病。

"他是想拿装病来拖延行程吧？"司马炎嘀咕着，派出几名御医去给司马攸诊断病情。

御医们回来后，言之凿凿："齐王身体健康，没有任何病症。"

司马炎决定亲自去看看弟弟。

司马攸一向注重仪表，听说司马炎到访后，他穿戴整齐，强打起精神，不露出半分病态。

"你到底有没有病？"

"臣弟无大碍。劳烦皇兄惦记了。"

“既然没病，就赶快起程，回藩国赴任吧。”

“皇兄！我不再干预政事了。我只想留在京都为母后守墓，行不行？”到了这步田地，恐怕连司马攸自己都忘记了初衷。或许他只为赌一口气，告诉别人自己没被荀勖整垮，或许是想通过时间证明自己真的没有觊觎社稷。但这些全无意义。任何人都明白，以司马攸的影响力，随意一个举动都能让朝廷摇三摇，说不涉政岂非一句空话？

司马炎冷冷回道：“别说这些没用的了，还是尽快起程吧！”

公元283年4月，司马攸抱病辞行。没几天，他的病情恶化，最终呕血而死，年仅三十六岁。司马攸死后被追谥为“献王”，这和他的叔祖司马孚的谥号一样。而且，无论是司马攸生前的爵宠、在宗室中的分量，还是丧葬规格，也都和司马孚完全等同。然而，司马攸的结局却和司马孚迥然不同，最重要的原因，恐怕还是王元姬说的那句话——“桃符性子急躁”吧。这位重量级的皇室成员，倘若健在，或许真能改变西晋国运也说不准。

司马炎这才明白，司马攸是真病，他痛哭流涕，将那些谎称司马攸装病的御医全部处死了。这事疑点重重，御医当初给司马攸诊断后，全都异口同声地说没病，若非受人指使，便是私下串通。到底是受何人指使？荀勖，还是冯紞？御医被处死前难道不会狗急跳墙供出幕后黑手？如果这样倒也简单，可他们没有。恐怕，是御医察言观色、揣度圣意，猜到司马炎想要什么样的答案才给出司马攸装病的结论。如此，司马攸装病一说，不正是司马炎暗示御医的结果吗？

此刻，司马炎的心情无比复杂，他反复告诉自己，正是那几名御医害死了自己的弟弟。他将怨恨尽数发泄到那几名御医的头上，同时，又竭力掩盖着内心的庆幸。

可怜又讨厌的弟弟！

司马炎哭个没完没了，冯紞在旁边看得不耐烦了，他拽了拽司马炎的袖子：“陛下没必要难过，齐王名过其实，天下人都归心于他，今天他病死是社稷的福气啊！”司马攸病死对于太子党来说，绝对是从天而降的惊喜，说实话，如果司马攸能听从幕僚的劝告去齐国赴任，并健健康康地活下来，等司马炎死后，荀勖、冯紞等人想必还是会受制于他。

冯统说得对！无论司马攸是否觊觎社稷都不重要，重要的是挡在太子面前的绊脚石终于消失了。

司马炎抹干眼泪，停止了哭泣。

齐王党瓦解

几十年前，两个少年天真地许下一个约定："假如有一天富贵了，我们就轮流做中领军和中护军，各做十年！"

几十年前，羊琇帮司马炎当上了皇帝，司马炎则保住身犯重罪的羊琇一命，又让他从一介平民直升中护军。但是，这个关于友情的故事注定不会就此圆满收场。

泰山羊氏大佬——羊琇在中护军这个位子上稳稳坐了十五年。荣耀已经成为习惯，显赫是理所应当的。如今，他因为密谋刺杀杨珧，惹恼了司马炎，被贬为太仆。

太仆，九卿之一，主管畜牧及皇宫车马。

十五年的显赫，一朝尽失！羊琇的地位一落千丈，他不习惯。

咣当一声，羊琇把太仆印绶狠狠摔在地上："明天我不上朝了，就说我病了！"这话如同谶言，没过几天，他竟真的病了。

羊琇身体状况越来越差，正式向朝廷请辞："臣宿疾复发，实在不堪重负，请求回家养老。"

司马炎望着羊琇，往昔的一幕幕在二人脑海中闪现。

"稚舒（羊琇字稚舒），助我富贵，我不会忘记你的！"

"没想到儿时戏言竟成真！"

往事如过眼云烟。

司马炎不知道说什么才好，沉默了好一会儿，他缓缓开口："稚舒……要不，你当个散骑常侍吧。"散骑常侍属于皇帝近侍，很多官员花重金买这个官位，获得待在皇帝身边的资格。司马炎只想今后还能经常见到羊琇，一起叙叙旧。

谁稀罕!

羊琇向司马炎拜了拜，头也不回地转身而去。

从今以后，我要被杨氏、贾氏、荀氏那伙人压得抬不起头！羊琇越想越觉得憋屈，一到家便倒在床上，再也没有起来。几天后，羊琇病亡。

除羊琇外，刘毅、向雄、司马骏等齐王党要员也在司马攸死后的一两年内郁郁而终。在司马懿的九个儿子中，司马骏是除了司马师、司马昭、司马伷外最有才干的人，他做过淮北都督、豫州都督、扬州都督、雍凉都督，几乎把几大军事重镇轮流蹚了个遍。虽然此时司马懿的儿子还没有死绝，但司马骏的死，实则标志着老一辈的时代已经过去了。

太原王氏中流砥柱——王济派常山公主为司马攸求情后被贬官。后来，他依法惩办王浑的下属，因为一点都没照顾老爸的面子遭到弹劾。晋朝以孝治天下，王济的行为虽谈不上不孝，但也算对老爸不敬。他再次被弹劾贬官。王济记吃不记打，没多久，他又私自对某藩王的官吏施以鞭刑，以大不敬罪被废黜为平民。王济在政坛失势，但他洒脱张狂的性格却没半点收敛。

《晋书》记载了他与姐夫和峤（拒绝和荀勖同乘一辆车，又因贪财被杜预比喻有“钱癖”）之间的一段逸事。

和峤家有一株李子树，结的果实甘甜无比。司马炎听说后，让他送些尝尝。没想到，和峤抠抠搜搜，只拿出十来个相赠。

司马炎哭笑不得，和峤却犹自可惜这十几个李子。就在这时候，王济带着一帮狐朋狗友来到和峤家，将李子吃了个精光，临走前一时兴起，居然还把李子树给砍倒了。这则简单的故事，将司马炎、和峤、王济三人的性格特点刻画得入木三分。

还有一则关于王济和王恺（司马炎的舅舅，与石崇斗富）的逸事，同样表现了王济的张狂。

一次，二人比赛射箭。王济出的赌注是一千万钱，王恺出的赌注是一头牛。这牛能日行八百里，取名“八百里驳”，深得王恺爱宠。

王济善射，一箭命中靶心，从王恺手中赢得了“八百里驳”。任谁都没想到，王济竟对侍从大喊：“取牛心来！”

须臾，这头名为“八百里驳”的骏物便被开膛破肚了。

“真是暴殄天物啊！”王恺气得直跺脚，却追悔莫及。

司马炎打算灭灭王济的嚣张气焰，他对和峤说：“我先把这小子骂个狗血喷头，然后再给他官位，你看他以后会不会收敛些？”

和峤心想：自己这位小舅子斗嘴从不输人，别说以后会不会收敛，恐怕当场就能把皇帝怼得下不来台。他劝道：“王济个性刚强，料想不会为陛下所屈。”

司马炎不听，把王济叫来，劈头盖脸就是一顿臭骂。

“犯了那么多错，现在知道惭愧了吗？”

王济慢悠悠地说了一句话：“遥想‘尺布斗粟’之谣，臣正在为陛下感到惭愧。”“尺布斗粟”出自《史记·淮南衡山列传》中，原文是：“一尺布，尚可缝；一斗粟，尚可舂。兄弟二人不相容。”这是西汉时期汉文帝容不下兄弟淮南厉王的故事。王济这话是讽刺司马炎容不下司马攸。

司马炎的脸色登时变得难看，可王济还嫌没过够嘴瘾，又跟着补了一句：“您疏远了亲人，我也没能让亲人更亲（指的是王济不顾父亲情面处置父亲下属一事），还真是有愧于陛下呢！”这意思是，咱俩半斤八两，你还有脸管我吗？

司马炎很堵心，一句话都说不出来。

后来，王济官拜太仆，性格依旧我行我素。

王济于四十六岁（291）亡故。他死后，洛阳城的名士纷纷赶来吊唁，其中哭得最伤心的就属他生前好友孙楚。孙楚一边哭，一边拍着灵床：“武子（王济字武子），你生前总说我学驴叫学得像，今天我就再学一次驴叫为你送别。”

说罢，他就在灵堂高声学起了驴叫。前来吊唁的宾客眼见这场面，忍不住偷笑。

孙楚学得认真，听到阵阵讥笑声，心里更觉哀伤。他抬起头，瞪着其他吊唁宾客叱道：“你们这些人没死，却让王济死，真是老天不长眼哪！”补充一句，这位孙楚的爷爷，就是魏朝时曹叡临终之际，建议曹叡召司马懿回京辅政的中书令孙资，孙楚的孙子名叫孙盛，后来成为东晋史学家。

太原王氏，自东汉刺杀董卓的名臣王允死后，在王昶、王浑、王济这三代人时达到了辉煌的巅峰。不料十几年后，西晋出了件惊天动地的大事，竟导致太原王氏家道中落，关于这其中的原委，在后文将会讲到。

傻子哲学

太子司马衷已二十多岁，但整天浑浑噩噩地混日子。

这天，司马衷游览后宫花园。在一个池塘边，他忽然停住了脚步。

“等等！”司马衷的表情突然变得严肃起来。

“你们听！”

太监们屏息静听，却什么都没听到：“殿下，您听到什么啦？”

“嘘……”司马衷用手指抵住嘴唇。池塘边只有青蛙呱呱的叫声，除此之外再无其他。

“还是听不到！”

“蠢货！听！呱……呱……是青蛙在叫呢！”

“是！是！殿下圣明，臣等愚昧！”

司马衷听了一会儿，若有所思道：“我在想一个问题。”

这可是破天荒头一遭，所有人都认为司马衷根本没有思考的能力。

“敢问殿下在想什么？”

“你们说说，这青蛙拼命地叫，它们到底是为官家叫，还是为私家叫？”

众人满脸愕然，这充满了哲学意味的问题没人能答得出来。

良久，一个太监开口道：“在官家池塘的青蛙，就是为官叫；在私家池塘的青蛙，就是为私叫。”

“哦……原来如此。”

司马衷苦思不得其解的问题终于有了答案，他兴高采烈地跑到司马炎跟前：“父皇！父皇！儿臣今天明白了一个道理！”

“哦？你明白了什么？”司马炎满脸慈爱地笑问。

“我明白，青蛙在官家池塘是为官叫，在私家池塘是为私叫！”

司马炎皱起眉头，随之叹了口气：“什么为官为私的！你听好，青蛙叫，是为利，为生存……”

“啊……”司马衷又陷入呆滞状态，这答案太过深奥，超出了他所能理解的范畴。

司马炎拉起儿子的手："来，我带你去见一个人。"随后，父子二人来到了嫔妃所在的西宫。

"咱们去哪儿？"

"别多问，跟我走就是。"

他们在一间寝宫前停住脚步，随即推门而进。

"谢玖，好久不见了。"

"见过陛下，见过殿下。"谢玖跪拜在父子二人面前。

"啊！是谢玖！原来你在这儿，我还以为你没了！"

"臣妾一直都在呢！"谢玖一边回话，一边止不住地抽噎起来。

"你先别哭，今天朕来是要完成一件重要的事。你把他带出来吧。"

谢玖闻言，转入后房。俄顷，她拉着一个七八岁的男孩儿走了出来。

"皇爷爷。"男孩儿乖巧地向司马炎行礼，然后疑惑地望着面前的司马衷。

司马衷同样满脸疑惑："父皇，他……他是谁啊？"

"他叫司马遹（yù）。"司马炎眼眶里充盈着泪水，"你好好看看他，像谁？"

"不、不知道……"

"他，就是你的儿子啊！"

"啊？……"

这位司马遹，正是当年谢玖逃脱贾南风毒手后，回到西宫生下的司马衷的儿子。有一种传闻，司马遹其实是司马炎的儿子。因为司马炎极宠爱司马遹，故假托是司马衷的儿子，以便司马衷死后能把皇位再传给司马遹。这纯属无稽之谈。首先，司马炎的皇子多达二十六位，而他顶着巨大的压力，甘冒天下之大不韪坚持让司马衷当太子，足见他对司马衷的宠爱到了何种程度。其次，若假设为真，司马炎何不废掉司马衷，直接立司马遹为太子？如果他这么做，肯定会赢得很多人的支持，顺水推舟又没政治风险，何乐而不为？

总之，关于司马遹是司马炎儿子的说法，我们可以全当是为增加娱乐效果的演绎。司马遹的的确确是司马衷的儿子。

此刻，司马衷温柔地摸了摸司马遹的脑袋，喃喃低语："我的？儿子？"

司马炎已是老泪纵横。

“现在，朕是皇帝，你是皇太子。等以后，有那么一天，你是皇帝，他就是皇太子！”

“哦……”司马衷听得似懂非懂，上前紧紧地搂住了司马遹。

陵云台剧组

随着司马攸的死，齐王党也就不复存在了。可即便这样，公卿依然没有聚拢到太子身边，仍对太子满是排斥。司马炎决心扭转这种局面。

某日，司马炎在陵云台举办了一场盛大的酒宴，公卿大臣悉数到场。这场酒宴的意义非比寻常，因为司马炎即将在这里演一出戏，借此巩固司马衷的地位。

这段日子，太子太傅杨珧为美化司马衷形象呕心沥血，但他毕竟是铁杆太子党，他称赞司马衷的话也没多少可信度。司马炎寻思：倘若太子少傅（司马衷的次席教师）卫瓘也能帮司马衷说说好话，一定能更有效地带动舆论。司马炎有这种想法，除了因为卫瓘位高权重，还有一个重要的原因——卫瓘没在齐王党和太子党之间明确站队。当初，司马炎赶司马攸离京引发太常寺风波，尚书台的夏侯骏、司马晃、魏舒等人力保太常寺七博士，而尚书朱整、褚契却支持廷尉对七博士的判决，一时间，尚书台分裂成两派，可就算局面恶化到这种地步，身为尚书令的卫瓘却始终没在这场风波中露脸。他这种态度给了司马炎一个错觉——卫瓘是可以被拉到太子这边的。实际上，继贾充死后，司马炎就一直不遗余力地笼络卫瓘，他拜卫瓘为司徒，同时又让他兼任尚书令、侍中、太子少傅，还把女儿繁昌公主许配给了卫瓘的儿子卫宣为妻。于是，这位伐蜀战役中的最大赢家成为皇亲国戚，一人横跨尚书台、门下省、太子东宫三个权力机构。

给了卫瓘这么多，他应该会帮太子说句好话吧。司马炎一边想，一边扫视人群，寻觅卫瓘的身影。

“卫公来了没？”他小声嘀咕着，直至望见卫瓘，悬着的心才算落了地。

然而，谁也不知道，司马衷简直可以说是卫瓘心里一道疤。若当初卫瓘的女儿被册立为太子妃，或许他会因此转变政治立场，但因为太子妃被贾南风夺走，卫瓘至今耿耿于怀。史书中记载，他屡次想跟司马炎陈明司马衷不堪太子之位，但因为不敢直言冒犯，所以从没表过态。

酒过三巡，司马炎目视卫瓘，言道：“朕刚才给太子出了道题，一会儿太子把答案呈上来，请卫公指点指点。”

卫瓘端着酒樽，却喝不下去，他大概预感到会发生什么了。

就在距离一片欢歌笑语的凌云台不远处，太子东宫，这出戏的幕后导演贾南风正在安排亲信替司马衷作答：“措辞别这么文绉绉！一看就不是太子写的，直白点，能把意思说明白就行了！”

看写得差不多了，她不耐烦地吩咐司马衷：“赶快一字不差地抄下来！”

司马衷唯唯诺诺，低头抄写。

须臾，由司马衷抄写的答案被递到司马炎手里。司马炎看了看，努力尝试着说服自己：“这的的确确是儿子写的！用词和口吻很像……”倘若他稍微客观一些，就会明白，儿子绝写不出这样的文章。这篇文章，普天之下能欺瞒的也就只有皇帝一人而已。

司马炎将文章递给卫瓘。

“您看看，这是太子写的。”

卫瓘看毕，确信这一定是找人代笔。

他抬眼望着司马炎，司马炎也正用恳求的眼神望着他。

你就当可怜可怜我，拉扯太子一把，说句好话吧！

“唉……”卫瓘叹了口气，什么都不想说。几杯酒下肚，他心里愈发不是滋味，过了一会儿，他借着醉意，晃晃悠悠走到司马炎面前。

“陛下，臣有句话不知该不该说……”

“请讲。”

“呃……”卫瓘踌躇起来。

“卫公请直言。”

“臣还是不知如何开口。”

“但说无妨。”

又是一阵沉默，继而，卫瓘伸手抚摸起司马炎的御座，自顾自地叹道："这宝座可惜啦……"

司马炎一怔，脑海中回响起司马昭生前说过的话："这宝座，今后也是桃符（司马攸）的……"瞬间，他的脸色阴沉下来。可惜？难道让司马攸坐就不可惜了吗？司马攸死了！这宝座，将来只能传给司马衷！

他冷冷地盯着卫瓘。

"卫公，您是喝醉了吧。"

"臣……醉了……真是醉了……"

此后，卫瓘再也没有说什么。

重臣退隐

卫瓘委婉的态度总算没跟司马炎形成太尖锐的冲突，但是，这事很快传了出去，太子妃贾南风由此对卫瓘怀恨在心，而"三杨"之一的杨骏，为了排除异己，也开始处心积虑地想要扳倒卫瓘。

以卫瓘的分量，要扳倒谈何容易？杨骏绞尽脑汁，最终从卫瓘的儿子卫宣身上找到了突破口。

他唆使内宫近侍频频向司马炎吹风："卫宣整天就知道沉湎酒色，繁昌公主备受冷落，甚是可怜！"

司马炎听闻，遂勒令卫宣和繁昌公主离婚。

不管司马炎是不是要针对卫瓘，但在卫瓘看来，这是一个危险的信号。

于是，卫瓘主动请求逊位。司马炎秉承一贯尊崇功臣的态度，拜卫瓘为太保（上公），同时削除了卫瓘尚书令、侍中、太子少傅这些官职。过了段时间，司马炎意识到自己被杨骏当枪使了，他试图挽救跟卫瓘的关系，又提出让繁昌公主和卫宣复婚。没料到，卫宣已在离婚的打击下气愤而死了。

卫瓘卸任尚书令，这居然阴错阳差地影响到了荀勖。

二十几年来，荀勖一直稳坐中书监这个位子，统领着中书省。现在，司马炎想借机让他挪挪窝了。

“你去接任尚书令吧。当年，你的先人荀彧和荀攸都当过尚书令，希望你能再现昔日两位荀令君的美誉。”司马炎这句鼓励的话，等于把荀勖赶出了中书省。

荀勖只好辞去中书监，转任尚书里。补充一句，虽然朝臣经常身兼数职，但尚书台和中书省作为两个彼此制约的行政机构，通常情况下，其最高统领是绝不允许兼任的。

公允地讲，尚书令和中书监都手握实权，且基本算平级调动。但是，荀勖心里却颇不平衡。这是因为中书省位于皇宫内，中书监成天跟在皇帝身边做首席顾问，利用职务之便，凭三言两语便能左右朝政，这很合荀勖的胃口。尚书台却位于皇宫外，离皇帝远不说，还要处理大量繁杂政务。

荀勖悻悻地来到尚书台，只见同僚早已在门口恭迎自己。

“恭贺荀大人。”

荀勖憋了一肚子气，阴沉着脸，抱怨道：“夺我凤凰池，有什么可庆贺的！”中书省坐落于皇宫内的凤凰池旁，故有此称呼。随后，他以考核官员为名，将尚书台中的官员来了一次大清洗，全换成了自己人。

没过多久，到了公元 289 年，荀勖，这位太子党的中流砥柱，同样没有撑到司马炎托孤之日，也一命呜呼了。荀勖是西晋初期最著名的权臣、佞臣，且品行卑劣、声名狼藉，但不可否认的是，他在艺术方面很有成就。前文讲过荀勖和钟会以书法和绘画功力斗法的故事。另外，他在音乐上的造诣虽不如阮咸（“竹林七贤”之一），但也堪称是位奇才。早年间，荀勖主管宫廷音乐期间，研制出了笛律十二支，音律相当准确精妙，被后世定为标准。

近段时间，另一位太子党成员，冯紞也死了。

讲到这里，我们大致回顾一下前面曾提到过的西晋重臣。贾充死于公元 283 年，山涛死于公元 283 年，伐吴功臣杜预死于公元 285 年，王濬死于公元 286 年，胡奋（胡遵之子，胡嫔妃的爸爸）死于公元 288 年，宗室藩王中的佼佼者——司马伷（司马炎的叔叔，伐吴功臣）死于公元 283 年，司马攸死于公元 284 年，司马骏（司马炎的叔叔，曾历任几大军区都督）死于公元 286 年。还健在者，张华遭到罢免，卫瓘失势，王浑也在司马攸死后陷入沉寂，什么都不想管了。

随着重臣一个接一个地离去，朝廷的权力架构也在不知不觉发生着改变，原本和贾氏并驾齐驱，并一度被山涛、卫瓘以及宗室制约的外戚家族——弘农杨氏如今呈现出一家独大的势头，“三杨”的大哥杨骏只手遮天，而“三杨”中最具忧患意识的老二杨珧却愈加不安起来，他越来越确信，杨骏绝对罩不住这种局面。

某日，右军督赵休提醒司马炎：“杨氏三兄弟全都手握重权，这跟西汉篡国权臣王莽如出一辙！臣替陛下感到忧虑。”

此时，杨珧官拜卫将军，他听到这话，吓得心惊胆战，马上提出辞官逊位。

“陛下，臣近日来身体不大好，想辞掉官位回家养老。”

此前，司马炎稀里糊涂地帮杨骏整垮了卫瓘，虽然弘农杨氏眼下是太子司马衷的羽翼不假，但无论如何，他也不希望看到弘农杨氏在无人能制约的环境中无限膨胀下去。因此，对于杨珧主动请辞，司马炎顺水推舟接受了。

“准！”

“臣还有一件事想说。”

“你说吧。”

“自古以来，一族中走出两位皇后，没有不招致灭族之祸的。臣想将这话写成奏疏，收藏在宗庙里，假若有一天真的应验了，恳请陛下赦免臣的身家性命。”杨珧的说法不算严谨，古往今来一族两后又不惹是非的大有人在。不过，这话暗含的重点并非一族中走出几位皇后，而是，如此树大招风的望族，杨骏根本罩不住，这才是问题的根源所在。杨珧不想拆自家后台，但也预感到未来可能出现的危险，无奈找了这么个说法，希望能防患于未然。

司马炎听罢，笑了笑，有些不以为意：“你想学钟毓吗？”当年，钟毓有先见之明，提醒司马昭不可信任弟弟钟会，才让他的子嗣免受牵连。

“臣才略浅薄，只是既然想到了，就不敢向陛下隐瞒！”

司马炎颔首答允。

杨珧将这话写成奏疏，小心翼翼地藏到皇室宗庙，这才放心。但人算不如天算，未来的事，他只猜对了一半。

杨珧走出皇宫，落寂地回到家中，吩咐仆役：“收拾东西，准备搬家！”

说来也巧，杨珧的居处正是昔日曹爽故府，这是整个洛阳城里除了皇宫外最豪华的一幢宅邸。

仆役满脸茫然："搬去哪儿？"

"我已经辞了官，咱们搬回自家老宅，不住这儿了。"

没一会儿，全府上下开始忙乱起来。

杨珧呆立在厅堂中央，放眼四周，看着仆役忙忙碌碌地收拾行囊。说实话，他对这宅邸恋恋不舍，但很快，又打消了这种不舍。曹爽的故府，不吉利……不吉利……

"三杨"中的杨珧选择急流勇退，并为将来留好了后路，老三杨济虽然还在职，但同样对大哥杨骏抱持悲观态度，一副要步杨珧后尘的架势。

最后，朝廷里的实权派，真的就只剩下杨骏这位孤家寡人了。

身后事

这些年，朝廷越来越呈现出人才凋谢的萎靡局面。不知不觉间，司马炎老了，他知道是该到考虑身后事的时候了。按理说，皇太子已三十一岁，他本该很放心地把社稷托付给新皇帝才对，可他没法这么干，他非但不能把社稷托付给司马衷，反而得把司马衷托付给值得信任的重臣，谁让儿子傻呢？

谁值得信任？谁堪当托孤重任？

毫无疑问，杨骏是可以托付的。诚然，这只是司马炎一厢情愿的想法，或者说，仅仅是从权力和地位两方面做出的考量。不过，司马炎清楚，托孤重臣绝不能只有一个，谁来平衡杨骏的权力？

和外戚相互制约的最好是宗室成员。

藩王中有实力者——弟弟司马攸、五叔司马伷、七叔司马骏这几位如今都不在了。司马炎脑海中费力地勾勒着其他叔伯的音容笑貌。

首先，他的堂叔伯（司马懿兄弟的儿子）可以排除在外，毕竟血缘关系比较疏远。而亲叔叔（司马懿的儿子）还有四位尚健在——三叔司马榦、四叔司马亮、八叔司马肜、九叔司马伦。

让我们跟着司马炎的思路，把这四位藩王逐个捋一遍。

首先说三叔司马榦，他在四位叔叔中年纪最大，和司马炎的关系也最近，因为他是司马师、司马昭唯一的同母弟，均是张春华所生。但同时，他也是四位叔叔中最提不起来的，理由很简单，司马榦脑子不太正常，他患有间歇性精神病，总是干出无法理喻的怪事。

譬如说，司马榦从来不管藩国事务，他的俸禄（薪水）和藩国租税（股份分红）都因长久露天堆积而腐烂，他却满不在乎。《晋书》中形容他淡泊名利，毋宁说他是根本无法正确认知财富的价值吧。有时候，同僚登门拜访，可他经常让对方在门外等很久，甚至过了一整天都不接见。原因也很简单，不是他心高气傲，而是他缺乏人际交往的基本常识。

《晋书》中还讲到司马榦有个足以令正常人作呕的怪癖。他的宠妾死后，他隔三岔五地偷偷打开棺椁奸淫尸体，直到尸体完全腐烂才罢手。这口味实在是重。

公元 277 年，司马炎根据荀勖等人的建议遣送多位藩王离京，司马榦因精神不正常被特准留在京都。对此，千万别误以为他是明哲保身的智者，他这种非理性做派将贯穿其一生，他绝对是个彻头彻尾的精神病。

再来说八叔司马肜，史书中记载他性格恭敬谨慎，没什么才干。没才干不假，而单就谨慎这一点来说也值得商榷。西晋初年，司马炎特准藩王自行招募藩国官吏。在这样的背景下，司马肜招到一个叫张蕃的人，殊不知，张蕃本名张雄，在正始年间是曹爽和何晏的亲信，后来更名易姓，到处招摇撞骗。虽然有关曹爽、何晏的，早已是前朝往事，不值得再上纲上线，但司马肜就这么被一个骗子给忽悠了，实在给皇室脸上抹黑。

这桩丑闻被人查了出来，司马肜遭到削封的惩罚。

继续说九叔司马伦，他是司马懿最小的儿子，虽然在不久的将来，他会把晋室搅得天翻地覆，但在此之前，他的事迹同样乏善可陈，如果一定要讲，那只能把他收买内臣，企图盗窃皇宫宝物这桩事抖搂出来。

司马伦因偷盗获罪。

司马炎得知后，无奈地叹了口气："终归是自己的亲叔叔，算了吧。"事后，司马伦被宽赦。

最后说说四叔司马亮。我们看看他的成绩。公元257年，他参加讨伐淮南诸葛诞的叛乱，因指挥失利被罢免。晋朝建立后，他被任命为雍凉都督。公元270年，秃发树机能叛乱，司马亮屡战不利，部下更因畏敌怯阵获罪。司马亮为保住部下的性命主动认罪，又被罢免。后来，司马炎考虑到司马亮在四位叔叔中为人最本分，便让司马亮做了司马氏一族的宗师（称号，非官位），负责训导教育宗室成员。

大体上，司马亮的事迹便是打过这两场败仗，但至少，他还懂得在打败仗后主动承担责任，仅仅这件事，就使得他在仅存的几个兄弟中脱颖而出。可想而知，比起奸尸的变态、被蒙混的蠢材以及盗窃御宝的小偷来，司马亮还算个正常人。

司马炎也是这么想的，他发现，若要从他几个亲叔叔里挑一位托孤重臣，司马亮是唯一的人选。

不过，我们完全没必要替司马炎感到遗憾，因为他根本也没指望挑出一个雄才大略的人托孤，他的标准很低，只要是个正常人就行。为什么这样说？看看司马炎曾属意过的其他托孤重臣就能明白。

杨骏，庸才一个，人望极低；已经过世的贾充，虽然有权谋，但名声差得没边。司马炎挑这些人作为托孤重臣，不能不说是用心良苦。按照他的逻辑，儿子智商有问题，倘若辅佐的重臣太强，搞不好就会谋朝篡位，若要儿子江山坐得稳，就得让庸才辅佐。说白了，无论是司马亮，还是贾充、杨骏，要让他们振臂一呼推翻司马衷自己当皇帝，是不可能的，第一没胆子，第二没能力，第三没号召力。另外，贾充和杨骏都没有亲生儿子，就算得了皇位都传不下去，这也使得他们谋朝篡位的可能性降到了最低。

公元289年底，散骑常侍王佑（王济堂兄）谏言："陛下百年之后，怕是没人能制得住杨骏了。"

"依你之见呢？"

"不如派些皇子出任外州都督，他们毕竟是陛下的亲生骨肉，可以起到拱卫皇室的作用。"

司马炎觉得很有道理。

于是，他派三子司马柬出任关中都督；五子司马玮出任荆州都督；十子司马允出任扬州都督。以上三个儿子掌控着京畿周围最重要的几个州的军权，除此之外，又册封六子司马乂为长沙王；十一子司马演为代王；十六子司马颖为成都王；二十三子司马晏为吴王；二十五子司马炽为豫章王；皇孙司马遹为广陵王；司马允的儿子司马迪为汉王；司马玮的儿子司马仪为毗陵王；司马亮的儿子司马羕（yàng）为西阳公；司马骏之子司马畅为顺阳王，司马歆为新野公；司马伷之子司马澹为东武公，司马繇为东安公，司马漼为广陵公。

以上这么多"司马"，一定让人看得眼花缭乱，不过，我们暂时没有必要费心记住这一大家子"司马"的名号，仅仅需要明白一点——司马炎一改魏朝时压制藩王的政策，又寄托于亲戚能妥善照顾自己的傻儿子，册立了无数藩王即可。这对后面发生的诸多事件有着直接而紧密的影响。

册立了这些藩王后，司马炎任命王佑为中领军，统领皇宫内禁军，尽其所能给司马衷铺路。

司马炎的安排到底具不具备可行性？后世居然真有史学家像煞有介事地分析起来，这纯属脑子进水。因为归根结底，司马炎把皇位传给一个智障者，无论做什么都是白搭。

我把能做的都做了，社稷应该能稳固了吧。不！其实只要司马衷一生平安也就够了。可是，要保护司马衷明明有更简单的办法，又何必非让他去当皇帝呢？社稷稳固和让司马衷当皇帝这两件事本来就是自相矛盾的吧？司马炎越想越纠结，又仿佛忽然间明白了什么。他头痛欲裂，事已至此，索性什么都不再想了。

老无所依

从公元189年东汉王朝濒临崩溃，经过三国、西晋、东晋、南北朝，截至公元589年隋朝统一天下，总共四百年。在这漫长的四百年中，真正能称得上和平年代的其实也就只有太康年间的十年，其余三百九十年全部乱得一塌糊涂，这来之不易的十年转瞬即逝。公元290年初，司马炎宣布改元，太康十年变更为太熙元年，颇负盛名的"太康盛世"宣告终结。从某种意义上来说，正如司马炎期望的那样，历史从此翻开了崭新的篇章，但情况反而没有之前好。

紧跟着，司马炎重病不起，神志变得模糊不清。杨骏寸步不离地服侍在他身边，并趁机把皇宫近侍全换成了自己的亲信。连日来，杨骏一直琢磨一个问题——怎样才能把司马亮赶出京都，好让自己独揽托孤辅政重任。

这天，司马炎略微醒过来，一抬眼就看到杨骏和皇后杨芷侍候在旁："杨骏，你一直都在啊……"

"陛下，臣一直在呢。"

"好……好……朕想让你……和汝南王（司马亮）一起辅佐太子。"

"臣定不负陛下重托！"杨骏说着说着，开始哭天抹泪。

司马炎听他哭了一会儿，听烦了，又昏昏沉沉地睡去了。

"陛下？陛下？您还醒着吗？"

"嗯……"

"臣觉得，汝南王才堪重任！"

这葫芦里到底卖的什么药？司马炎头脑很不清晰，他只是随口应道："是啊。"

"倘若授予他大司马之位，让他出任豫州都督，就近驻扎在许昌，京都的安全也就有保障了。"

"嗯……"

显然，司马炎根本没听明白杨骏的话，他刚刚还打算托孤给司马亮，这没多会儿又同意让司马亮出任豫州都督了。

杨骏和杨芷暗暗对视一眼。杨芷点点头："陛下，臣妾这就去传达旨意。"

杨芷疾步走出寝宫，速召中书监华廙（yì）（魏国名臣华歆之孙、华表长子）言道："陛下刚说了，拜汝南王司马亮为大司马，出任豫州都督，速速离京，不得逗留。"

中书省遂根据杨芷口述颁布诏书。

司马亮生性胆小怕事，他原就觉得托孤辅政这类事自己根本应付不来，而手握重权的杨骏更让他唯恐避之不及。本着多一事不如少一事的心态，他爽快应道："陛下让我出镇许昌？好！好！我这就起程。"

就在司马亮准备出发的当口，司马炎似乎是回光返照般清醒过来。他睁开双眼，顾盼四周，只见身边的侍从竟一个都不认识。

“杨骏……这是哪儿？”

“陛下，这是含章殿啊，您都昏睡好几天了。”

“这些近侍，我怎么一个都不认识？”

杨骏有些慌张，胸口怦怦直跳：“这些，都是臣为陛下精挑细选的忠勇之士。”

瞬间，司马炎意识到杨骏这是公然在自己身边安插亲信：“杨骏！你！你怎么能办出这种事？！司马亮人呢？他人在哪儿？”

“陛下，臣知罪！”杨骏匍匐在地上，吓得汗流浃背。

“你！”司马炎的头脑虽然清醒了，但身体还是动弹不得，“宣中书监华廙来，我要下诏书！”

“臣这就去传中书监大人！”

杨骏跌跌撞撞地逃出含章殿。须臾，中书监华廙觐见。

“华廙！你听好了，诏书这样写，让汝南王司马亮留在京都，辅政！”华廙按照司马炎的意思又写了一封诏书。

接着，司马炎吩咐近侍：“快去，把司马亮给我找来！”

近侍慌忙出了含章殿，却见到杨骏守在门口。

“陛下说什么啦？”

“陛下说要宣召汝南王。”近侍是杨骏的亲信。

“你就待在这儿，等会儿再进去，尽量拖延。”

近侍根本没去找司马亮，过了几个时辰，他回到含章殿向司马炎禀报：“陛下，臣找不到汝南王。”

“混账！再去找！”

三番五次下来，近侍又糊弄说：“汝南王正赶过来。”

“去催他快点！”

司马炎不知道，派去找司马亮的近侍其实一直在含章殿门口晃悠着打发时间。

就这么等了许久，司马炎最终也没有见着司马亮的人影。他再也坚持不住了，又陷入昏迷状态。

杨骏偷偷朝含章殿内张望：“陛下又睡着啦？”

近侍点点头。

事不宜迟。杨骏大步流星奔至中书省。

“华廙呢？”

“下臣在。”华廙赶忙出来迎接。

“诏书写好没有？”

“刚刚写完。”

“拿来我看！”

华廙战战兢兢地把诏书递给杨骏。杨骏看了半天，却迟迟不还给华廙。最后，他竟把诏书揣进自己怀里：“我要拿回去仔细斟酌，然后向陛下确认。你等着，明天再给你。”

“这……不妥吧？”华廙冷汗直流。

“有什么不妥！”杨骏恶狠狠地瞪了华廙一眼，转身离去。

这天晚上，华廙紧张得一宿没睡。翌日，他来到杨骏府上。

“杨大人，诏书可看完啦？”

“还没看完，你急什么！回去耐心等候便是！”

就这样，诏书被永久封尘在杨骏家了。

仁君末路

司马炎在含章殿连续昏睡了两天。第三天，他总算醒了，可是，他已经一句话都说不出来了。他虚弱地四下张望，仍是只见到杨芷和杨骏侍候在身旁。他什么都明白了，但也再没有任何反抗的余力。司马炎用哀求的眼神望着杨芷，心里默默地祈求：“你们要什么都行……只求能保护好司马衷……”

杨芷仿佛看穿了司马炎的心思，她向司马炎微微点了下头，当即宣中书监华廙、中书令何劭（何曾次子）觐见。

二人匆忙赶到含章殿。

“陛下，有何旨意？”

当然，司马炎全无半点回应，他说不出话。

“陛下？陛下？”中书监华廙试图勾起司马炎的反应，他心里还惦记着那封被杨骏抢走的诏书。

但一旁何劭看清了形势。司马炎半死不活，杨芷和杨骏的话就是皇帝的话。他的目光转向了杨芷：“陛下病成这样，唯有请皇后下旨！”

华廙无奈，也只好望向杨芷。

杨芷言道：“陛下让我转述二位，拜杨骏为太尉、太子太傅（太子东宫首席）、假节（有权不经司法处斩二千石以下官员）、都督中外诸军事（中央军最高统帅）、侍中（门下省首席）、录尚书事（监管尚书台政务）、前将军。统领步兵三千、骑兵一千，移驻前卫将军杨珧故府。”

基本上，杨芷把所有能给的职权一股脑都给了她爸爸杨骏。继而，她顿了顿，郑重宣布：“授命杨骏辅政！”

华廙、何劭闻言，手写诏书，然后象征性地拿给司马炎看。

司马炎扫了一眼，无可奈何地闭上双眼。

这些事都跟我无关，只求保护好司马衷……

公元290年5月16日，司马炎在含章殿驾崩，谥号“武皇帝”，庙号“世祖”。

客观地说，司马炎是个相当不错的皇帝，他一统天下，结束了近百年的乱世，又开创了“太康盛世”。他最可贵的品质是宽仁为怀，尽管有时候宽仁到近乎纵容的程度。总之，他人品很好。但是，他因为溺爱司马衷犯了一个无法宽恕的错误。倘若他是普通人，这倒也无可厚非，可他毕竟是皇帝，他的做法最终给天下苍生带来了毁灭性的灾难。

是月，司马衷总算如司马炎所愿坐上了皇位，成为西晋第二代皇帝。司马衷目光呆滞，脑子里只有一个想法：父皇死了，我要做什么？我该怎么办？

俗话说，一朝天子一朝臣。皇帝更迭，伴随而来的自然是一大批官员职位调动。这天，是尚书郎索靖最后一次参加早朝，朝廷刚刚下诏，让索靖赴任雁门太守。顺便提一句，索靖在中国书法史上的地位颇高，他和卫瓘一样都擅写草书，与卫瓘并称为“一台二妙（台，指尚书台）”。

散朝后，同僚纷纷揖手告别。

“索大人一路保重！等再相见不知要到何年何月了。”

“保重！保重！”

索靖在同僚的送别中缓步出皇宫大门。走到宫门处时，他停住了脚步。

“索大人是对京都留恋不舍吧？”

“不舍啊……”索靖叹了口气，然后摸了摸宫门旁的铜铸骆驼，仿佛是在跟铜骆驼说话，“下次再见，恐怕这里将要荆棘丛生了……”

“索大人，这是皇宫，哪儿来的什么荆棘杂草啊？”

“没事，没事，我乱讲的。”

第四章　乱

胆怯的权臣

在杨骏眼前，是一幢空了许久的宅邸。几个月前，他弟弟杨珧辞去官职，刚从这里搬出去。杨骏贪婪地看着，忍不住赞叹："真是富丽堂皇啊……"他对这豪宅早就心仪很久了。

"正始年间，魏朝大将军曹爽也曾住过这里。"侍从随口说道。

"提这干吗？"杨骏瞪了那人一眼。他心里掠过一丝不快，但转瞬间，这消极的感觉便被面前的豪宅冲得烟消云散了。

"搬进去！"

还没住几天，杨骏受皇太后杨芷宣召进宫。

"觐见太后殿下。"

"父亲不必多礼。"杨芷赶忙搀扶起杨骏。

杨骏起身，也就不再拘泥于烦琐的皇宫礼节，恢复了家人谈话的状态："找为父有什么事吗？"

"唉！想我孤儿寡母深居皇宫，整天都心神不宁，我有个不情之请，想请您搬到宫里住。"

"啊？……这……恐怕有些不妥吧？"

"没什么不妥，我已经安排好了，您不妨就住进太极殿吧。"太极殿是皇宫南宫的正殿，是皇帝处理政务、群臣上朝的场所。它名为一个殿，其实是由正殿、东堂、西堂以及周围无数宫室构成的庞大建筑群。

"可宫中不比宫外，为父那三千步兵、一千骑兵没法带进来呀？"

"说得也是……"杨骏的亲兵不属于皇宫禁军，若要带进宫就等于是谋反了。杨芷想了想，言道："这样吧，父亲可以配左卫、右卫、三部司马各二十人，再配殿中都尉十人，总计一百一十名侍卫随您进太极殿。反正宫中比宫外安全，有这些人保护应该也够了。"

“好！”

杨骏喜出望外，他才刚刚住进洛阳城最大的豪宅，本以为府邸的规模已经到了头，万没料到才没几天，他就又更上一层楼。

如此，杨骏把四千亲兵留在宫外，只带着一百一十名侍卫搬进了太极殿。这么一来，群臣每天就等于要来杨骏家里上朝了。

司马炎死后的翌月，公卿大臣悉数会聚于皇宫内，准备为司马炎举行盖棺入殓的仪式，皇宫被此起彼伏的号哭声掩盖。哭着哭着，众人才发觉少了一个人，一个最关键的人——辅政重臣、太尉杨骏。

“太尉怎么没来？快派人去请他。”

使臣匆匆来到太极殿：“群臣俱已到场，请杨大人出席入殓仪式。”

杨骏听着殿外一片嘈杂声，内心忐忑不安。这么多人闹哄哄的，万一有人想趁乱刺杀我怎么办？他对使臣的话充耳不闻，任凭使臣怎么催促，始终没有走出太极殿的意思。

“大人，时辰都快过了！”

杨骏下令：“传侍卫来！”顷刻间，数十名侍卫紧紧环绕在杨骏身旁。见此情景，杨骏心里总算踏实了许多：“恕我公务繁忙，陛下的葬礼我就不参加了。”

使臣惊诧地盯着这位色厉内荏的权臣，深深地叹了口气，拂袖而去。

杨骏最终没敢出席司马炎的葬礼。其实不光是他，另一位司马炎生前属意但未遂的托孤重臣——大司马、汝南王司马亮也没参加葬礼。这个时候，司马亮正独自坐在皇宫门外哭丧：“先帝恕罪！先帝恕罪啊！老臣只能在这里给您凭吊啦！”

侍从忍不住插嘴道：“汝南王，您不进去吗？”

司马亮瞪了他一眼：“闭嘴，你懂个屁！这要进去，万一被杨骏刺杀怎么办？”

想当初，司马炎为了降低权臣篡国的可能性，煞费苦心挑了这两个胆小如鼠又缺乏器量的人授予后事。如果依这一标准来看，司马炎绝对算找准人了。司马亮和杨骏都因为害怕被对方刺杀，一个在侍卫的簇拥中不肯迈出太极殿半步，一个在皇宫门外哭丧不敢入宫，居然全都没出席司马炎的葬礼。

宗师

司马炎总算盖棺入殓了，身后事，他两眼一闭，再与自己无关。而他临终前让司马亮辅政的那封诏书至今仍藏在杨骏府中不见天日。虽然很多人私下听说了这事，但因为诏书未曾公示天下，如今木已成舟，大家也只能默默接受由杨骏辅政的事实。

然而，议论声还是在朝野间风传开来。

“其实，汝南王司马亮本该与杨骏共同辅政。”

杨骏怀疑是华廙泄密，遂将华廙罢黜，让中书令何劭升任中书监，取代了华廙的位置。

早先，司马亮都打算去豫州许昌任职了，司马炎突然驾崩，导致他离京耽搁。司马炎的葬礼结束后，他依然没去许昌，不是因为他贪恋京都的权势，而是他左右徘徊，根本就想不明白该怎么办才好。走吧？他怕会引起杨骏的怀疑。不走吧？他又怕面对杨骏。

司马亮这么黑不提白不提地滞留京都，让杨骏相当难受。杨骏把司马亮列为头号政敌，自然不是惧怕司马亮的才略，因为谁都知道，司马亮根本没有才略，他怕的是司马亮在宗室中的“宗师”地位，更何况，按照司马炎临终前的意思，司马亮和自己一块辅政也是理所应当，这尤其让杨骏心里发虚。杨骏很担心司马亮振臂一呼，号召宗室成员和重臣联手推翻自己。

真想杀了司马亮！但这毕竟只是个无法实施的构想，因为当时群臣大多希望司马亮能接过权柄。在这样的舆论中，杨骏没法对司马亮下手。

同样地，司马亮也很害怕杨骏，他虽然留在京都，却从不敢上朝。

“怎么办？怎么办？恐怕身家性命要保不住了……”司马亮惶惶不可终日。一天，他找同僚何勖商议对策。

“何卿，杨骏一直憋着要害我，您能不能帮我想个辙。”

何勖听了，气不打一处来：“您官拜大司马，要兵有兵，要权有权，又身为皇室宗师，人心所向，天下谁都希望让您辅政。照我说，您该主动讨伐杨骏，怎么反而怕他？真是莫名其妙！”

司马亮连连摆手：“这……恐怕非我力所能及啊！”

“那在下也没辙了，您自己看着办吧！”

司马亮拜别何勖，心里仍然没主意。他的幕僚见状，劝道：“大人，恕我多言。您率本部营兵突袭杨骏府邸，只需一声号令，朝廷重臣都会响应，没道理躲在家里战战兢兢的！”

“不妥！不妥！你快别再说这种话了。”

俄顷，司马亮一拍额头：“有了！我有主意了！”

“您终于想明白啦？”

“嗯！想明白了。明天，我们就率本部营兵出京！”

“您是想去调动许昌军团反攻杨骏？”

“不！我们先出城，就驻扎在城外。”

“然后呢？”

然后？没然后了。司马亮可想不了那么远：“先看看再说。反正城外比城里安全。”

幕僚满脸惊愕，呆呆地望着司马亮，一句话都说不出来。

几天后，司马亮带着大司马府的营兵畏畏缩缩出了京城，正像他说的那样，他没有去许昌，而是驻扎在洛阳城外。堂堂宗室长辈，又是众望所归，却变成了一股立场和目的均不明确的游离势力。

这算什么事？朝臣无不失望透顶，而杨骏也恰好抓住了司马亮的把柄。

“司马亮私自驻军城外，必是图谋不轨！”他当即奏请朝廷下诏书讨伐司马亮。不过，委派谁执行这项命令让杨骏相当为难。群臣一个个推三阻四，甚至包括杨骏自己的亲信都不愿意干这种不得人心的事。最后，杨骏决定让司空石鉴（山涛的好友，杜预的政敌）和中护军张劭（杨骏的外甥）来执行。这几个月，石鉴和张劭一直率军驻扎在洛阳城外，守护着司马炎的陵墓——峻阳陵。杨骏认为，二人既不在京城，自然较少了解眼下的局面。

翌日，诏书发到了峻阳陵：“汝南王司马亮未经朝廷的许可，擅自率军驻扎洛阳城外，意图谋反。诏命司空石鉴、中护军张劭率本部营兵讨伐！”

石鉴听罢，皱着眉头，他虽不在京城，消息却很灵通。

自己摊上这么件恶心事，要真做了，绝对会被人戳脊梁骨啊……

张劭没往这方面想，他是杨骏的外甥，当然全心全意为杨骏出力。

“石大人，朝廷让咱们讨伐司马亮，赶快整军出发吧！”

石鉴慢慢悠悠地说：“不急，不急。”什么朝廷，分明是杨骏这小子想借刀杀人。

“朝廷敕命，岂有不急的道理？”

“你先容我想想。”继而，他说：“就算打仗也要知己知彼，你看这样好不好，我派几名斥候去打探一下司马亮的底细再说。”

“也好。”张劭同意。

石鉴琢磨：以司马亮的秉性，磨蹭磨蹭就该逃跑了。

果不出石鉴所料。没两天，司马亮得知朝廷要讨伐他，便连夜逃往许昌去了。而杨骏获悉司马亮离去的消息后，也不想把事闹大，稀里糊涂没再提。

天下笑柄

司马亮跑到了许昌，杨骏神清气爽，他认为再没谁能挡他的路了。

6 月，朝廷下诏，正式宣布杨骏为首辅大臣，并由太尉晋升为太傅。所有朝廷诏书在司马衷那走个过场后，一律都要皇太后杨芷点头才能实施，而杨芷点不点头还是得看杨骏的意思，话说回来，其实大部分诏书也都是根据杨骏的意思写的。这年，司马衷已经三十一岁了，一个成年皇帝还要把政权拱手交给权臣，不能自理，实在可悲，但谁让他是傻子呢？

杨骏一执政就办了两件让人大跌眼镜的蠢事。

第一件事，他宣布改年号为永熙。

改元就伴随着大赦，天下罪犯都会因此被赦免。姑且不提改元引发的一系列不良后果，还有个更严重的问题被杨骏忽略了。要知道，根据礼法规定，皇帝驾崩后必须等到第二年才能改元，杨骏犯了一个超低级的错误。

“想当年，西汉名臣杨震学富五车，号称‘关西孔子’，今天子孙不肖，居然到了这个地步，真给祖宗脸上抹黑！”

全天下人都在耻笑杨骏没文化真可怕。若非旁人提醒，他仍蒙在鼓里。

“皇帝驾崩后第二年才能改元？这么重要的事怎么没人跟我讲？”杨骏也觉得很丢脸。于是，他为挽回颜面，到了来年正月，又改元为永平。可笑的永熙年只持续了半年就结束了，事后，杨骏命令史官抹掉关于永熙年的记载。不过，这起乌龙改元事件最终还是流传下来，给杨骏本就不那么光彩的人生又重重地抹上了一笔。

杨骏办的第二件蠢事是让全天下人都晋爵一级，凡参与司马炎葬礼的官员晋爵二级，所有二千石以上的官员全部封侯。

侯爵相当于国家干股，很多人拼了一辈子才能挣到。此言一出，群臣哗然，大家都认为杨骏疯了。

侍中石崇（跟王恺斗富者）与散骑侍郎何攀（昔日王濬幕僚）问道：“不知太傅此举究竟想达到什么目的？”

杨骏回答：“昔日魏明帝曹叡刚登基时也曾大开封赏，我这是效仿先人。”

石崇瞠目结舌：“即便当年曹叡封赏的程度也没今天这么夸张！”说实话，曹叡是皇帝，杨骏拿自己跟皇帝比本来就很不合适。

何攀劝道：“当初那些伐吴功臣流血流汗，助先帝一统天下，他们的封赏都比不上这回，您让他们心里怎么想？您开了这样的先河，后世必当效仿，那么几代之后，天下就全都是公侯了！侯爵以稀为贵，若人人皆为公侯，谁还会在乎？”不可否认，这番话说得的确在理。但同时也必须讲清楚，何攀当年帮王濬出谋划策讨平了吴国，他自己就是伐吴功臣，而杨骏大肆封赏，让大批无功之人与何攀平起平坐，恰恰是触犯了何攀的利益，他当然不爽杨骏的做法。

石崇与何攀还打算继续跟杨骏讲道理，左军将军（隶属于中护军的中层将领）傅祗实在忍不下去了，他直指问题的核心：“哪有因为先帝驾崩封赏大臣的，你是想让臣子都盼着皇帝死吗？！”这位傅祗正是昔日辅佐司马师和司马昭的魏朝名臣傅嘏的儿子。

杨骏大肆封赏无非是想卖个人情，如果他识相点，就该借着石崇、何攀、傅祗的话顺坡下，反正别人恨不到他头上。但杨骏蠢到没边儿，坚持给所有人封了侯。果然，封侯的人一多，自然也就没人珍惜爵位，那些得了便宜的人还在背后笑话杨骏。

不难想象，无论是改元还是封赏，两件事都没给他带来半点好处，反而让他成了天下笑柄。

众叛亲离

杨骏怎么都想不明白，为什么连封赏这种好事都会有人反对，而且最终也没见谁念他的情。

没两天，封赏事件中的反对者遭到杨骏打压。左军将军傅祗调任侍中，被剥夺了兵权。侍中石崇调任荆州刺史，被赶出朝廷。何攀虽然没动窝，但也处处受杨骏排挤。

石崇即将远去荆州。在众多为他送行的好友中，也有杨骏的弟弟杨济。

“石君，对不住啊……”杨济和石崇私交不错，他知道石崇一番好意反落得这样的结局，心里相当过意不去。

“没事！没事！”石崇倒也坦然。

“你说说，我大哥搞成这样，公卿会怎么想啊……”

石崇言道：“太傅要想得人心，就该与四海贤士共同执政才行啊！”他可没杨济那么纠结，心想：朝廷怕是要面临一场动荡，搅和政治不如闷声发大财。果不其然，他到荆州后便驱使手下劫掠当地商队，干起了官行匪道的勾当。后文我们还会讲到他。

此时，“三杨”中的老二杨珧已经辞官隐退，老三杨济虽也有急流勇退之意，但想到兄弟的命运毕竟绑在一起，不得不帮杨骏出谋划策。

他提议：“皇子司马遹深得先帝宠爱，又是陛下唯一的儿子，大哥可以册立司马遹为皇太子，再挑选德高望重者辅助太子参政，这肯定能得到公卿的支持。”

于是，杨骏奏请朝廷册立司马遹为皇太子，拜何劭为太子太师、王戎为太子太傅、杨济为太子太保、裴楷（裴秀堂弟）为太子少师、和峤为太子少傅、张华为太子少保。这起人事调动几乎算是杨骏执政期间唯一可圈可点的事。

在这六位东宫辅臣中，杨济是杨骏的三弟，何劭在司马炎临终前帮杨骏写过托孤诏书，二人受杨骏信任自不必多言。另外四位——王戎、裴楷、和峤、张华全都是大名士。张华是伐吴功臣，曾在司马炎时代遭太子党打压被罢黜，已经在家赋闲多年，至此，他终于被朝廷起用，重新踏入政坛。裴楷属于河东裴氏家族，是名臣裴秀的堂弟，号称“玉人”，他和杨骏是儿女亲家，但他断定杨骏成不了大器，刻意跟杨骏保持距离。

不多久，杨骏又开始排挤这些大名士，不让他们参政了。结果，东宫的实权派只剩下杨济。

杨济提醒杨骏：“起初，王佑劝先帝派出三位皇子担任外州都督（司马炎的三子司马柬出任关中都督，五子司马玮出任荆州都督，十子司马允出任扬州都督）正是为了牵制大哥你。现在王佑官任中领军，手握皇宫内禁军兵权，大哥又深居宫中，极不安全。我觉得该找个借口把他赶走。最近正好河东太守空缺，不如派他去河东吧。”

杨骏同意。

《晋书》说王佑是杨骏心腹，但这一说法明显跟王佑先前谏言司马炎要提防杨骏相违背，后世史学家普遍认为《晋书》中的记载有误，而杨骏、杨济对王佑的态度也恰恰印证了这点。

讲到这里，大概介绍一下杨骏的势力部署。虽然《晋书》中讲杨骏“多树亲党，皆领禁兵”，但这绝对是夸大其词。翻遍史书可以确知，杨骏真正的亲信不多，排除那些无关紧要的小角色，算来算去，真正值得一提的其实只有五个人。

第一个当然是他的三弟杨济，此时，杨济担任太子太保，算安插进东宫的重要势力。杨骏的外甥段广任散骑常侍，充当皇帝身边的眼线。另一个外甥李斌官任河南尹（京畿郡行政长官）。补充一句，李斌也是魏朝时“玉山”李丰的侄子。再有就是两个禁军将领——中护军张劭和左军将军刘豫，二人都隶属中护军，手握皇宫外围禁军兵权。

杨骏赶走王佑后并没再任命新的中领军，显然，他那些资历浅薄的亲信没法镇住皇宫内中层禁军将领。也就是说，他只是把皇宫内禁军打散，却还是不能完全控制。

总而言之，表面上位高权重的杨骏根本 hold（把握）不住这么大的盘子。

孙楚（曾在王济葬礼上学驴叫的名士）劝杨骏道："您以外戚的身份位居辅政重任，应当秉承公正、诚信、谦逊。时下众多藩王手握兵权占据各大州郡，宗室强盛，您硬是不让他们参政，我担心祸患不远了。"

杨济也劝大哥把司马亮请回来一起辅政。他是个聪明人，按他的算计，大哥无德无才，若这么搞下去早晚是条死路。如果大哥能跟司马亮共同辅政，朝廷格局则会瞬间发生改变。要么是杨家与宗室联手，平衡其他朝廷公卿；要么是朝廷公卿分成两派，一半支持杨家，一半支持宗室。总不至于像现在这样，全天下都跟杨家作对。

然而，杨骏一概不听。

杨济郁闷地来到好友傅咸（傅祗同族）府中。几杯酒下肚，他忍不住跟傅咸抱怨道："糟心透了！真想像我二哥杨珧那样隐退，不问政事……"

"又是因为你大哥的事发愁？"

"还能有什么事？大哥如果屈身退让，请司马亮入朝参政，杨家之难尚可幸免，否则，就等着灭族吧！"

"唉！你大哥的确应该与司马亮联手辅政。再说，外戚与宗室本来就该彼此仰仗、相互援助，所谓唇亡齿寒哪！"

"这道理就是没法跟我大哥讲明白。"

"你先别愁，明天我去劝劝太傅。"

傅咸第二天果然去劝杨骏。

杨骏非但不听，反而开始变着法儿排挤傅咸。最后，他连杨济都爱搭不理了。

潜伏的杀手

杨骏办了无数蠢事，唯一尚算得人心的就是册立司马遹为皇太子，不过，凡事都不可能讨好所有人，册立太子也不例外，这不可避免地得罪到一个人——皇后贾南风。

司马遹是司马衷的长子，但不是正室贾南风所生，因此不算是嫡长子，而是庶长子。倘若将来有朝一日贾南风生了自己的儿子该怎么办？贾南风对杨骏立司马遹一事，憋了一肚子火。当年，弘农杨氏为挽救贾南风濒危的政治生涯出工出力，但贾南风丝毫没领这帮人的情，而且，因为杨芷总拿皇太后的地位压她，让她对杨骏、杨芷父女越来越恨。

早晚有一天我要灭了杨家！贾南风咬牙切齿。

再说杨骏，虽然他对贾南风有点顾忌，但他始终认为自己的头号政敌是那个宗室中辈分最高的老头子司马亮。所以，对于得罪贾南风这事，他还犯不着太放在心上。

公元 291 年春节，皇宫举办了一场盛大的岁首年会。司马衷一如既往地傻笑着，皇太后杨芷坐在最尊贵的位置，在她旁边，是意气风发的杨骏。任谁都看得明白，群臣不自觉地往杨骏和杨芷身旁聚拢，而本应是主角的皇帝身边却显得冷冷清清。

贾南风坐在一旁，悄悄用胳膊肘戳了戳司马衷，阴沉沉地说道："你看那杨骏那副趾高气扬的德行，说不定哪天就篡了你的皇位。"最近这段时间，她频繁给司马衷灌输着这种想法。

"太后会保护我的！"

司马衷说完，不由自主地望向不远处的杨芷，此刻，杨芷正和杨骏喜笑颜开地接受群臣的敬酒。

"说什么傻话？太后是杨骏的女儿，他们打算合谋刺杀你呢！"

"啊……别、别要让他们刺杀我，好不好？"

"有臣妾在，不会让他们动你一根汗毛。臣妾会保护你。"

一阵微风，把贾南风身旁的烛火吹熄了。旁边的太监赶忙端着一盏新烛走上前来。

贾南风摆了摆手："不用了。"她觉得这样挺应景，杨骏在明，自己在暗，暗处挺好的。

夜已深，酒席上的众人渐渐东倒西歪，杨芷宣布散席，大家都醉醺醺地回去休息了。贾南风没有醉，她很清醒。

"陛下，臣妾累了，今晚就不陪你了。"

"好！好！"司马衷很高兴，他并不喜欢和贾南风同床共寝。

贾南风往自己的寝宫走去，在她身后，有个太监紧紧跟随，这太监名叫董猛，官任寺人监，是贾南风的亲信。

贾南风屏退左右，吩咐董猛道："你传裴頠（wěi）、何攀来见我。"

董猛转身离去，片刻后，他带着裴頠、何攀来到贾南风寝宫。

何攀前文提到过，他官任散骑常侍，在封赏事件中因为跟杨骏唱反调，后来一直遭到排挤。

裴頠是晋朝开国重臣裴秀的儿子、裴楷的堂侄，同时，他也是贾南风的表亲，官任右军将军，是皇宫内中层禁军将领，原本隶属于中领军。可自从上任中领军王佑被罢免后，杨骏便经常对他指手画脚，搞得他相当不爽。

这二人早已跟贾南风暗中串通，要联手对付杨骏。

贾南风招呼二人坐下，问道："二位说说吧，朝廷里有什么动向？"

何攀开口道："杨骏还是整天得罪人，现在就连杨珧和杨济都对他失望透顶。不过即便如此，下臣还是觉得，要对付杨骏必须得有宗室藩王支持才能成功。否则，就算除掉杨骏，那些在外州的藩王个个手握重兵，朝廷还是安定不了。"

贾南风点了点头："争取藩王是肯定的。不过当务之急，还是要更多地笼络皇宫内的禁军力量。"说罢，她又看向裴頠。

裴頠愤愤言道："最近，杨骏居然开始越过我直接插手禁军事务，更频繁接触下级禁军将领。"

董猛在旁插嘴："说得是。就昨天，殿中中郎孟观和李肇又因为一点小事被杨骏骂了个狗血淋头。"

贾南风问道：“你们觉得孟观和李肇对杨骏持什么态度？”

董猛回道：“下臣跟他们二人私交不错，他们早就对杨骏恨得无以复加。”

“好。明天，你找个机会让他们来见我。”

次日，董猛领着孟观和李肇觐见贾南风。

“拜见皇后！”二人扑通一声跪倒在贾南风面前。

“平身吧，不必拘礼。”贾南风满脸堆笑，“听说你们和董猛交情不错？”

“是，董猛心怀忠义，和臣很谈得来。”

“身为人臣，自当心怀忠义，太傅大人也对你们不薄吧？”

孟观、李肇听到这话，打了个激灵，随即摆出一副大义凛然的样子。

“臣自然是忠臣，但臣的忠是对陛下，而非对太傅。当今朝野谁不知道，太傅的权位来路不正！”

“没错，若皇后有什么吩咐，我二人必鼎力相助！”

贾南风点点头：“不枉我对你们如此信任。若有那么一天，真出现了什么变故，希望你们能好好把握机会。”

“下臣明白！”

就这样，贾南风、董猛、裴頠、何攀、孟观、李肇六人秘密结成了一个政治联盟。他们的目标，即是扳倒杨骏。

外　援

贾南风的寝宫中，只有董猛在旁侍候着。

“董猛，何攀建议我争取藩王，你怎么想？”

“何大人想争取藩王自是有他的考虑。只是下臣觉得，藩王若过多参与，将来保不齐会跟皇后您争权。”

贾南风冷笑了一声：“我岂能想不到这点。不过，单就对付杨骏来说，何攀言之有理。我打算请外州藩王助我一臂之力！”

“那下臣这就出宫去联络藩王。”

“你一个宦官，出宫怕不方便吧。”贾南风沉吟片刻，问道：“你觉得孟观和李肇谁更有口才？”

“相比起来，李肇口才更佳。”

“嗯，今天晚上，你让李肇单独来见我。”

是夜，李肇悄悄觐见贾南风。

“我想让你帮我办件事。”

“下臣纵然赴汤蹈火，也在所不辞！”

“好！你去趟许昌，找汝南王司马亮，就说杨骏目无皇室，意图谋反，让他入京勤王。这是我的手谕，务必亲手交给他。”司马亮毕竟是名正言顺的辅政重臣，在宗室和朝中的号召力非同小可，而且，他和杨骏的敌对关系也是众人皆知。

说着，贾南风把一封信递给了李肇。她大概有点不放心，又问道：“司马亮胆小懦弱，如果他不敢率兵勤王，你怎么办？”

“宗室藩王又不是只有汝南王一人，他若拒绝，臣再去找其他藩王，一定不会无功而返！”

“好。我给你提个醒，要是汝南王拒绝，你可以去找楚王司马玮商议。这小子性格轻率暴躁，可用！”司马玮正是司马衷的五弟，他在司马炎临终前出任荆州都督。

“臣记住了！”

第二天，李肇告病请假，偷偷潜出洛阳，来到许昌，面见汝南王司马亮。

司马亮听完李肇的陈述，又看了贾南风的手谕，狐疑道：“你说杨骏要谋反？”

“正是！”

司马亮虽懦弱，但几十年也不是白活的。他暗想：杨骏自己没儿子，难道他要谋自己女儿的反？荒唐！他当然没把这话挑明，只是跟李肇打着马虎眼：“杨骏不得人心，他离死不远啦！”

“这么说，您是答应啦？”

司马亮连连摆手：“答应什么？俗话说，多行不义必自毙。杨骏活不了多久。不劳我出兵，咱们只须等着看他倒霉就行。”

李肇听明白了，司马亮还是不敢冒这个头。他早就想到是这个结果：“既如此，在下也不强求，只希望大人能守口如瓶，不要泄露出去。”

“这是当然，这是当然。”

“下官告辞。”

李肇拜别司马亮，又马不停蹄奔赴至荆州，秘密拜访楚王司马玮。

司马玮年方二十一，其性格确如贾南风形容的那样，轻率暴躁。他听了李肇一番话后，气得怒发冲冠。

“你再说一遍！杨骏要谋我哥哥的反？”

“的的确确。”

“大胆贼子！我誓要诛他九族！”

“敢问殿下您是否要带荆州军入京勤王？”

“不用！我先去趟扬州，找我十弟淮南王司马允帮忙，然后我俩只身入京。”想来，司马玮根本不惧杨骏，才敢做出这样的决定。

“啊？”李肇惊得合不拢嘴。

几天后，司马玮来到淮南，见到了司马允。

“老十，杨骏要谋反了！”司马玮边说，边摩拳擦掌，“快跟我入京诛杀逆臣！”

“真是这样吗？”司马允性格比司马玮要稳重很多。

“有什么可迟疑的？”司马玮急得直跺脚。

“你先别急。”司马允转过头，询问在座的淮南相刘颂，“刘君，您怎么看？”

这位刘颂前面曾经多次出现，他在伐吴功臣王浑和王濬争功事件中偏袒王浑，又在太常寺七博士力挺司马攸后宣判七博士死刑。在史书中，刘颂有明辨法理的美誉，同时，从他的过往事迹中，不难发现他是个能准确站对立场的人。

刘颂想想说：“谋反不谋反未可知，但杨骏篡夺汝南王辅政之位却证据确凿，更何况，他闹得天怒人怨，人人得而诛之。楚王殿下要杀杨骏确实是为社稷尽忠！”

“嗯……”司马允点了点头，“不过，藩王入京不能这么随随便便。总得有个名正言顺的理由。”

司马玮、司马允、刘颂经过一番商议有了主意。他们各自给朝廷上疏：“自先帝驾崩以来，臣镇守外州，未能亲赴父皇大丧，有违孝道。现在天下太平，臣想入京奔丧，希望朝廷顾念父子之情。”

没几天，杨骏接到了司马玮和司马允的奏疏。他原本就忌惮这些手握强兵的藩王，如今见司马玮和司马允主动请求入朝，便爽快答应下来。

话说回来，司马允虽然认可刘颂的主张，但他心里却想：朝廷里斗得不可开交，再加上自己这个性子暴烈的哥哥，指不定会闹出多大乱子，遂言道：“刘颂，你也跟我一起进京，有什么事你代我跟皇后商量，我就不出面了。”

刘颂颔首答允。

公元 291 年 4 月初，司马玮和司马允各自带着一批幕僚顺利进了京城。

司马玮很快就接触到贾南风，二人一拍即合，秘密达成协议。紧接着，司马玮又把几个皇室成员——东安公司马繇（司马伷第三子）、下邳王司马晃（司马孚第五子）、东海王司马越（司马懿四弟司马馗的孙子）等人也拉进了这个倒杨骏的联盟。司马繇的母亲是诸葛太妃，所以他还有一个重要身份——诸葛诞的外孙。之所以特别强调这点，是因为他日后的所作所为和这一身份有着密切的关系。

这段时间，司马炎的三子——关中都督司马柬见两个弟弟全都进了京城，想到自己如果还滞留在关中，难免受到猜忌，便也进了京城。不过，这位司马柬个性柔弱仁厚，不喜欢争斗，所以并没有参与贾南风和司马玮等人的政变计划。

月黑风高夜

十几天后，4 月 22 日深夜，在静悄悄的皇宫内，一场政变蓄势待发。

贾南风下令：“孟观、李肇，你们俩跟我去陛下寝宫！”

俄顷，司马衷睡眼惺忪地被孟观和李肇叫了起来。

“陛下！杨骏谋反，打算今晚进宫刺杀您！”

“什、什么？不可能！”司马衷惊慌失措，求助的眼神望向一旁的贾南风。

“陛下，二人所言属实，臣妾可以做证。”

“那怎么办？怎么办？”他的大脑几乎不具备独立思考的能力。

“请陛下马上下诏，讨伐杨骏一党！”

这个时候，留宿在皇帝寝宫外的杨骏外甥——散骑常侍段广听到了动静，他心知不妙，两三步闯进寝宫：“陛下，发生什么事啦？”

“他、他们说你舅舅谋反！”

段广大惊失色，扑通跪倒在司马衷面前：“陛下！太傅膝下没有儿子，皇太后是他女儿，您是他最亲的外孙，他怎么可能谋反？请陛下明断！”

贾南风怒斥：“段广！你是杨骏外甥，当然护着你舅舅说话！你要置陛下安危于不顾吗？”

孟观、李肇也一个劲儿地催促：“请陛下不要再迟疑了，否则性命不保！”

“可……万一是谣言呢？”司马衷这样说并非出于理性的判断，仅仅是由于他本心里不愿把杨骏想得那么坏。

“陛下不必多虑，只须下诏罢黜杨骏，让他以公侯的身份回家养老，万一传言有误，还有回旋余地。”

“好！好！传中书省！下诏！”

“不用了！”贾南风说着，掏出诏书，“诏书已经写好，陛下盖上玉玺就行。”

司马衷接过诏书，乖乖地盖上玺印。

就这样，这封罢免杨骏，实际上等于宣判杨骏死刑的诏书，正式颁布。此情此景，与昔日司马懿胁迫郭太后下诏讨伐曹爽何其相似。而更具戏剧性的是，杨骏之前还居住在曹爽故府。历史就是这样一次次地反复上演着相同的情节。

贾南风得到诏书，政变也就具有了合法性。接着，她在裴頠、孟观、李肇的协助下调出宫内禁军。司马玮、司马繇、司马晃、刘颂等人均齐聚在她身边。

“诸将听旨！殿中中郎孟观、李肇率军围攻杨骏所在的太极殿；东安公司马繇屯兵云龙门（皇宫正南门），担任总指挥，协助孟观和李肇；下邳王司马晃屯兵东掖门、楚王司马玮屯兵司马门（皇宫正北门），二人阻断皇宫内外的联系；淮南相刘颂驻守皇宫大殿，保护我和陛下的安全；右军将军裴頠驻守皇宫外，严防有外兵进入。”

原本静悄悄的皇宫顿时变得躁动起来。裴頠、孟观、李肇、司马玮、司马繇、司马晃、刘颂等人趁着夜色的掩护，分别率领禁军各就各位。

窘困太极殿

不多时，太极殿内的杨骏获悉这一变故。

“怎么办？”他的反应并不比司马衷好多少。

幕僚朱振进言：“肯定是内宫太监与皇后联手要害您，事已至此，唯有拼死一搏。臣建议火烧云龙门以示威，借此扰乱敌军。同时打开万春门，进入东宫拥戴太子（司马遹），然后率领东宫禁军和皇宫外禁军兵谏陛下，皇后必定就范。”

这里要解释一下为何朱振特别提到东宫禁军和皇宫外禁军。当时杨济担任太子太保，东宫禁军算是亲杨骏派势力。除了东宫势力外，杨骏能指挥得动的军队——中护军张劭、左军将军刘豫以及他自己的几千亲兵则全驻扎在皇宫外。我们再来逐一列数那些反对杨骏的禁军势力，包括右军将军裴頠（隶属于中领军）、左卫将军司马越（隶属于中领军）、后军将军荀悝（荀恺的弟弟，隶属于中领军），再加上孟观、李肇两个下级禁军将领全部驻扎在皇宫内。因此，对于杨骏来说，皇宫内是最危险的地方，在这种情况下，杨骏居然敢把他的数千亲军扔在皇宫外，只带着一百一十名侍卫居住进皇宫内的太极殿，实在是不长脑子。他要想咸鱼翻生，唯有打通东宫和皇宫外这两条路。

朱振不单单考虑军力部署，更考虑到了政治层面。因为讨伐杨骏的诏书是皇帝下的，杨骏若公然对抗就真成了叛乱，唯一可行的方案便是抬出太子司马遹这杆大旗，才能减小杨骏在法理上的劣势。

杨骏踌躇：拥戴太子兵谏皇帝，一旦迈出这步就再无退路，这不是等于立司马遹，废司马衷的意思吗？一想到这里，他就吓得浑身哆嗦。司马炎当初托孤给杨骏的理由得到了验证，杨骏的确没胆量做出废立皇帝这种事。

“太傅，事不宜迟，别再犹豫了！”

杨骏焦躁地踱着步，他几乎没有经过大脑，说出一句蠢得令人发指的话：“云龙门是昔日魏明帝所建，花费巨大，烧掉可惜啊！”他的思维绝对是跳跃性的，这完全超出了正常人的理解范畴。此言一出，在场幕僚和公卿无不愕然。大家心里只剩下一个念头：大难临头还想着城门的花费，再跟杨骏混，必死无疑。

这时候，太极殿内除了杨骏幕僚外，还有侍中傅祗、尚书武茂、散骑侍郎王恺（司马炎的舅舅，跟石崇斗富）、散骑侍郎何攀（贾南风内应）等几位朝臣。傅祗反应最快，他起身说了句："臣与武茂即刻去探听内宫消息！"还没等答复，他便向杨骏揖手告退。

武茂没反应过来，不明白现在去内宫能起什么作用："……傅大人？"

傅祗瞪了他一眼："你是不是天子之臣？眼下内宫生变，不知陛下安危，你还傻坐着干吗？！"

武茂幡然醒悟。他一跃而起，紧跟傅祗跑出了太极殿。

《晋书·傅祗传》只写到这里就止住了，但在《资治通鉴》中则补充了一个至为关键的细节。傅祗临走前又对其他同僚喊道："宫中不宜空！"这句话的意思是撺掇同僚都跟他去内宫。倘若真是如此，傅祗便不单单只为自己逃命了，他劝所有人赶紧离开杨骏，实在很像贾南风派来瓦解杨骏内部的奸细。这不奇怪，傅祗此前得罪杨骏，被剥夺左军将军的官职，他一直对杨骏相当不爽。

眼见傅祗、武茂一跑，何攀、王恺连招呼都不打一声，也匆匆退出太极殿。如果说傅祗身份不明，那么何攀则确凿无疑是贾南风派来监视和瓦解杨骏的内鬼。

其他人也纷纷醒过味来。

"臣也去打探消息。"

说话间，众人一哄而散。

等杨骏反应过来，他身边的幕僚和公卿已所剩无几。

何攀逃出太极殿后，立刻被贾南风任命为翊军校尉，他率领一支禁军，扭头就加入司马繇、孟观、李肇等人的队伍，一齐向太极殿展开围攻。

死　路

与此同时，在皇太后居住的崇化宫内，杨芷也惊闻政变。她完全无能为力，只能拼命写求助信，然后让侍卫把信往皇宫外一通乱射，祈求有人能帮忙。射出去的书信很多，其中有些被敌军捡到，呈献给了贾南风。

贾南风打开一看，只见上面写着：“救太傅者重赏。”

她恨得咬牙切齿，继而，她嘴角浮现出一丝阴狠的笑容。杨芷，我刚刚还发愁怎么处置你，这下你与杨骏同谋证据确凿，想不死是没可能了！

杨芷的求助信也有成功射出皇宫外的。捡到信的恰好是杨骏亲信——左军将军刘豫。

“不好！大家快跟我入宫救太傅！”刘豫带着本部营兵跑到皇宫门口，却见到了右军将军裴頠。

刘豫不知道裴頠是贾南风的同谋，他慌张地问裴頠：“你见到太傅没有？”

裴頠正是负责阻止外人进宫的，他欺骗刘豫说：“我刚看到太傅驱车从西门逃跑了。”

“大势已去啊！”刘豫信了，“那……我该怎么办？”

“要我说，你该马上去廷尉自首，或许还能免罪。”

刘豫听了裴頠的话，扔下本部兵独自去了廷尉。裴頠果断接管刘豫的军队，随后，率军前往万春门，将太子东宫戒严。杨骏最后一条生路也被堵死了。裴頠行事缜密，但对杨骏而言则没那么必要，因为此刻杨骏仍龟缩在太极殿内不知所措。

不多时，司马繇、孟观、李肇把太极殿围了个水泄不通。

“准备火矢！射！”一声号令，铺天盖地的箭雨射进太极殿内，守护在杨骏身边的侍卫纷纷倒地身亡。

司马繇看差不多了，便向孟观言道：“孟大人，杨骏已经无还手之力，我们可以进去缉拿他了。”

“杨骏罪当诛灭三族，岂有缉拿之理？皇后事先叮嘱在下，为免除后患，绝不能留杨骏活口！”

“好！就依皇后的意思办。”

“冲进去！格杀勿论！”

太极殿内响起阵阵鬼哭狼嚎，所有留在太极殿内的官吏和侍卫全被屠戮殆尽。然而，杨骏踪影全无。

半个时辰过后，有人高喊："找到杨骏啦！他躲在马厩里！"

只见杨骏趴在一堆草料中吓得面如土色，他狂乱挥舞着双手："我没罪啊！我不抵抗！我愿听候廷尉发落！"

"你见不到廷尉了。奉皇后之命，杀无赦！"

言罢，十几支长戟当场把杨骏戳得全身都是窟窿。

该杀的人杀完了，李肇还肩负着另一项重要使命。他受贾南风委托，冲进杨骏的书房，搜出当初司马炎让杨骏辅政的诏书，然后一把火烧成了灰。这下，无论把任何罪名扣到杨骏头上都死无对证了。

太极殿的屠杀结束了，贾南风依旧没有放松警惕："杨骏虽死，但杨济还在。留着他难免夜长梦多……"想到这里，她以太子司马遹的名义宣召太子太保杨济入宫。

须臾，杨济接到诏令，同时，他也获知了皇宫内的政变。

"去还是不去？"

杨济麾下有四百侍卫，都是武艺高强的关西勇士，这些人深受杨济厚恩，纷纷振臂高呼："只要大人一句话，我们肝脑涂地，决不退缩！"

眼看一场杨氏反击战即将打响，这时，在一旁的太子少师裴楷动了心思。杨骏覆灭是社稷之幸，不能再让杨济惹出事端，更何况，率领四百侍卫攻打皇宫也是枉送性命。想到这里，他劝道："您是太子僚属，太子宣召，怎能不去？"必须说明的是，裴楷不是贾南风党羽。早年，他还和任恺、庾纯站在同一阵线对抗贾充。如今，他虽跟杨骏是儿女亲家，但在大的立场下，他希望杨骏垮台，另外，他根据西晋这几十年来的政治风气——从不乱杀臣子来判断，杨济最多就是遭到罢黜，不会有性命之虞。然而，他完全没料到，这场政变的主谋——皇后贾南风，从此将一改之前的风气，并引来一连串腥风血雨。

杨济自认平时和裴楷关系不错，便听从了裴楷的建议。但他这一去，再也没能回来。

洛阳杀场

“把杨骏党羽统统抓起来！”随着贾南风一声令下，众军满城搜捕杨骏的幕僚、亲信和亲戚。

在这场动乱中，裴楷的儿子，也就是杨骏的女婿裴瓒，被乱军杀死。

实事求是地讲，杨骏虽然位高权重，但因为低劣的政治手腕，他根本没笼络几个亲信。有很多人，其实是因为各种私人恩怨被无端牵连了进去。

先前，荀恺对杨骏趋炎附势，政变后，他摇身一变，反而成了举报杨骏亲信的活跃分子，甚至借机公报私仇。

荀恺对贾南风言道："裴楷是杨骏的儿女亲家，武茂是杨骏的表亲，他们都曾助杨骏作恶，罪不容赦！"

裴楷和武茂是杨骏亲戚不假，但裴楷一直和杨骏保持距离，更在政变时劝杨济放下武装入东宫，武茂也在政变之夜逃出太极殿。二人因为跟荀恺有过节遭诬陷，被押送廷尉。

另外，政变的主要执行者——安东公司马繇（司马伷和诸葛太妃的第三子）也趁这千载难逢的机会排除异己。司马繇的爸爸是伐吴功臣司马伷，母亲是诸葛太妃，外祖父即是“淮南三叛”中的诸葛诞，当初，文鸯投降司马昭，诸葛诞城破人亡。司马繇为了给外祖父报仇，将文鸯诬陷为杨骏的党羽。

几乎没有经过廷尉审判，政变第二天一大早，数千人就被拉到洛阳东市问斩。

在司马炎时代曾挽救贾南风政治生涯，后辞官隐退的杨珧，没有躲过这一劫，他身为杨骏的弟弟，排在候斩队伍的前列，没等多久便轮到了他。

“跪下！”刽子手粗鲁地把杨珧按倒在刑台上。

杨珧喊得声嘶力竭："我冤枉啊！我早就辞官归隐，杨骏干的那些事跟我一点关系都没有！"

“只要是杨骏亲戚就不能宽恕！”

“等等！等等！先帝在世时，我曾向先帝预言杨骏必身败名裂，先帝许诺我说，若真有那么一天，可以免我不死！我把这话写成奏疏，至今还藏在宗庙的石匣里！不信你们可以去问张华！张华知道！去宗庙把那个石匣拿来！”

“当真？”

“句句属实！”

监斩官犹豫不决，征询同僚的意见：“当年钟毓预先提醒文皇帝（司马昭），说弟弟钟会有谋反之心，后钟会谋反，文皇帝就没有牵连钟毓。今天这情况，参考先例，是否酌情处理？”

当初因为杨珧一句话，多位藩王被迫离开京城，杨珧从此成了皇室公敌，所有藩王都恨不得将他生吞活剥。此时司马繇在旁，他厉声喝道：“有什么可酌情的！已经裁断要斩首，绝不能姑息！快斩！”

监斩官听司马繇这么说，只好下令将杨珧斩首。

杨珧把能做的都做了，却还是不能幸免，他死不甘心，拼命摇晃着脑袋喊冤。刽子手根本没法瞄准他的脖子，情急之下一刀劈去，正好砍在杨珧的脑袋上，杨珧当场脑浆迸裂。

张华没来得及出面保住杨珧，而那封有前瞻性的奏疏，也到底没从宗庙中取出来。杨珧做了跟钟毓同样的事，但结局却大相径庭，只能怪他自己生不逢时吧。

随后，应太子宣召入宫的杨济、和傅祗一同逃出太极殿的武茂、听了裴頠的话主动到廷尉自首的刘豫，还有被司马繇诬陷的文鸯以及杨骏的三个外甥——张劭、段广、李斌，这些人全都被夷灭三族。

一颗颗人头滚滚落地，哀号声、惨叫声、刀砍入肉声不绝于耳。在高平陵政变的四十二年后，洛阳东市再次被鲜血染红了。

裴楷也在候斩的队伍中，他身戴枷锁，缓缓向刑场走去。在他前前后后的人，情绪或激动，或绝望，只有他泰然自若，显得相当与众不同。

两旁围观的百姓发现裴楷的身影，纷纷惊呼起来：“看！那不是‘玉人’裴君吗？虽蓬头垢面，却像站在玉山上一般光彩照人！”

裴楷是大名士，人称“玉人”，他仰慕魏朝名士夏侯玄，就连临死前的神态也颇有夏侯玄的风采。

裴楷即将走上刑场了，这时，他对押解的侍卫提出一个请求：“能否帮我找些笔墨纸砚，我想给亲戚故旧写几封绝笔信。”

这沉稳镇定的语气完全不似从一个将死之人口中说出的。侍卫不好拒绝，恭敬地把纸笔递到裴楷的面前。

“您且写吧。”

裴楷席地而坐，开始写起了遗书。

与此同时，在朝廷里，政变的主要执行者裴頠力求保住自己叔父一命。傅祗也上疏恳求道：“正始年间，鲁芝、辛敞是曹爽幕僚，斩关夺路投奔曹爽，尚且被宣皇帝（司马懿）赦免。而今，希望朝廷也能效仿先祖，宽赦裴楷！”

贾南风很想处死裴楷，除了荀恺的诬陷，更重要的原因，是裴楷之前跟她爸爸贾充互为政敌。但最后，她决定卖裴頠和傅祗一个面子，遂将裴楷赦免。

傅祗帮裴楷免罪一事，恰恰从侧面印证了他确是贾南风的同谋，否则，他绝不可能有这么大的话语权。杨骏覆灭后，傅祗因功受封郡公，食邑八千户，在傅祗一再推辞下才改封县公，食邑一千八百户，另外，傅祗的儿子也受封二千二百户食邑。如果他那天晚上仅是逃出太极殿然后选择置身事外，是不可能获得这么大好处的。不过，中国人总习惯给历史人物套上非黑即白的脸谱，傅祗算西晋时期的名臣、正臣，史官大概觉得把他跟贾南风扯到一块儿实在不长脸，为保全他的形象，故抹去了他联手贾南风的记载。幸运的是，史书中总是有意无意地藏着蛛丝马迹，以供我们将这些历史人物尽可能还原得真实立体。

人性复杂，哪里有纯粹的好人或坏人呢？

裴楷的遗书刚刚写完，赦免诏书就及时送到了刑场。

“朝廷有诏，赦免裴楷！”

裴楷卸掉刑具，缓缓走出刑场，神态和方才一般无二。他想着死于乱军中的儿子，又看看眼前堆积如山的头颅，不禁感慨命运的无常。

除了以上这些人外，还有一些人，本来处境危险，却因为有先见之明，早早防患于未然。

蒯钦是杨骏的表亲，他在杨骏得势的时候屡次直言顶撞杨骏。当时杨珧、杨济都为他捏着一把冷汗，好心劝说：“你好歹也给太傅点面子，否则就算是亲戚也没好果子吃。”

蒯钦回道："杨骏虽蠢，但尚且懂得不杀无罪之人的道理，我冒犯他，正是想让他疏远我。否则，说不定哪天我就得陪他一块儿死了！"

杨骏曾打算征召隐士孙登（很可能就是阮籍在苏门山遇到的隐士孙登）和王彰，结果孙登装疯卖傻拒不赴任，王彰更直接逃往塞外。这几个人都成功远离了灾祸。

4 月 24 日，该杀的杀完了，不该杀的也杀完了，大获全胜的贾南风宣布改年号为元康元年。自公元 290 年至公元 291 年 4 月，短短一年多竟连续改了四次年号，杨骏仅执政十个月即宣告覆灭。

斩草除根

杨骏一党被灭，可贾南风还有一块心病未除，那就是皇太后杨芷。只要杨芷在后宫一天，她就永无出头之日。

贾南风对司马衷言道："陛下，杨骏虽已伏法，但别忘了，太后也是同谋。"

司马衷被这场屠杀吓得魂飞魄散，他有些后知后觉，杨骏纵有千百个不是，也不至于谋反，更别说刺杀自己。贾南风一提到杨芷，司马衷心里更难受了。他想起杨芷多年来对他的百般呵护："胡说！太后不是同谋！不能杀她！"

贾南风拿出了杨芷写的求援箭书："你看看，这就是太后与杨骏合谋的证据。若谋反者不追究，何以服众！再说，太后怨恨他爸爸被杀，迟早会害死你！"

"那……那也不行！"

"陛下心肠太软，要不这样吧，让太后迁居永宁宫，不伤她性命，只是严密看护，这也是为了保护陛下的安全。"

"真的不伤害太后性命？"

"臣妾可以担保！"

司马衷只好同意。

不多时，后军将军荀悝将杨芷及其母亲，也就是杨骏的夫人庞氏，押解到永宁宫软禁起来。

事情当然不会结束。

翌日，贾南风授意廷尉高光（帮司马懿发动高平陵政变的魏朝名臣高柔之子）上奏："皇太后心怀奸谋，危害社稷，射箭传书，募集同党。陛下虽然心怀仁义，但臣等认为不能就此作罢，建议众公卿在朝廷公议，来决定如何处断太后。"

司马衷无奈："你们……好好想想，可别草率决定啊！"

于是，公卿大臣在朝堂上激烈地争论起来。

高光表示："杨骏图谋社稷，结党营私，这些皇太后都有参与。皇太后上背祖宗之灵，下绝万民之望，应该贬为平民！"

张华想为杨芷求情，但他又不敢表现得过于直接，只得婉言道："虽说太后是杨骏的亲人，没办法母仪天下。但臣觉得也不宜贬为平民，不如废掉皇太后这一身份，只封为'武皇后'，将她安置在离宫，让她颐养天年，也成全她与陛下的母子之情。"

荀恺、司马晃为了迎合贾南风的意思，反驳道："杨芷危害社稷，不配再当武皇帝（司马炎）的皇后，必须废为平民，臣建议将她软禁于金墉城。"金墉城前面讲到过，是洛阳城内的一座小城，曹芳、曹奂两任被废的魏国皇帝都曾在这里居住。

廷尉高光根据司马晃和荀恺的意思，将杨芷废为平民。没几天，高光又上奏："杨骏作乱，家属理应处死，杨芷既已幸免，庞氏罪不容恕，应交付廷尉行刑。"在审讯杨芷这件事上，史书中只写廷尉，并没提高光的名字，不过，据考证，公元 291 年前后任职廷尉的人确是高光。高光在史书中名声很好，料想他和傅祗的情况类似，后代史官为保全其形象，把他这段不光彩的经历给删掉了。

司马衷就算再傻也明白高光的意思，他苦苦哀求说："别杀庞氏，让她和太后一起去金墉城，行不行？"

"宽赦杨芷已是法外开恩，庞氏断不可赦！"

"求求你们了……"

"不行！"

最终，庞氏被押赴刑场问斩。

临刑前，杨芷抱着母亲号啕大哭，然后连滚带爬地来到贾南风脚下拼命叩头：

"臣妾错了，请皇后饶了我母亲吧，臣妾求您了！"

贾南风冷笑地看着杨芷："你不是皇太后吗？怎么自称臣妾啦？"

"臣妾知错了！"杨芷额头鲜血直流，与泪水混在一起，把她的脸弄得一塌糊涂。她后悔，自己当初为什么要瞎了眼地帮助贾南风？

贾南风不再理会杨芷。她心想：你不用着急，过不了多久，你就又能见到你母亲了。

庞氏被斩首，杨芷被押送到金墉城中。

过了段时间，贾南风下令："从今日起，谁都不准再去见杨芷。"

"那负责送饮食的侍卫总不免要见到她吧？"

"我说得还不够明白吗？谁都不准！"

"下臣明白了。"

从这天起，再也没有人给杨芷送过吃的，几天后，杨芷竟被活活饿死了。

杨芷下葬的时候，贾南风让人用符咒把她的脸封了起来，以防她去阴曹地府向司马炎告状。十几年后，直到贾南风的时代过去，杨芷才得以平反，谥号"武悼皇后"。

随着"三杨"和杨芷的死，弘农杨氏也算败落了。不过，瘦死的骆驼比马大，在后世，这一家族依旧人才辈出。隋朝开国皇帝杨坚、唐朝"十一宰相"杨氏、"中国四大美女"中的杨玉环、宋代满门忠烈的杨家将便都出自弘农杨氏。

"三杨"的故事到这里就结束了，杨珧和杨济摊上这么一位大哥只能甘认倒霉。可平心而论，杨骏固然可恶，却也没做出什么太伤天害理的事，他最大的错误，便是得到了和自己能力不匹配的地位。杨骏死后，贾南风作为一颗冉冉升起的凶星，终于登上了政治舞台。前面说过，中国人对历史人物习惯赋予脸谱化的概念，贾南风凶狠毒辣不假，但在后面，本书仍然会尽量从一个更加公正、客观的角度来描写这位中国历史上首屈一指的恶妇。

汝南王执政

贾南风借助宗室的力量赢得了政变，她得势后，她的堂弟贾模、外甥贾谧（mì）、舅舅郭彰全都飞黄腾达，贾郭两族鸡犬升天。

不过，贾郭族人此时资历尚浅，并不能直接执政，否则很可能会变成第二个杨骏。经过一番考虑，贾南风把司马亮从许昌召回京都，任命司马亮为太宰（上公）、录尚书事。为了不让宗室独大，她又提拔在司马炎时代失势的卫瓘，任命卫瓘为太保（上公）、录尚书事。司马亮是宗室中辈分最高的宗师，卫瓘是讨平蜀国战役中崛起的功臣，二人资格都很老，且早先都是杨骏政敌。

由此，司马亮和卫瓘成了继杨骏之后的辅政重臣。

司马亮秉承了杨骏的衣钵，一上台又封侯一千多人。他的想法简单直接——封侯的规模必须超过杨骏，否则没法收揽人心。

傅咸劝道："照您这样封赏，今后谁不盼着国家政变？祸患会无穷无尽。而且那些受封者中很多根本没参与诛灭杨骏的政变，譬如夏侯骏，他一直置身事外，朝野对此议论纷纷，都说因为他是您的姻亲才无功受禄。"

司马亮把傅咸的话当成了耳旁风。而另一位辅政重臣——名声颇佳的卫瓘也不想蹚这趟浑水，他年轻时才略非凡，年老后唯求保全官位。

先前，司马炎第三子——关中都督司马柬，也尾随五弟司马玮和十弟司马允来到京城，并被授予录尚书事职权。司马柬虽未参与政变，但由于他是皇帝司马衷最年长的弟弟，口碑也还不错，所以事后，他这个录尚书事也继续留任。

此刻，司马柬看着杨骏一党覆灭，心里一点儿都高兴不起来。他有种预感：真正的祸乱恐怕才刚刚开始。而他自己，在杨骏掌权时上台，没参与政变，立场相当尴尬。于是，司马柬为免受猜忌，屡次跟朝廷申请返回藩国。可司马亮不答应，坚持让司马柬帮自己辅政，因为他已经发现，别说是管朝廷，就连宗室他也管不住。

政变中立下汗马功劳的安东公、右卫将军司马繇，在政变后越来越忘乎所以，他凭借权势，提拔亲信，排除异己多达三百余人。譬如先前，他污蔑文鸯阿附杨骏，导致文鸯灭族。可实为杨骏党羽的司马楙（司马孚的孙子，司马望的儿子），因为跟司马繇交情好，不仅没被株连，反而还升了官。

王戎（“竹林七贤”之一）好心劝道：“你好歹该给自己留条后路！”

司马繇不听。

司马亮也觉得不能再这么放任司马繇了。

没两天，朝廷下诏，将右卫将军司马繇调任尚书仆射。

司马繇丢了兵权，心里自然憋屈，整日只有借酒浇愁。

一天，他喝得酩酊大醉，忍不住破口大骂起来：“早晚有一天，我要废了司马亮和皇后！”

司马繇无兵无权，要废皇后贾南风和皇室宗师司马亮，只是酒后胡言乱语，可不承想，他这话却被亲哥哥司马澹听到了。

司马澹素来跟司马繇关系恶劣，他的老婆又是贾南风表亲。听闻这话，他一不做，二不休，火速向贾南风和司马亮密报：“司马繇意图谋反！”

朝廷当即将司马繇罢黜，流放边境。

皇室刚刚合力击败杨骏还没一个月，就闹出这么一档子事，似乎隐约预示着，这个庞大家族的内部已经开始走向分崩离析了。

楚王凶猛

再来说说另一位宗室——楚王司马玮。他率先入京联络多位藩王，可以说是起到了主导作用。政变胜利后，司马玮受封卫将军、中领军、侍中、太子少傅，俨然成了京都军事实力最强的藩王。

但司马玮年轻气盛，心里并不满足。

“杨骏是我除掉的，到头来却把司马亮和卫瓘两个老东西抬了出来！这算什么事？”

司马亮和卫瓘很清楚司马玮不服管。对他们来说，这个手握兵权又凶暴乖戾的年轻人就像个随时会引爆的火药桶，其危险程度远在司马繇之上。于是，两位辅政重臣下定决心，不惜和司马玮撕破脸，联名上疏，建议让司马玮返回藩国。

“当初先帝让楚王任荆州都督，正是希望他能拱卫皇室。如今朝廷已经安定，臣提议让楚王返回荆州，以全先帝遗愿。”

公卿大臣听罢，脊背直冒冷汗，无人敢应。这要是附和，岂不是摆明了和司马玮作对吗？这小子心狠手辣，谁惹得起？

再加上贾南风有意让司马玮平衡司马亮、卫瓘的权力，于是，让司马玮返回藩国的事无法推行下去。

两个手握政权的老臣捅了马蜂窝，他们与手握兵权的司马玮之间的矛盾愈发激化。随后，他们又申请让裴楷代替司马玮任中领军，以期削减司马玮的兵力。裴楷的儿子娶了司马亮的女儿，裴楷的女儿又嫁给卫瓘的儿子，三人是亲家。

司马玮得知后暴跳如雷：“我可不像司马繇那样任你们摆布！裴楷胆敢接受，我就一剑斩了他！”

裴楷果然不敢，他百般推辞，甚至请求离开京都去外州做官。

这么一来，司马亮和卫瓘的努力再次泡汤。

司马玮能稳居京都，是由于贾南风的袒护，对贾南风而言，司马亮和卫瓘是贾氏一族掌权的首要障碍，而性格莽撞的司马玮反倒容易操纵。

但话说回来，楚王司马玮夹在司马亮、卫瓘与贾南风之间，虽然勉强熬过了这两劫，但也很发愁。长此以往，终归不是个办法。司马玮还不知道，在他麾下有两个僚属比他还要发愁。这两个僚属是公孙宏和岐盛，二人先前都因犯事被卫瓘通缉，在司马玮的保护下才保住性命。此刻，他们急得像热锅上的蚂蚁。

“照这样下去，楚王迟早被卫瓘和司马亮搞垮。楚王一倒，我们也就完了。”

“皇后只想借楚王制约卫瓘和司马亮，这总不是长久之计！”

“要想彻底解决麻烦，就得先下手为强！”

二人经过一番周密谋划，居然想出了一个极大胆的计划。他们在没有告知主子司马玮的情况下就四处散布流言，说司马亮和卫瓘意图废立皇帝。很快，流言传到了贾南风的亲信李肇耳中。这世界上有一类人，内心无比渴望混乱，他们认为混乱能给自己带来利益，而且，这类人在西晋时期尤其多。当智障者司马衷当上皇帝后，很多人心里渴望混乱的种子开始生根发芽，并疯狂滋长。

就这样，公孙宏和岐盛在司马玮和贾南风两头瞒天过海，挑起了新一轮政变。

李肇不敢疏忽，马上将消息告知贾南风。

“消息可属实？”贾南风也震惊了。她沉思了很久，最后，她想通了。无论是否属实，司马亮和卫瓘终究是挡她路的人，何不趁机搞掉二人再说？

贾南风决定对付司马亮和卫瓘，不仅如此，她还要把局势搅得越乱越好。严格讲，在即将到来的这场政变中，贾南风准备得不是很充分，甚至可以说完全没什么准备，但她自有打算，因为她想出了一个完美的计划，一个可以让自己置身于事外，让司马玮与司马亮、卫瓘两败俱伤的计划。通过后面发生的事可以看出，贾南风的计划不仅不完美，反而是破绽百出，然而，其结果却远远超出了她的预期。

三封矫诏

公元 291 年夏天的一个晚上，贾南风让司马衷写了一封诏书，内容很简单：“太宰司马亮、太保卫瓘密谋废掉皇帝，诏楚王司马玮罢黜司马亮、卫瓘。淮南王司马允、长沙王司马乂（yì）、成都王司马颖守卫皇宫诸门。”这封诏书很不正规，也没有通过中书省，乃是一封密诏。

写毕，贾南风将诏书交到董猛手里。

“下臣这就将诏书传达给楚王、淮南王、长沙王、成都王四位殿下。”

“等等！”

贾南风不动声色。

再等等……等到深夜！

夜深了。

“你去吧！只须将诏书传给楚王一人即可！务必催他今夜就行动，不能耽搁！”

“遵旨！”

贾南风的如意算盘，即是让司马玮自己去折腾，又考虑到司马亮和卫瓘各有一千侍卫，必能闹得两败俱伤。而诏书既然没有通过中书省，到时候就算她矢口否认都不是问题。实际上也的确如此，政变之后，这封密诏根本无人问津。

深夜，司马玮被人从睡梦中唤醒。他迷迷糊糊地看着眼前的董猛。

“陛下有诏。”

司马玮一头雾水。中书省的人怎么没来？

“是密诏……”董猛悄声将诏书的内容告知司马玮。

事先完全没做任何准备就要发动政变？况且，负责守卫宫门的长沙王司马乂（司马炎第六子）年仅十五岁，这么重要的事要交给一个孩子来执行？司马玮惊呆了。

“这诏书……是真是假？……不行，我要入宫觐见陛下，好问个明白！”就连司马玮这么鲁莽的人都不禁心生疑窦。

董猛劝道：“陛下与皇后再三叮嘱，这是一份密诏，请您尽快执行。若拖延下去，事情难免泄露，也就失去了密诏的本意。”

“密诏……”司马玮早已没了睡意。他萌生出一个念头，管它诏书是真是假，何不趁此良机，一举铲除司马亮和卫瓘这两个老东西！“好，你回禀陛下，本王这就按诏书行事。”

“那下臣就告退了。”董猛像魅影般消失在黑夜里。

按诏书行事……按诏书行事……司马玮嘴上这样说，心里却在打鼓。自己本部营兵不少，但司马亮和卫瓘府中也各有一千侍卫，若二人反抗，很可能斗得两败俱伤。该怎么办？司马玮的脑子飞快地转了起来，他习惯于凭直觉和情绪左右自己的行动，猛一思考让他有些不适应，思绪渐渐变得不可控。突然，一个大胆且夸张的计划在他脑海中迸发出来。

就这么办！干吧！

当即，司马玮一连伪造了三封诏书！

第一封矫诏发给驻扎在京都共三十六个营的所有朝廷中央军：“司马亮、卫瓘图谋不轨，欲废掉陛下，灭先帝子嗣。诏楚王司马玮罢免都督中外诸军事（中央军最高统帅）司马亮、卫瓘。诸营皆听楚王号令，严加戒备，不得有异动。”

第二封矫诏发给司马亮和卫瓘：“诏令司马亮、卫瓘上交印绶，遣散所有幕僚属官，即刻离京返回自己封地。”

第三封矫诏发给司马亮和卫瓘的下属：“司马亮、卫瓘谋逆，企图危害社稷，现已罢免。诸僚属既往不咎，率先出降者封侯受赏，若不奉召，便依军法从事。”

至于说这三封矫诏上的玺印又是如何解决的呢？不得而知，大概是司马玮自己盖的萝卜章。司马玮才二十一岁，再加上他性格冲动，自然而然便干出了这样不计后果的事。

写毕，司马玮将第一封矫诏传遍了洛阳三十六个军营。适逢深夜，绝大部分军营都无从辨别，只能遵从司马玮的指示进入战备状态。

公孙宏又对司马玮言道：“正始年间，宣皇帝（司马懿）废曹爽时，把太尉蒋济拉到身边增加威慑力。殿下可效仿之。臣建议拉上司徒王浑，这样一来，必能服众！”王浑即是当初与王濬争功的伐吴功臣，他虽早已官拜三公，但在军队中的分量仍是举足轻重。

司马玮同意，命人去请王浑。

王浑猜到马上又将掀起政变，果断关闭了府门，命令府中一千多侍卫抵抗司马玮，以示不蹚这趟浑水。司马玮不敢相逼，只好放弃。

随后，司马玮火速点兵，命公孙宏、李肇率军讨伐司马亮，命司马遐（司马炎第十三子）率军讨伐卫瓘。同时，又派出一支军队去袭击卫瓘和司马亮的亲家——此前差点夺了自己中领军之位的裴楷。

司马遐军中有个部将名叫荣晦，他曾是卫瓘幕僚，被卫瓘斥责罢免后投奔到司马玮麾下。此时，不知是天意还是刻意安排，他跟着司马遐也参与到讨伐卫瓘的行动中。荣晦难掩内心的激动，他意识到，自己报昔日之仇的机会终于到了。

灭门

这天夜里，刚刚平静了三个月的洛阳城再次响起人喧马嘶。

先说卫瓘这边的情况。

不多时，司马遐的军队就包围了卫瓘府邸。卫瓘惊闻变故，忙跑到院子里，只见院墙外火把通明，人声鼎沸。

“朝廷已罢免卫瓘，命令卫瓘立即交出印绶，遣散幕僚属官！”

卫瓘震惊，他从来没想过自己会面临这样的局面。

左右言道：“大人！您身为辅政重臣，深夜突遭围攻完全不合情理，这诏书肯定是假的！请您下令，先率府中侍卫抗击，然后上表朝廷问明情况，若真是朝廷的意思，再投降也不迟！”

是啊，诏书很可能是假的，但万一是真的呢？若是真的，率军抵抗就是谋反，必诛灭三族。况且，诏书明确说是罢免官位，并非要自己的命。或许将来朝廷能还自己一个公道。这位当年在伐蜀战役中凭一己之力缉拿邓艾，又联合诸将剿灭钟会的名臣年已古稀，早被岁月磨平了棱角。他摆了摆手，打断了幕僚的话。

“不能抵抗，那是抗旨！”

随即，他下令道：“所有人放下武器，打开府门，让他们进来！”

门开了，司马遐率军进府，将卫瓘团团围住。

“老臣是忠臣啊！”就在卫瓘说这句话的时候，他脑海中闪现出二十七年前的一幕。那时候，他奉钟会之命缉拿邓艾。“老臣是忠臣！”当时，邓艾也是这么说的。

卫瓘怅然地叹了口气。

这时，荣晦凑上前对司马遐言道：“我在卫瓘手下当过差，认得他全家老小，我建议将他全家逮捕，听候楚王发落。”

司马遐点了点头。

荣晦指挥众军搜查全府，把卫瓘及其子孙九人一并捆绑着返回楚王府。

当这队人马走到东亭道北的时候，荣晦叫停了队伍。然后，他带着几个人走到卫瓘面前：“老东西！你还记得那天你骂我的情景吗？你也有今天！”

“你要干什么？”卫瓘惊问。

“干什么？我要报仇！”他拔出剑喊道：“奉诏！杀！”

司马遐猝不及防：“荣晦！不要妄动！诏书只说罢免卫瓘！”但他拦不住了。

卫瓘也呆住了，他愣愣地望着向他砍来的利刃。同样是二十七年前，在成都，他剿灭钟会后，对部将田续言道：“田续，你还记得江油之辱吗？今天，我给你一个报仇的机会。”本来很可能被赦免的邓艾因此命丧绵竹。

邓艾的相貌在卫瓘眼前渐渐消散，取而代之的是荣晦泛红的双眼。

一柄利剑插在卫瓘的胸口。

今天，总算报了昔日之仇……卫瓘倒在血泊中，他最后听到的声音，是他全家的惨叫声。

“都杀了！一个不留！”

荣晦这一开了杀戒，也就停不下来了。漆黑的深夜，洛阳的街道上响起一片鬼哭狼嚎。

卫瓘其中一个儿子——卫恒，目睹这场惨剧，吓得魂飞魄散，他拔腿就跑。等他回过神来，发现自己居然冲出了人群，他完全不记得自己是怎么逃出来的。可下一步，他能逃到哪儿去呢？仓皇中，他想到了他嫂子的父亲——何劭。何劭即是前面讲到的那位每餐耗资两万，在司马炎临终前帮杨骏写遗诏的何曾的儿子。

卫恒跌跌撞撞跑到何劭家门外，可任凭他怎么呼唤，府门就是不打开。他摸着墙找到了一个墙洞，绝望地朝洞内哭喊：“何公！我家横遭灭门之祸！求您救我！”

就这样哭了很久，终于，墙洞对面传来何劭的声音：“别在这儿喊！朝廷已经下诏赦免你家！快回去吧！”

“真的吗？”

“真的！真的！快走吧！”

卫恒丢了魂儿一样跑回家，却跟荣晦的兵士撞了个正着。

“那不是卫瓘的儿子吗？”

“杀了！”

这下，卫恒跑不掉了。

在这场灭门惨案中，卫瓘的儿子和孙子共九人被杀。只有卫恒的两个儿子——卫璪、卫玠因为有病住在医生家才得以幸免。后来，卫璪在“永嘉之乱”时被匈奴人杀死，卫玠在“永嘉南渡”的大背景下举家迁往江南，但也在二十七岁时早亡。卫氏逐渐走向没落。不过，代表卫氏精神的书法却流传后世。两晋南北朝时，卫氏书法的影响力辐射大江南北，除了卫瓘之外，卫恒、卫恒堂妹卫烁

（史称卫夫人）及其夫家江夏李氏都是书法巨匠，而卫烁正是“书圣”王羲之的姨母，在卫烁的悉心栽培下，王羲之成了中国历史上赫赫有名的书法奇才。

身价千匹布

就在卫瓘遭难的同时，公孙宏和李肇的军队也包围了司马亮的府邸。

与卫瓘这边的情况差不多，府中幕僚也劝司马亮率侍卫抵抗，但司马亮不敢。

几名士兵在府外搭起梯子，爬上墙头向府中喊话：“陛下有诏！罢黜司马亮，速速投降！”

“我对国家从不曾怀有二心，何至于此！如果有诏书，能否拿出来让我看看？”

墙头上的士兵将司马亮的话转达给公孙宏。公孙宏嗤鄙道：“死到临头，还看什么诏书！攻进去！”

司马亮听着攻城锤撞击府门的声音，吓得魂都出来了。

砰……砰……砰……

司马亮的幕僚急不可耐：“就算有诏书也是矫诏！请大人赶快率侍卫迎战！”

“不！别乱动。”

“大人！再不下令就没机会了！”

“别动！”司马亮就这么站着，一动不动。

很快，府门被攻破了，司马亮束手就擒。

“我对陛下的忠心天地可鉴！你们不能妄杀无辜！”

公孙宏和李肇这支军队倒没有出现失控的局面。“我们没打算杀你，朝廷只是要罢免你的官位。”

听到这话，司马亮心里踏实了。

不多时，天空泛白，一夜的骚乱总算过去。

公孙宏和李肇没把司马亮押赴廷尉，而是将他五花大绑起来，扔到王府的墙脚处，等着司马玮的下一步指令。毕竟，司马亮是皇室长辈，没人敢动他。

太阳渐渐升高，时值盛夏，天气越来越热，负责看守的士卒见司马亮热得浑身冒汗，不禁心生怜悯："大人，来，咱们挪个阴凉地方。"

"谢啦！谢啦！"

士卒见司马亮仍是满头大汗，又找了把扇子帮他扇风："大人，您暂且忍忍，过不了多会儿，朝廷的诏书应该就能到了。"

"好！等以后，我一定会报答你！"

果不其然，朝廷已知晓司马玮这一夜的惊人举动。

"陛下！皇后殿下！卫瓘一家惨遭灭门！司马亮也被擒拿！司马玮调动京都三十六营的军队，不知意欲何为！"

贾南风瞠目结舌。原本，她希望司马玮和司马亮、卫瓘斗得两败俱伤，可眼前的局面完全超出她的预料。

真没想到这小子搞出这么大动静，居然敢发矫诏调动全部中央军。不能任由他杀了司马亮。老头子辈分最高，他一死，就没人能治得住司马玮了。

"贾模听令！"

贾模是贾南风的堂兄。"臣在！"

"你带二百骑兵，火速去王府营救汝南王，不能让他出事！"

贾模飞身骑上一匹快马，向司马亮府邸飞奔而去。

而另一边，司马玮也得知了朝廷动向。

"楚王殿下，贾模携带赦免司马亮的诏书正赶往这里！"

"什么！"司马玮明白过来，贾南风不会任由他这样胡闹下去了。若留下活口，将来必是个祸患，既然都把卫瓘杀了，索性抢在贾模赶到前杀了司马亮！

可摆在眼前的问题是没人敢杀司马亮。

司马玮被逼急了，他喊道："听着！谁杀了司马亮，就赏赐一千匹布！"

这道命令的效果立竿见影。司马亮刚还在享受士卒给他扇着凉风，转眼却见士卒把扇子扔在一旁，面目狰狞地拔出了刀……更多的人冲过来，照着司马亮劈头盖脸就是一通乱砍。顷刻间，这位司马衷的四叔爷——汝南王司马亮被砍得稀烂，最后连尸体都无法辨认了。

司马亮的嗣子当场被杀，另外三个儿子侥幸逃脱。其中，年仅八岁的三子司马羕仓皇逃命中偶遇裴楷。原来，裴楷也正被司马玮追杀。当天，裴楷带着司马羕八次转移藏身之地，最后跑进岳父王浑家才逃过此劫。

螳螂与黄雀

司马亮刚死片刻，司马玮就看到远处扬起一阵尘土，在烟尘中，分明是大批骑兵向自己狂奔而来。

“陛下有诏！不可杀汝南王！”

“不可杀汝南王！”

喊声越来越近。贾模这一路，几乎是喊着跑来的。

“不可杀……”

当贾模看到司马亮被砍得稀烂的尸体时，后半句话不由自主地咽了回去。

他发现司马玮就站在不远处。

贾模来晚了一步。他勒住了缰绳，谨慎地与司马玮保持着安全距离，然后在马上给司马玮揖了一礼：“参见楚王殿下！”

贾模没敢下马。

“啊！是贾大人，司马亮和卫瓘企图抗命，刚刚被我就地正法了。”

“呃……恭贺……殿下……”贾模忍不住擦了一把额头上的冷汗，“……下臣这就把喜讯传达给陛下和皇后！告辞！”不等说完，他掉转马头，往皇宫飞奔而还。

一天之内，两个首辅重臣家破人亡。司马玮则控制着洛阳绝大部分军营，摇身一变，成了洛阳城中的最强势力。

这场政变的始作俑者——司马玮的幕僚岐盛，大概也没想到事情会发展到这种地步。可事已至此，再没退路，只能一条路走到黑了。

“楚王殿下！楚王殿下！”他把仍沉浸在胜利喜悦中的司马玮拉回到现实中。

“怎么？”

“贾模跑了！”

“跑？……”司马玮大概还没意识到贾模是在逃跑。

“现在京畿中央军都听命于您，趁这机会，一举诛灭贾模和郭彰，剪除皇后的羽翼，大事可定！”

“你说什么？”司马玮瞪圆了双眼。

无论是诛杀杨骏，还是诛杀司马亮、卫瓘，司马玮都无所畏惧地冲在第一线，并毫不犹豫地杀尽对手。他甚至很享受充当贾南风的棋子，这能满足他对杀戮的渴望。可是，岐盛却提出了一个超越他思维范畴的建议。反攻贾南风？那将会形成怎样一种局面？司马玮根本理解不了。他找不到自己的定位。

虽然，司马玮隐约觉得岐盛的话是对的，但他缺乏政治格局。他想象不出如果背后没人给自己撑腰，他该怎么办：“这……容我再想想……”

司马玮在犹豫，但他的后台老板，同时也是他的敌人——贾南风却不给他时间了。

贾模跌跌撞撞地跑进皇宫。

“汝南王也被杀了！臣，还是没来得及制止！”

这是贾南风始料未及的。

“这小子……可真敢干哪！”她不由得慌张起来，火速向司隶校尉傅祗下达缉拿司马玮的诏书。

前面讲过，司隶校尉手握一千两百人的武装力量，有权缉拿京官。可是，当缉拿司马玮的诏书抵达傅祗处时，这位西晋名臣却迟疑不决，他暗想：司马玮调动了全部中央军，我手里仅有一千来人，这不是让我送死吗？

他对传达谕令的使臣言道：“请回禀朝廷，时下京都局势纷乱，臣实在无所适从，需要验明诏书真伪后再做行动！”

傅祗不敢出头。贾南风傻眼了。

就在这危急的时刻，太子少傅张华急匆匆跑进后宫，和贾南风的亲信董猛撞了个满怀。

“啊！是董大人！”张华并不喜欢这个宦官，但眼下，他意识到大敌当前，自己不得不与董猛、贾南风站在同一战线，“在下正要找您。”

“张大人何事？”

“如今社稷危在旦夕！司马玮坐拥强兵，若再不制止，恐怕连皇室都危险了。”

张华说得没错，这个时候，除了司马玮的军队之外，其他中央军营大多处于战备状态，并遵从司马玮的指示驻守在京都各处。董猛点了点肥胖的脑袋。“您且跟我来，咱们一起去找皇后商议。”

张华与董猛跑到贾南风的寝宫。

贾南风慌张地问道：“张华，外面的事你都听说啦？”

“臣听说了！”

“你怎么看？”

“司马玮矫诏擅杀重臣，将士们仓促间不明真相，都以为是朝廷下诏，所以才会跟从。臣建议立刻派出驺虞幡使，宣告解除各军战备，司马玮之势必定瓦解。”驺虞是古代传说中的仁兽，形似老虎，最早见于《山海经》中。这种动物生性仁慈，连青草都不忍践踏，只吃自然死亡的生物。画有驺虞的旗帜名为驺虞幡，是朝廷宣布解除军备休战的专属令旗。

“好！”

旋即，数名手持驺虞幡的骑兵从皇宫飞奔而出，他们分别跑向京都各营，一边跑，一边高声大喊：“楚王矫诏！朝廷命诸军解除战备！”

年仅十五岁的司马乂（司马炎第六子）遵照司马玮的命令正驻守在皇宫东掖门，他手拿弓箭，雄赳赳气昂昂地准备大干一场，听到驺虞幡使的喊声，当场吓蒙了。“楚王出示诏书我才听他的，谁知道连诏书都能有假！”他只好下令，“全军解散回营！”

京都各营见到驺虞幡使，都像司马乂一样解除了战备。最后，驺虞幡使来到司马玮的军营：“楚王矫诏！陛下敕命诸军速速解散！”

这一喊，司马玮的亲兵顿时哄然退散。

“不要跑！”可任凭司马玮怎么喊都没用了。转眼间，连他的幕僚岐盛都无影无踪，最后，他身边只剩下一个驾车的仆役。

司马玮万念俱灰，他跳上车：“快！带我去秦王府。”秦王即是他三哥司马柬，在司马炎诸子中，除司马衷外，司马柬排行最大。此刻，司马玮意识到司马柬是唯一有可能保护自己的人。

然而，还没等司马玮跑到秦王府，他就被缉拿并押送廷尉受审。当天晚上，太子太保司马泰（司马懿的四弟司马馗之子）听闻司马玮被捕的消息，打算率领手下亲兵前去救援。幕僚劝道：“事发仓促，您可千万别轻举妄动，还是先派人参加审讯再做打算吧。”司马泰听从，放弃了救援计划。

对司马玮的审讯基本相当于走个过场，进行得相当迅速，没一会儿，朝廷下诏：“司马玮擅发矫诏，谋害司马亮、卫瓘及其子嗣，图谋不轨，即刻问斩！”

奉密诏行事

司马玮被斩首的这天，狂风暴雨、电闪雷鸣。这样的天气，仿佛正是为了应和司马玮暴烈的性格。

“我冤枉啊！冤枉啊！”司马玮跪在刑场上，声嘶力竭地高喊着。轰隆隆……一声响雷让他打了个激灵，他陡然想起自己尚有一件救命法宝：“给我松绑！我有东西要呈献！”

监斩官是刘颂，他见司马玮这样说，遂对侍卫点了下头。

司马玮手一松开，便掏出藏在怀里的诏书——那封由贾南风授意司马衷写的密诏。“看看！看看！这可是真的诏书啊！我是奉密诏行事！！”他手拿密诏，狂乱地向刘颂挥舞着。

侍卫犹豫地望着刘颂：“大人，您要不要看看？”

密诏？刘颂不想看，更不敢看。他叹了口气，不希望让这件事再往更深层蔓延了。就这么简单地结束吧！

“斩了！”

刽子手手起刀落。

司马炎的第五子——楚王司马玮就这样攥着真正的诏书死了。因为那三封矫诏闹出的动静实在太大，事后，贾南风这封密诏再无人问津。从这点上来说，事态的发展果真如贾南风开始预估的那样。在这件事上起了主要推动作用的公孙宏、岐盛以及擅自诛杀卫瓘一家的荣晦全被夷灭三族。而接到缉拿司马玮诏书后无动于衷的司隶校尉傅祗也在事后被罢免。后来，傅祗又被起用，但因为这件事，他的官运相当坎坷。直到很多年后，他才重新崛起，并为挽救西晋社稷贡献出巨大力量。

这场政变发生在杨骏死后第三个月，短短时间里，数位朝廷重臣相继命丧黄泉。

后世有人分析说，这其实是贾南风的连环计。贾南风巧妙地布了盘天衣无缝的局，一举将司马亮、卫瓘、司马玮剿灭。固然，贾南风希望司马亮、卫瓘、司马玮鹬蚌相争，她自己好渔翁得利，但若说这一切都是事先安排好的，就真是太抬举贾南风了。在这场政变中，存在着诸多巧合与不确定性，假如司马玮没有私自写那三封惊天动地的矫诏，假如司马亮和卫瓘奋起反抗，假如司马玮克制住自己，没有杀司马亮和卫瓘，结果如何，犹未可知。我们分析一下贾南风的预谋。她一开始大概只是想在司马玮缉拿司马亮、卫瓘后和稀泥，一方面削弱司马亮、卫瓘的权势，另一方面对密诏来个死不认账，再把矛头指向司马玮。不过即便如此，司马玮的结局依然会是最惨的，这也难怪，这个性格冲动、莽撞又凶暴的年轻人，注定是被人利用的命。自然，被卸磨杀驴也是他无法逃避的结局。

司马玮被杀后，帮他驻守皇宫东掖门，后放弃抵抗的胞弟司马乂被贬黜到了常山。在不久后，这位司马乂还会再次登场，等待他的将是一场更大的动荡。

元康年：何不食肉糜

公元 290 年，杨骏闹出一起乌龙改元事件的笑话。到公元 291 年初，杨骏为挽回面子，又改年号为永平，实在是越抹越黑。4 月，杨骏被杀，朝廷又改年号为元康。6 月，随着司马亮、卫瓘、司马玮被杀，就只剩下贾南风一家独大了。这个凶残恶毒又丑陋的女人，总算如愿以偿地攀上权力顶峰。幸运的是，贾南风对改元没什么兴趣，司马玮死后没再提改元这事。

从此，元康年将持续很长一段时间。这也是西晋王朝自司马炎死后少有的平稳时期（相对而言）。

趁这难得的机会，我们提一提司马衷，别忘了，他毕竟是西晋第二届皇帝，不能只当成一个跑龙套的对待，虽然实际上，他连跑龙套的都算不上，充其量只是个让权臣与皇后贾南风随意摆弄的道具罢了。

一次，贾南风撺掇司马衷说："先前你当太子的时候，和峤说你不配当皇帝，待会儿你见到他，就问问这事，看他怎么答复你。"

"哦，好。"

司马衷见到和峤后，果然问起此事。

和峤平静地回答："臣先前侍奉先帝，的确说过这样的话。可幸好臣的话没有兑现，今天您当了皇帝，是国家之福，臣不敢逃避责罚。"

司马衷也不生气，痴痴地笑道："怎么会呢，我知道，您是忠臣，我不会责怪您的。"

这事要发生在别的皇帝身上，史书一定会大书特书，称赞其宽容仁厚……但遗憾的是，这事发生在司马衷身上，评价也就只有一个字——傻。

从元康二年即公元 292 年开始，全国各地就灾情不断，司马衷每天耳朵里听的都是关于饥荒的消息，他心里一直憋着个问题。虽然他有种感觉，自己不该乱问问题——这并非出于理性的分析，而是从以往的经验得出的教训——只要自己一开口，总会引起旁人的耻笑。但最后，司马衷还是没忍住，把这憋了很久的问题说了出来。

"老百姓既然没粮食吃，那他们怎么不吃肉呢（何不食肉糜）？"

这句话流传了下来，成为一个罪大恶极的标签，牢牢贴在了司马衷的脸上。然而，以司马衷的性格，恐怕他问这话的时候心里的的确确是充满着关切吧。可即便如此，又有什么用呢？这世界上就是有一种人，蠢到没边儿，谁见了都想照死里抽。让人无奈的是，我们又不能把所有这一切都归罪于司马衷。诚然，司马衷不学无术，只知道吃喝玩乐，堪称史上最昏庸的皇帝，但别忘了，他是个天生智障者，是个病人，病人本该得到更多的关怀和爱护，可他却被错误地赋予更多的责任，更关键的，这不是他主动选择的结果。司马衷的父母——司马炎和杨艳，自认为对儿子关爱有加，武断地将皇袍穿在他身上，最终给所有人带来了毁灭性的灾难。

可想而知，司马衷每天就像个吉祥物一样坐在皇位上，却对朝政没半点控制力。当时所有诏书都由贾南风颁布，司马衷要做的，无非就是在诏书上盖个戳而已，显然，他也没有选择盖或者不盖的权力。

于是，元康年间，贾南风变成了实际意义上的皇帝。

元康年：贾郭

贾南风有了权，都干了些什么呢？史书记载了两件事。其一，她跟太医令程据私通。其二，她经常派人绑架帅哥跟自己搞一夜情，而那些被绑架来的帅哥多半都在完事后被杀人灭口。固然，贾南风是邪恶的。但必须客观地说，就她这些恶行，要跟吴国末代皇帝孙皓比起来，那绝对是小巫见大巫。总之，贾南风没人性、没道德、没理想，只对权力和性有强烈的欲望。

所谓一人得道，鸡犬升天。跟着贾南风一起升天的，便是她的父族——贾氏一族，以及她的母族——郭氏一族。前文讲过，贾南风的母亲名叫郭槐，是个嫉妒心极强且心狠手辣的女人，她的家族，准确的称呼应该叫太原郭氏，正是魏国名将郭淮的后代。元康年间，贾氏与郭氏的名望虽不及颍川荀氏、琅邪王氏这些名门，但其权势和显赫程度却没人能比。自然，这两大家族也是支撑贾南风的重要势力。

贾氏和郭氏族人中，除了郭槐、贾南风、贾午（贾南风的妹妹）之外，还有两位需要着重介绍。

首先说贾南风的外甥——贾午之子贾谧（mì）。

贾谧的爸爸名叫韩寿，但他随了母姓，这里面有一段故事。

很多年前，韩寿任贾充幕僚。有次，贾充设宴款待宾客，韩寿也在席间，他风流倜傥的相貌正巧被贾午看到。贾午春心荡漾，主动约起韩寿。于是，二人开始频繁私会，夜夜偷情。

一天，贾充闻到韩寿身上异香扑鼻。这气味他再熟悉不过了，竟是司马炎特别赏赐给他和陈骞（魏朝名臣陈矫的儿子）的西域香料，也就是说，普天之下就只有他们两家有。

韩寿怎么会有？陈骞跟韩寿八竿子打不着，不可能送他，只可能来自贾府。贾充想起自己曾把香料给了女儿贾午，那么唯一的解释只有……

顿时，贾充恍然大悟。

女儿跟人私通可不是件体面事，若张扬出去肯定有损贾府的名誉（虽然在外人眼里，贾府根本就没什么名誉）。贾充思来想去，既然生米做成了熟饭，索性把贾午嫁给了韩寿。

韩寿和贾午生子取名韩谧。后来，贾充考虑到自己没有儿子（两个幼子均因为郭槐杀死奶妈而早夭），又看韩谧生得俊秀，便让韩谧改姓贾，充当自己的嗣子，成为贾氏的继承人。不过，根据礼法，嗣子应该找兄弟的儿子，哪有让外孙当嗣子的道理？贾充死后，博士秦秀正是揪住这个把柄，说贾充昏乱纪度，打算给他定谥号“荒侯”，司马炎不答应，最后才定谥号为“武侯”。

贾谧同样深得姨妈贾南风宠爱，他在门下省担任散骑常侍，整天围着贾南风团团转，官位虽然不算太高，却是权倾朝野。

再说郭氏一族的大佬——贾南风的舅舅郭彰。元康年间，郭彰官拜卫将军，成为京都卫戍军总司令，手握重兵。他和贾谧二人并称为“贾郭”，乃是当时权势最盛的外戚。

元康年：贾南风的班底

朝廷毕竟有很多政务需要处理，贾谧和郭彰却都是只会享福不会干活的人。贾南风要想安心享受骄奢淫逸又放荡不堪的生活，就必须得组建一个既忠于自己，又能脚踏实地工作的政治班子。

幸运的是，在她众多庸庸碌碌的亲戚中，居然有两个才干、名声俱佳的人才——堂兄贾模和表弟裴頠（wěi）。毋庸置疑，这二人能委以重任。还有一个人她也必须考虑，这人和她并不沾亲带故，但在剿灭司马玮的事件中立下汗马功劳，这人便是大名士张华。

贾南风问贾模道："张华这人到底能不能重用？"

贾模答道："张华身为先帝时代统一天下的功臣，继卫瓘死后，名望和资历无人能及，如果提拔他辅佐朝政，朝野一定会心服口服。"

"裴頠，你觉得呢？"

"臣也赞同。"

贾南风点点头，又问外甥贾谧："你也说说？"

贾谧想了想说："张华出身寒门，没有家族势力，权力再重也不会威胁到皇室。我觉得可用。"

"好……既然你们都这么说，那就提拔提拔张华吧。想来，他被先帝罢免这么多年，过得也挺憋屈。"

我们应该没有忘记，张华曾经是个铁杆齐王党，他因为不支持司马衷当太子，遭到荀勖、冯统、司马炎的联手打压。但话说回来，如今这些公卿，当年又有几个是支持司马衷的？大家的态度其实都跟和峤一样，既然木已成舟，那些陈芝麻烂谷子的旧事也就可以不用计较了。如此，张华，这位远离政坛多年的名臣，总算在贾南风时代得到重用。

下面，我们介绍一下元康年间那些位居权力顶峰的干实事和不干实事的重臣。贾南风身为皇后，多数情况下只能深居后宫，她最需要的就是能从后宫伸向朝廷的触手。于是，她最重视的自然是位于皇宫内的门下省（皇帝的近臣兼顾问，掌握朝政机要）和中书省（负责颁布诏书）。因此，我们从这两个行政机构开始说起。

门下省的四位侍中分别是：贾模、裴頠、张华、裴楷。其中贾模权力最大，为首席侍中。而同属门下省的散骑常侍贾谧虽位在侍中之下，但因为他受贾南风宠爱，最是嚣张。史书记载，贾谧对触怒他的黄门侍郎敢直接上枷锁处私刑，这种事就算首席侍中贾模也干不出来。

中书省的两位大员分别是中书监张华与中书令裴楷（二人兼任侍中）。起初，张华被中书监荀勖整，此刻，他终于也坐到了中书监的位子。毋庸置疑，他心里对贾南风怀有很深的感激，这种感情未来极大影响了他的判断力。

说完门下省和中书省，接着再来说执掌皇城禁军的武官。

卫将军：郭彰。他手里有一支亲兵，相当于京都卫戍军司令。

中领军：王衍。这人出自名族琅邪王氏，乃是“竹林七贤”中王戎的堂弟。王衍之所以能统领皇宫内禁军，成天在贾南风眼皮底下晃悠，全因他老婆郭氏与郭彰是同族。

中护军：相继由司马澹（司马伷次子）和赵浚担任。司马澹即是诽谤自己弟弟司马繇谋反，致使司马繇遭到流放之人，他老婆也是郭氏，与郭彰同族。郭氏性格强横，她仗着有贾南风做靠山，甚至欺凌到婆婆诸葛太妃（诸葛诞的女儿）头上，而司马澹也不闻不问，由此留下不孝的名声。赵浚则是贾南风多年的死党——司马炎嫔妃赵粲（谢玖事件中曾力保贾南风）的叔父。

除了以上重臣外，别忘了朝廷里还有个相当务实的部门——尚书台。元康年间，尚书令相继由司马晃（司马孚第五子，曾助贾南风发动政变剿灭杨骏）、司马泰（司马懿四弟司马馗的儿子）、王衍担任，而尚书台最重要的部门——吏部的吏部尚书则由王戎担任。由此，尚书台的政务便主要集中在司马宗室和两个琅邪王氏兄弟手中。

总的来说，贾南风的政治班子组建得还算相当得体。尤其是四位门下省要员——张华、贾模、裴頠、裴楷，都算得上是当时的顶尖人物了。

元康年：河东裴氏

前面大致介绍过河东裴氏家族。在西晋初年，裴秀与太原郭氏搞政治联姻，是故，贾充即是裴頠的姨父，贾南风则是裴頠的表姐。贾南风掌权后，裴頠大权在握，裴氏家族的势力更上一层楼。

裴楷则是裴頠的堂叔，他在家族中名声最响，号称“玉人”。裴楷个性通达随性，他的堂兄看上他一栋宅邸，他想都没想就赠给了堂兄。去富豪家做客时，他只要看到什么名贵珍玩，张口就要，然后转手又送给贫困者。

裴楷曾提议从最富裕的梁王司马肜和赵王司马伦这二位藩王的封国税租中每年抽调一百万钱，以抚恤宗室中的贫寒者。

有人讥讽裴楷说：“哪有拿别人东西再送给其他人做人情的？”

裴楷答道："损有余以补不足，天道也！"

可见，裴楷对钱财有着相当豁达的价值观，称得上"不以物喜"。不过，在河东裴氏一族中，裴楷的命运也最为跌宕。

司马炎时代，裴楷站在任恺一边压制贾充，自然没什么好果子吃。杨骏掌权时，裴楷虽是杨骏的亲家，却被杨骏排挤。杨骏好不容易倒台了，裴楷的儿子又意外死于乱兵之中，他自己也差点被株连斩首。司马玮发动政变的那天夜里，他保护着司马亮的三子司马羡四处逃窜，若不是得到岳父王浑保护，又差点被杀。此时，他官拜中书令，但他生性淡泊名利，一心只想着退隐。

王浑很理解自己的女婿，他上奏朝廷："裴楷天性不喜欢争名夺利，还请朝廷成全他的志向！"

朝廷没有同意。没过多久，裴楷便一病不起了。

就在裴楷临终之际，王衍去探望他。裴楷望着王衍，说了句奇怪的话："你我似未曾相识啊……"

王衍与裴楷相交多年，临了却被裴楷说不认识，到底是什么意思？魏晋时期，名士深受玄学思想的熏陶，常常说些玄而又玄的话。想来，裴楷大概是借以表达自己不谙世事的本心吧。倘若这话说得更直白，并带有贬义，那意思则可理解成人心叵测、知人知面不知心了。王衍也是大名士，整天把名节挂在嘴头，但从他日后一系列作为来看，证明裴楷所言不虚。

贾南风掌权后没几个月，裴楷病逝。

王衍叹道："裴君精明开朗远在众人之上，寻常人看不透他。若人死能复生，我真想再与他同舟共济。"寻常人看不透裴楷，但王衍却看得透，这话自是借着称赞裴楷来证明他自己不是寻常人。

元康年：变味的玄学

我们来讲讲王衍的事迹。这位琅邪王氏族人，王戎的堂弟，自幼享有清高的名声。他十来岁时去拜见山涛，山涛盯着他看了很久，赞叹道："真不知是哪位老妇人，生了这么个俊美的儿子。可是……”山涛话锋一转，“……将来贻误天下苍生的人，或许就是这孩子啊！”

前文讲，王衍、王戎跟羊祜关系不睦。等到王衍、王戎上位后，二人大肆诋毁早已故去的羊祜，“二王当国，羊公无德”这句话在元康年间广为流行。

早年间，杨骏想把女儿嫁给王衍，王衍以此为耻，装疯卖傻躲避这桩婚事。不过，王衍却娶了太原郭氏之女。其实，弘农杨氏的名望远在太原郭氏之上，而王衍拒杨骏，纳郭氏，也不是考虑他们的家族历史，乃是出于政治投机。杨氏是司马炎时代的外戚，郭氏则是司马衷时代的外戚，显而易见，郭氏有着更大的升值潜力。不过，想来是因为太原郭氏缺乏家教，王衍之妻郭氏、司马澹之妻郭氏，以及贾充后妻郭槐，无一不是性格凶悍、飞扬跋扈。

王衍跟堂兄王戎的金钱观迥然不同。王戎爱财，王衍却自命清高，鄙视钱财。有次，王衍言道：“钱财如粪土，我连说出钱这个字都觉得恶心，从今以后，我绝口不提钱字！”

郭氏贪婪，好敛财，故意跟王衍作对，便趁着王衍熟睡时，在他床周围堆满了钱。王衍醒来，满眼都是钱，知道是妻子想逼他说出钱字，不禁恼怒道：“把阿堵物都给我拿走！”“阿堵”是晋朝时的口语，“阿堵物”意指“这东西”。后来，阿堵物就成了钱的代称。

司马炎曾问王戎：“当今之世，王衍能跟谁相比？”

王戎不吝溢美之词：“要问谁能跟王衍比，当今是找不到了，只能从古代圣贤中去寻觅。”

这绝对是溢美之词。不过，料想王戎也不是赞王衍的才干，而是赞王衍的哲学造诣。

王衍才华横溢，自比“孔门十哲”之一的子贡。他和那个时代绝大部分士人一样，均推崇魏朝夏侯玄、何晏的玄学，且在玄学理论上有杰出造诣。说到魏晋玄学，就不得不提一种风靡于魏晋的时尚社交活动——清谈。

清谈源于东汉末年的清议，不同的是，汉末清议的话题主要是品评名士，其内容多与政治息息相关，而魏晋清谈则刻意回避政治，以《老子》《庄子》的哲学思想为基础，针对有与无、本与末、动与静、言与意、自然与名教等问题展开探讨和辩论，完全是哲学范儿的。

清谈自魏朝正始年间开始流行，当时正值曹爽和司马懿紧张激烈的派阀斗争，士大夫一是推崇夏侯玄、何晏的学术，二是为了排解压力，遂创造出这种娱乐与学术兼具的社交活动。正始年后，清谈并没有走向衰败，反而更加盛行，成为魏晋时期最具特色的文化风貌之一。

这种高端大气上档次的风雅社交令士大夫趋之若鹜，备加推崇，其吸引力甚至比五石散有过之而无不及。不过，清谈绝非胡吹瞎侃，而是有一套严格的规矩和流程。参与清谈者人数不定，过程中，一方阐述自己的主题和见解，持不同意见的另一方则竭力推翻对手的论点。清谈的结束，有时是双方求同存异，有时是各自坚持，很难定下胜负。本来嘛，哲学问题也不是那么容易讲得清的。

晋朝时佛教已相当盛行，因此，清谈常常也流露出禅学的韵味。

有次，一个宾客向大名士乐广请教："'旨不至，至不绝'是什么意思？""旨不至，至不绝"出自《庄子》，大概意思是说：凡人认为探知到了某件事物，便能了解这事物的属性和形态，但其实，这种对事物的认知是极其粗略甚至有误的，故凡人几乎不可能通过触摸或观察了解事物的全貌。这种深奥的哲学思想甚至可以延伸到物理学领域。

乐广听罢，没有直接回答，他用拂尘敲了敲案几。问道："碰到了吗？"

宾客回答："碰到了。"

乐广又将拂尘从案几上拿开，问道："既然碰到了，它又去了哪儿呢？"

宾客做猛然醒悟状。当然，悟没悟只有他们自己知道。

清谈忌长篇大论，主张言简意赅。王衍曾称赞乐广说："我跟人说话已经力求简略，但比起乐广，还是觉得自己太啰唆。"

王衍与乐广同是西晋最著名的清谈领袖。乐广留下这个颇具禅机的故事，王衍却留下一个很不光彩的故事。

王衍跟人畅谈玄理的时候，往往前后矛盾、漏洞百出。别人指出他的错误，他也满不在乎，随口便将前面说过的话推翻，被人评论为"口中雌黄"。雌黄是一种矿物质，在古代被当作橡皮来用，这即是成语"信口雌黄"的由来。

清谈，作为一种半消遣半学术的社交活动固然无所谓，但遗憾的是，这种社交极大影响了士大夫的心性。倘若士大夫之间的话题过多涉及政治，很可能会被朋友鄙视，他们认为政务是“俗务”，唯有纯粹的哲学才是清高风雅。甚至，士大夫在处理政务时，也不由自主地把清谈时养成的习惯带了进去——政务太俗，什么都不做才是真正的高人。这绝对不是无为而治，实则是借着无为而治的说法占着茅坑不拉屎。其中，王衍正是这样一个典型。《晋纪·总论》的作者干宝评论说：“做官的人讥笑勤奋，却把空谈当成高明，诸如刘颂进言治政之要、傅咸弹劾歪风邪气，都被人称为‘俗吏’，可那些无所事事者却个个名重天下……”这话，极其准确地描述了当时的官场风气。

王衍推崇“贵无论”，以“无”作为世界的根本。裴頠则是个务实的人，他不爽像王衍这样的人大行其道，认为应该改变社会风气，遂写下一篇《崇有论》驳斥王衍。裴頠也是玄学拥趸，《崇有论》同样基于玄学理论。姑且不提二人的哲学见解谁更高深，只针对那时的时局来说，裴頠的确起到了更加积极的作用。

若真要从哲学角度来讲，王衍虽喜欢畅谈“无”，但料想他并不明白“无”的真正含义。其实，道家和佛教的“无”绝非指什么都没有，这种概念超越于“有”与“没有”的二元对立概念，甚至超越了我们的认知范畴，是对宇宙万事万物本源的粗浅描述。受限于人类语言的匮乏，实在没有准确的词能形容这至深的道理，故用“无”来代替。可是这简陋的文字表达，却误导了很多一知半解的人，认为无所作为、空无一物就是开悟的表现，实在是可悲可叹。其实那些真正开悟的人，反而会很好地把这智慧运用到我们所处的现实世界当中。

讲个不相干的小故事。

有人问一位开悟的禅师：“您开悟前做什么？”

禅师答：“砍柴、烧水、扫地。”

“您开悟之后又做什么？”

“砍柴、烧水、扫地。”

“这么一说，开悟不开悟究竟有什么区别？”

禅师答：“我开悟前做这三件事的时候，脑子里杂七杂八，思绪混乱。开悟后，砍柴的时候就想砍柴，烧水的时候就想烧水，扫地的时候就想扫地。”寻常人均无法百分之百控制自己的意识，不信，你可以试着集中意识在一点，观察思维会不会有或多或少的跳跃，禅定正是对意识控制能力的训练。

放下这些深奥难懂的哲学问题，让我们回到元康年间的政治环境中。

手握尚书台政务的重臣王衍，对“无”的理解仅仅流于肤浅的辩论中，因为从他的所作所为来看，他肯定不理解“无”的真正含义。王衍从政，完全可以用四个字来形容——尸位素餐，其政绩自然乏善可陈。

元康年：太阿宝剑

像王衍这种人虽说毫无作为，但至少不会惹是生非，再加上有张华、裴頠、贾模三人竭力匡扶朝政，居然令西晋王朝步入了很长一段时间的平稳与安定。想想，皇帝是个智障者，皇后又凶残毒辣，在这种怎么想都是死路一条的危局之下，能勉强维持朝廷和谐也着实是不易。

身居最高位的皇后贾南风，有了这个政治班子帮她打理政务，也就可以踏踏实实享清福，玩男宠了。

不可否认，张华对贾南风怀有感恩之心，他也常常劝谏贾南风，但他采取的方式相当柔和。元康年间，张华写过一篇《女史箴》，阐述女子应尊崇妇德的道理，旁敲侧击地提醒贾南风。显而易见，这不疼不痒的劝谏不会起到任何作用。顺便提一句，《女史箴》很有名，除了因是张华所著，更大的原因是东晋著名画家顾恺之根据《女史箴》画出了十二段《女史箴图》。在灾难动荡频生的历史长河中，这幅著名的画卷早已灰飞烟灭，但幸运的是，其唐代摹本和宋代摹本的一部分至今犹存。1900年，八国联军攻入紫禁城，一名英国军官抢到《女史箴图》的唐代摹本，他将这宝物带回英国，并以25英镑的价格贱卖给大英博物馆。可是，大英博物馆犯了一个严重的错误，他们对中国艺术了解不多，居然按照日本画的方式装裱，并拦腰截成了四段，其中明清文人的题跋都遭到裁剪，着实让人心疼。第二次世界大战期间，英国与中国是盟友，英国人提出，让中国政府任选《女史箴图》或是一艘潜水艇相赠。结果，中国政府选择了潜水艇，《女史箴图》的唐代摹本便继续保存在大英博物馆。《女史箴图》的宋代摹本较之唐代摹本，画工稍差，今藏于北京故宫博物院。

张华学富五车，博学多识。不过，或许是因为读的书太多太杂，他有点神道。他有个毛病，特别喜欢谈论神怪异事。

在一次酒席宴中，张华指着其中一块鱼肉，愣说是龙肉。众人不信，张华口若悬河言道："龙肉浇上苦酒会发出异样光彩，你们不信可以试试。"一试之下，果然，肉浇上苦酒后出现了变色反应。虽然厨师解释说这只是一条普通的白鱼，但龙既然能变化形体，就算张华指着一条蚯蚓说是龙也没法反驳。接下来，众人大快朵颐，享用起这块所谓的龙肉。可以确信的是，古往今来没人真的吃过龙肉，但那次酒席宴却因张华变得别开生面，龙肉的口感令每个人都回味无穷，并成了大家口后向别人炫耀的谈资。

还有一次，武库中碰巧飞出一只雉鸡。张华说雉鸡是蛇变化而成。随后，众人在雉鸡旁边发现了几片蛇的蜕皮，又不得不硬着头皮相信。类似这种事有很多，张华总说些没法验证的话，把那些本来平平无奇的东西解释得神乎其神。想来，这大约就是张华塑造自己无所不知的形象惯用的策略。

《论语》中说："子不语怪、力、乱、神。"意思是孔子从不谈论怪异鬼神之事。至少在这一点上，张华没有遵从孔老夫子的教诲。他既有这个毛病，自然而然地也会吸引同类人趋之若鹜。

某天，一位客人叩响了张华家的大门。

吱扭一声，张府大门打开，仆役探出头。

"张大人在否？"客人操着浓浓的南方口音问道。

仆役一听这口音，立刻喜上眉梢："莫非您就是雷君？"

"正是在下。"

"我家大人早已恭候多时了，快快有请。"

这客人名叫雷焕，是江东豫章人。张华得知雷焕精通星相学，遂盛情邀请他来家中做客。

张华与雷焕一见如故，相谈甚欢。二人一直聊到晚上仍意犹未尽。

"雷君，今晚就住在我这儿吧，一会儿我们去观测星象，占卜未来的吉凶祸福，如何？"

"好！好！"

雷焕也不推辞，欣然接受。吃过晚饭，二人登上阁楼，扶着窗棂仰观星空。

雷焕看了一会儿，悠悠说道：“我最近注意到，北斗星与牛郎星之间有一股不寻常的异象。”

“预示什么？”

“以我推测，是世间有宝剑精华贯穿天际之故。”

张华听到这里，自顾自地言道：“很多年前，有个相面的说我年过六十能登上三公高位，还能得到一把世所罕见的宝剑，这话莫非真能应验吗？”继而，他又问雷焕，“麻烦雷君帮忙算算这把宝剑藏在何处。”

即便在今天，运用星相学算命也颇为流行，但通过星相学算出某个地方藏着宝剑就实在太离谱了。也不知道是因为张华的循循诱导，还是雷焕早有预谋，总之，雷焕听了张华的话，万分肯定地说：“就在我的家乡，豫章丰城。”

张华想了一会儿，言道：“恕我有个不情之请。”

“您且直言。”

“我想请您去丰城做官，顺便帮我寻找这把宝剑。”

“在下义不容辞！”

就这样，张华举荐雷焕当上了丰城县令。

雷焕在丰城的声誉还算不错，他频施善政，以宽厚著称。同时，他也没忘记张华的托付。算来算去，他确定宝剑就埋在丰城监狱下面。于是，他在监狱地基下挖了四丈多深，居然真的找到一个青石匣。雷焕将石匣打开，只见里面整齐摆放着两把宝剑。剑上都刻有字，一把写着“龙泉”，一把写着“太阿”。事后，雷焕将太阿剑赠给张华，自己留下龙泉剑。

如果我们仔细分析这匪夷所思的故事，就会发现里面大有文章。

先说这两把有名的宝剑，的确见诸史册中。

龙泉剑由春秋战国时铸剑名匠欧冶子打造，太阿剑则由欧冶子和他的徒弟，同时也是他的女婿干将（干将的老婆是莫邪，即欧冶子的女儿）合力打造。龙泉剑是不是真货不清楚，可另一把太阿剑却绝对是赝品。因为根据史书记载，太阿剑曾随秦始皇陪葬，项羽掘开秦始皇陵墓后得到太阿剑，请铸剑师将太阿剑重新冶炼，并一分为三，打造成了三把剑。也就是说，早在楚汉争霸时，太阿剑就没了。

如此可以断言，雷焕绝对是把赝品太阿剑像煞有介事地赠给了张华。

联想今天，无数奸商将新铸的铜器涂抹硫酸埋在土里，过上个把月再刨出来，充当古玩贩卖，这种事实在太稀疏平常。雷焕比今天的低端奸商高明之处在于，他给这事赋予神秘学和政治色彩。在这个故事里，雷焕以星象作为引子勾张华上道，不仅为自己赢得奇人异士的大名，更得到丰城县令的官位。他赠给张华一把赝品太阿剑，卖了张华一个很大的人情，自己又留下一把天知道是真是假的龙泉剑。经这么一炒作，无论龙泉剑是真是假，必定身价倍增。雷焕赚得是盆满钵满。

事后，有人对雷焕说："你得到两把宝剑，却只给了张华一把，这事能瞒得过去吗？"

雷焕答道："眼看本朝将有大乱。张华必身受其祸，无法幸免，都给他也是浪费。我留着这把龙泉剑，是打算日后悬挂在东汉名士徐稺的墓前做凭吊。"

不过，雷焕也就那么一说，他当然不舍得把龙泉剑挂在徐稺墓前。等雷焕死后，他的儿子继承了龙泉剑。后来，龙泉剑不慎落入水中，从此再无踪影。

再说张华得到太阿剑后爱不释手，整天挂在腰间。自然，他无从知道这把剑是赝品，但这完全不重要，因为这把剑象征着天意，为他将来能登上三公高位营造出充足的政治舆论。

元康年：火灾

元康五年（295），冬天的一个深夜，洛阳城被火光映得通红。

"着火啦！"众人叫喊着四散奔逃。

火灾发生在一个极重要的地点——武库。这里存放着皇城军队的武器、铠甲、军械和大批稀世珍宝。

中书监张华闻讯，大惊失色，他第一反应并不认为这是一场天灾，而是坚信又有政变发生。

“有政变！快！全军戒严！任何人不准乱动！”

驻守在武库旁边的卫将军郭彰（贾南风的舅舅）也是同样的想法。

“又有政变了！”

郭彰是个平庸的权贵，他迅速调集亲兵保护自己，以防不测。令人难以置信的一幕就这样上演了，京都所有军队严阵以待，守备本营，却任凭武库在大火中熊熊燃烧。这也难怪，朝廷官员刚刚经历过杨骏和司马玮两起政变，自然会有风声鹤唳、草木皆兵的反应。但事实上，这起大火纯粹是场天灾。

侍御史刘暾（直臣刘毅的儿子）匆匆跑到火场，眼前的景象让他惊呆了。郭彰在无数侍卫的簇拥中气定神闲，静静地看着火光冲天的武库，一动不动。

“郭大人！你还傻愣着干什么！赶快派人救火啊！”

“你懂什么！再乱喊，信不信我砍掉你的官帽！”

“你！你！”刘暾气得直哆嗦，“你恃宠作威作福，天子授我的官帽你也敢动吗？我要上疏弹劾你！”

旁边的公卿见状，纷纷劝和。

“刘大人息怒，郭大人也是奉命行事。”

伴随着争吵声，武库终于化为一堆瓦砾废墟了。因为张华的误判和郭彰的不作为，火灾损失极其惨重，在武库中存放的二百八十万件武器军械以及历代保存下来的珍宝，包括王莽的头颅、孔子的鞋、汉高祖刘邦的斩蛇剑等，全部被烧个精光。

事后，张华又犯了老毛病，或者可以说是故技重施。他言之凿凿：“就在武库着火的时候，我亲眼看到，汉高祖那把斩蛇剑伴随一道亮光，冲出屋顶，直升九霄云外。”

经张华这么一说，这场火灾就代表了天意。俗话说，天命难违，张华误判而没有救火的责任自然减轻了不少。

张华的儿子张韪劝道：“这场火灾恐是凶兆。您就不考虑辞官避祸吗？”

张华摸了摸腰间那把赝品太阿剑，脑海中又浮现出当年相面者的预言。他已经远离政坛很多年，如今好不容易才咸鱼翻生，他不舍得放下。最后，他叹了口气：“天道悠远，唯有修德应变。我还是以静制动，听凭天命吧！”

武库失火的翌年，张华终于等来了天命。他官拜司空，如愿以偿登上三公高位，同时仍兼任中书监。张华对贾南风的感激之情也越来越深了。不过，张华用这些伎俩经营仕途倒也无可厚非，毕竟，这位曾助司马炎统一天下的名臣，其才干在当时首屈一指，对政治环境也的确起到了相对积极的作用。

元康年：惊为天人

这段时间，朝廷在张华、裴頠、贾模三人的努力经营下勉强维持着平静。而洛阳城也像个自我治愈能力极强的生物一般，虽然经历了无数场政变，但只要风波一过去，凭借政治中心的独有魅力，立刻又恢复到往日的繁华。

这天，在洛阳城的主街聚了一大群人，人群中央堆了一捆干柴，干柴上拴着一只外形奇特的大鸟，有几个手持火把的侍卫站在柴堆旁边，不停推搡着往中间拥挤的好事者。人群外围没有挤进来的还不甘心，纷纷伸着脖子，踮起脚尖，往中间张望。

“那是什么鸟？长得真奇怪！”

“从没见过。”

绝大部分人都没见过这种鸟，不由得啧啧称奇。只有几个见多识广的人知道这是怎么回事。

“没见过吧！那是鸩鸟！”

“当真？鸩鸟只生活在长江以南，剧毒无比。律法严禁把鸩鸟带到江北，怎么会出现在京都？”

“听说它是石崇送给王恺（司马炎的舅舅）的礼物。傅祗把这事揭发出来，这不，朝廷要烧死这只鸩鸟呢！”

须臾，侍卫看看时辰已到，将火把投到干柴之上，随着一阵嘶鸣，鸩鸟被烧死了。

鸩鸟被广泛记载于古代史籍中，因其羽毛含有剧毒，故常用作暗杀神器。晋朝时因为考虑到鸩毒引发的恶劣的社会影响，明令禁止把鸩鸟带到长江以北。到了北宋，关于鸩鸟的记载日渐稀少，明清时已相当罕见。人们对鸩鸟的滥捕滥杀，最终导致这种可怜的生物灭绝了。

回过头来讲石崇，他在杨骏掌权时被赶出京都，外任荆州刺史。荆州纵跨长江南北两岸，石崇有幸从江南得到一只鸩鸟，将之赠给了王恺。二人虽经常斗富，但私交倒还不错。傅祗听说后上疏弹劾石崇。于是，这只无辜的鸟被烧成了灰，但石崇和王恺却没受到什么处罚。不过，朝廷考虑到石崇在荆州也没干什么好事，便宣召他入京担任大司农。石崇生性放纵不羁，他听说自己马上要回京了，没等诏书下达就擅离职守。因为这事，他遭到罢免。但朝廷其实只想吓唬吓唬他，没几天又起用石崇做了太仆。

石崇满载着他抢劫荆州富商积累的巨额财富，高高兴兴地回到京都。这一入京，他便敏锐地觉察出，政局跟自己离京时相比，已是天壤之别。

如今的天下是贾氏的了……

每天早朝后，石崇总是匆匆跑到皇宫的城门外等候，他知道，要不了多久，贾谧就会驾车而出。

石崇不住向皇宫中引颈张望，不消片刻，远处扬起一阵尘土，一辆豪华马车飞驰而来。石崇扑通跪拜在路边，等马车临近，他扯开嗓子高呼："恭迎贾大人！"

车里坐的正是贾谧。贾谧看到趴在地上的石崇，满意地点了点头。马车并没有停下，嗖地一下从石崇跟前掠过。

石崇依然五体投地，口中高呼："恭送贾大人！"

距离石崇不远处的路边，还有一个人做着跟石崇同样的事。

"恭迎贾大人！"

"恭送贾大人！"这人喊得比石崇还要响亮。

直到马车远去，二人才缓缓站起身。石崇侧眼一看，不禁笑了："安仁，怎么你也在呀？"

安仁，正是中国历史上著名的美男——潘岳的字。潘岳又名潘安，时四十多岁。石崇的爸爸石苞有人称"姣无双"的相貌，石崇长得也很帅，但跟潘岳比起来，绝对是土鸡见凤凰。潘岳一站起来，刚刚猥琐谄媚的样子顿时荡然无存，又恢复了平时玉树临风的神采，引得路人啧啧称奇。

“这长相，简直让人惊为天人！”

潘岳到底帅到什么程度？史书中记载了一则事。每当潘岳乘车外出，就连路边的老妪都被其相貌倾倒，纷纷往他车里抛递花果，一路下来，潘岳竟能满载着一车花果。

潘岳不只帅，还文采绝佳，学富五车。他二十岁的时候，正赶上司马炎初登帝位，他写了一篇赋为司马炎歌功颂德。可坏就坏在这篇赋，其辞藻过于华美，招致上司与同僚的嫉妒，竟让他十年中不得升迁。自然，这很可能只是冠冕堂皇的说法，潘岳仕途不畅，想必与他恶俗的品行不无关系。

潘岳三十岁时官任河阳县令，他在河阳县种满桃花，成为当地绝景，有“河阳一县花”之称。后来，他担任杨骏幕僚。杨骏覆灭后，潘岳本受牵连，但他有一个好友，正是司马玮的幕僚公孙宏，因为这层关系，他躲过一劫。司马玮死后，潘岳又阿附在贾谧门下。后世有好事者，说潘岳和贾南风玩暧昧。但事实上，潘岳虽然热衷名利、性格谄媚，但他对老婆的忠贞却是出了名的。潘岳和发妻杨氏在十二岁时订婚，后二人两地分居十七年，从未相辜负。潘岳二十九岁和杨氏团聚，相守二十三年后，杨氏病故。杨氏死后，潘岳为杨氏写了一篇情深意切、感人肺腑的悼亡词。潘岳终生不曾纳妾，杨氏死后也没再续弦，始终如一。“潘杨之好”这个成语，即是源于潘岳和杨氏这一段佳话。

石崇、潘岳这番不要脸的谄媚没白费工夫，很快，他们成为贾谧身边的红人。

元康年：金谷派对

这天，石崇盛情邀请贾谧去他新建的别墅做客。

“贾公，下臣自从荆州回来，就在洛阳城东北处不远建了一幢别墅，若您能赏光，必令蓬荜生辉。”

“好！”贾谧痛快地答应。他早知道石崇富可敌国，又在荆州发了横财，料想别墅肯定极尽奢华。可即便有这样的心理准备，当他亲临石崇别墅后，还是惊得瞠目结舌。

石崇的别墅建在洛阳城外的金谷涧，正是史上著名的金谷园。金谷园依山傍水，顺着高低山势，建造层层错落的亭台楼阁，山坡上也保留着天然石窟，供石崇和他的宾客在其中享受别样风情。园中种植各种奇花异草，林间飞鸟啼鸣，又有小溪潺潺，绕着楼台奔流不息，最后汇入园中的人工湖。湖水清澈荡漾，湖中荷花盛开，鲤鱼穿梭。这里绝对是人间仙境。这还不算什么，石崇又用从南方搜罗到的珍珠、玛瑙、琥珀、犀角、象牙等奇珍异宝将金谷园装扮得金碧辉煌，就算是皇宫，也达不到这样的档次。

《世说新语》中记载了一个小故事，足以说明金谷园的奢华。

一次，太子太保刘寔（预言邓艾、钟会必死于巴蜀之人）到金谷园做客。席间，他想去上个厕所，遂在侍者的指引下来到一间屋外。

刘寔迈步进屋，觉得不对劲。只见屋子中央有一张红纱大帐，地上铺着昂贵的毯子，旁边数名衣着华丽的美女手持甲煎粉、沉香汁等名贵香料侍立左右。见刘寔进来，美女们笑盈盈地拿起一件衣服，准备给刘寔更衣。

刘寔仓皇逃出，见到石崇，连声致歉："真是对不住，我刚刚误进了您的寝室。"

石崇大笑："什么寝室，那里就是厕所！您方便的时候会有人伺候您更衣。"

刘寔愕然："我实在受不起，还是憋着好了。"

石崇豪奢，但绝非土豪，他颇富文采，著有《金谷诗序》，在文学史上地位极高。五十年后，"书圣"王羲之也写了一篇《兰亭集序》，时人评价能与《金谷诗序》媲美，这话让王羲之听得相当受用。

金谷园很快就成为石崇邀朋聚友之地，渐渐地，这里形成了一个以石崇、潘岳为首，总共二十四人的小团体，史称"金谷二十四友"。"金谷二十四友"多是当世文人才子、社会名流，他们在文学史上很有分量，又以名士身姿引领着时代的潮流，同时，他们也散发着强烈的市侩气。他们的政治立场，全部是阿附贾谧，乃是贾氏势力的延伸和扩张。诚然，贾氏一族代表着黑恶势力，但我们也没必要以这种单纯的立场来定义这"金谷二十四友"。在他们当中，有很多人积极推动着政治往良性方向发展。下面，我们从"金谷二十四友"中挑选几位在政坛上颇具影响力的人讲讲。

首先说陆机、陆云二兄弟。三国时期的吴国，江东吴郡最具重量级的"吴郡四姓”中的陆氏家族，虽然在最后的名将陆抗和名臣陆凯死后有所没落，但依然保留着先代的荣耀。陆抗的两个儿子——陆晏、陆景都在伐吴战役中被王濬所杀。而他另外两个儿子——陆机和陆云则活了下来。二人在吴国灭亡后深居简出，潜心学术，过起了隐居生活。

出身江东豪族的周处，年轻时曾为非作歹，祸害乡里，有过一段不光彩的历史。后来，周处对自己的前半生有了悔意，便找到陆云坦露心迹：“我想弥补以往的过错，可年纪大了，恐怕来不及了。”

陆云开导他说：“古人云‘朝闻道，夕死可矣’，周君既然有此志向，自然前程光明，完全无须忧虑名声不彰。”

陆云这番鼓励令周处痛改前非，终成为一个刚正不阿的直臣。周处是吴国名臣周鲂的儿子，他拜访陆云时已年近半百，而陆云才二十来岁，由此可见陆氏家族在江东的地位。

公元 289 年（司马炎驾崩前一年），陆氏兄弟在隐遁九年后前往洛阳，决定出仕晋朝。当陆机北渡长江时不幸被一群盗贼劫持。命悬一线之际，他望见岸边的盗贼头领器宇不凡，正有条不紊地指挥着下属抢劫。陆机被盗贼头领深深吸引，不顾身旁挟持他的盗贼，径自朝岸上高呼：“君有如此才略，怎能甘于沦为强盗？”

一句话惊醒了梦中人。盗贼头领瞬间大彻大悟，从此与陆机结为莫逆之交，并跟随陆机来到洛阳。这位放下屠刀立地成佛的人，名叫戴渊，后来成为东晋开国名臣，后文还有故事。

陆机、陆云并称“二陆”。太康年间，陆氏兄弟又被称为“太康之英”。“二陆”刚来到洛阳时，自恃是江东名士，心高气傲，对京都名士爱搭不理，只有张华才勉强能入他们的法眼。某日，陆机前去拜访张华。

张华问陆机道：“怎么只有你一个人来啦？你弟弟陆云呢？”

陆机回答：“我弟弟生性爱笑，怕大人见怪，所以没来。”

“爱笑有什么打紧？”

“大人您不知道，陆云笑起来可是不分场合。之前，我家中有人亡故，陆云穿着一身丧服坐在船头，赶巧，他看到水中自己的倒影，看着看着，突然前仰后合，狂笑不止，最后落到水里，差点被淹死。”

用今天的话说，陆云就是笑点极低。张华听了，反而更加好奇：“无妨无妨，你去叫他一起来吧。”

翌日，陆机和陆云兄弟齐去拜访张华。张华向来注重仪容，习惯以丝绸包裹胡须。陆云一见张华这副打扮，果然笑得不能自抑。

张华倒也不介意，他和陆机、陆云相谈一番后，感慨道：“我现在可算知道讨伐吴国最大的收获了，就是得到了‘二陆’两个俊士啊！”

“二陆”有多篇文辞诗赋流传于后世，最著名的是陆机的《平复帖》。该帖以草隶书撰写，笔意婉转，风格平淡质朴，是现存最早的名家法帖，有“法帖之祖”的美誉，被现代艺术界评为九大镇国之宝之一。

关于陆机，还有件趣闻。

陆机久居洛阳，思乡心切，便对自己的爱犬黄耳说：“好久没有家乡的音信了，黄耳黄耳，你还认得家不？能不能帮我传递封书信？”

黄耳一边听，一边摇起尾巴，脑袋侧歪，耳朵一纵一纵，甚是可爱。

陆机也觉得有趣，遂抱着试一试的心态将家书塞在竹筒里，挂在黄耳的脖子上，并指着南方，重复说道：“江东吴郡，家。”旋即，黄耳一溜烟跑出府外，一路往南飞奔而去。

几个月后，黄耳居然真的带着吴郡家中的回信返回洛阳陆机身边。陆机大喜过望，从此后时常委托黄耳传达家书。自然，从洛阳到吴郡要跨越长江，黄耳纵然识途，也不可能游过长江去。假设这事属实，黄耳一路上肯定是得到很多好心人的帮助，偶遇黄耳的路人想是看到陆机的家书，便帮黄耳乘船渡过了长江。从黄耳的逸事，也能窥见当时的社会风气，人们对名士的好感以及成人之美的品德。

“金谷二十四友”中除“二陆”之外，还有两兄弟名叫刘舆、刘琨。刘氏兄弟是东汉中山靖王之后，跟蜀汉开国皇帝刘备同宗，刘舆、刘琨的母亲是郭氏，乃是贾南风的姨母。两兄弟受过石崇救命之恩。

一天夜里，石崇得到一个消息——刘舆、刘琨兄弟去了王恺家留宿。

“糟糕！”石崇登时不安起来。原来，他知道王恺跟刘氏兄弟有过节，可刘氏兄弟一直茫然不悟。“恐怕刘氏兄弟凶多吉少了……快！备车！去王恺家救人！”

这个时候，刘氏兄弟已被王恺灌得酩酊大醉，王恺命人在后院挖好了一个大坑，打算将二人活埋。

石崇及时赶到王恺家门外，使劲拍打着大门。

“王恺！快出来。”

王恺打开府门，见是石崇，心知不妙：“这么晚了，你来我这儿干吗？”

“我来接刘舆、刘琨回家！”

“他们没在我这儿！”王恺想糊弄过去。

可石崇不依不饶，一把推开王恺，闯进后院，找到了烂醉如泥的刘氏兄弟。他瞪了王恺一眼，架起刘氏兄弟便往外走。王恺没法阻拦，只能看着到手的鸭子就这样飞了。

刘舆和刘琨上了石崇的车，车子一路狂奔。凉风渐渐吹醒了他们的酒劲。

“石君？我们怎么在你车上？这是在哪儿？”

“哼！若是我来晚一步，你们就被王恺活埋了！”

刘舆、刘琨听罢，酒意全无，惊出一身冷汗，一个劲儿地向石崇道谢。

“不用谢了。你们还年轻，不知道世态险恶，以后千万注意，可别再随便留宿别人家里！”

刘舆、刘琨拼命点着头，对石崇千恩万谢。补充一句，这位刘琨，此时仅是一介热衷享乐的纨绔子弟，但多年以后，他最终成长为一个顶天立地的杰出栋梁，后面还会讲到他的故事。

石崇的外甥欧阳建也是“金谷二十四友”之一。他历任尚书郎、冯翊太守，声誉很不错。而且他是著名玄学家，他的哲学理论与何晏相比，更具唯物主义色彩。

另外，贾南风的舅舅郭彰也是“金谷二十四友”之一。这位贵戚几乎没有任何事迹载于史册，在洛阳武库火灾之后不久便病逝了。

石崇、潘岳、陆机、陆云、刘舆、刘琨、欧阳建等人，未来都会卷入西晋末年的纷争中，关于他们的结局也都会一一讲述。不过眼下，元康年间，以这些人为核心的“金谷二十四友”则尽情享受着快乐的生活。他们的利益，也都与贾氏一族牢牢捆绑在了一起。

元康年：内忧外患

西晋帝国的心脏——京都洛阳在经历了这几场血腥政变之后，很快又恢复了往日的平静，甚至延续着“太康盛世”的繁华，然而，在京都之外的其他地方却满目疮痍。从元康二年（292）开始，全国各地饥荒、瘟疫、洪灾、旱灾就没有间断过。元康年间，朝廷颁布过一封诏书，饥荒导致的贩卖人口的行为正式宣布合法化。这很能说明当时的恶劣状况。

讲完朝廷里的政局，我们再来看看朝廷之外发生了什么事。

元康四年（294）夏，北方匈奴开始侵扰并州（位于司隶州的北方，离京畿地区相当近）。到了元康六年（296），西部的氐族人和羌族人也跟着举起反叛的旗帜。匈奴人几百年来已经养成习惯，只要觉察到朝廷弱势就趁火打劫，这本不奇怪，可雍凉的氐羌叛乱，则很大程度上是被地方官逼的。

直接造成氐羌叛乱的罪魁祸首，便是司马昭的弟弟，司马衷的叔祖，时任雍凉都督的赵王司马伦。

司马炎临终前，在宗室长辈中苦苦寻觅可托孤的人选。司马伦这个名字也一度出现在他的脑海中。然而，这位长辈除了干过偷窃御宝的勾当外，实在找不出值得一提的事能勾起司马炎的好感。最后，司马炎才选定司马亮托孤。但再怎么说，司马伦也算和皇室关系最近的长辈。于是，司马玮伏诛后，贾南风出于安抚藩王这一目的，让司马伦做了雍凉都督。

不难想象，一个骨子里透着贼性的人自然干不出什么好事。司马伦上任后频施恶政，很快就把当地的氐人、羌人逼得揭竿而起。不过，若说单凭司马伦有这么大能耐，实在是有点抬举他。实际上，司马伦能掀起大风大浪，全赖他手下的狗头军师孙秀（与前文提到的吴国宗室孙秀同名不同人）推波助澜。司马伦对孙秀言听计从。

鉴于此，雍州刺史解系、御史中丞解结（解系的弟弟）、冯翊太守欧阳建（“金谷二十四友”之一，石崇外甥）纷纷上表弹劾司马伦和孙秀。

纵使司马伦受到正直官员的弹劾，但他到底是皇室至亲，无论再大的过错也没法判刑，解氏兄弟和欧阳建唯有希望朝廷能诛杀孙秀，给氐、羌一个交代。朝廷不能眼看着司马伦祸害边境，遂下诏征司马伦入朝，并委派司马肜接替司马伦担任雍凉都督。

司马肜是司马伦的哥哥，同样是皇室至亲。

就在司马肜临去雍州前，张华对他千叮咛万嘱咐："您去了雍州，一定要杀掉孙秀，否则这事可不好收场。"

"张大人放心，我一定会杀了孙秀！"

司马肜满口答应下来。但别忘了，他有个毛病，耳根子软，早年还被个骗子给忽悠得云里雾里。等司马肜到了雍州后，经不住孙秀党羽一通软磨硬泡，最后还是放了孙秀一条生路。孙秀安然无恙地跟着主子司马伦进了京城。司马伦没白养孙秀，他在孙秀的建议下，迅速和贾南风、贾谧、郭彰拉近关系。有了贾南风这个靠山，司马伦更得寸进尺，而孙秀自恃有司马伦罩着，再没人敢动他一根汗毛。

朝廷里冒出这么个大毒瘤，可让张华、裴頠操碎了心。元康年间，司马伦先后提出想任录尚书事、做尚书令，两度被张华、裴頠否决。

因为这事，司马伦对张华、裴頠怀恨在心。

放下没脸没皮的赵王司马伦不提，再说他留在雍州的那一堆烂摊子。

新任雍凉都督——梁王司马肜也好不到哪儿去。

一次，司马肜指着自己浑身打满补丁的衣服，跟幕僚显摆："你看我，算不算清廉？"其实，司马肜的食邑在诸藩王中最高，绝对算得上富可敌国，他穿破衣烂衫只为作秀。

幕僚毫不客气地说："您是藩王，又是重臣，应该想着举荐贤才，为国分忧，只做这种表面文章算什么本事！"

司马肜入驻雍州没多久，氐族部落首领齐万年便正式称帝，率领氐、羌两族大举向官军发起进攻。朝廷也意识到，以司马肜的能力要想平息这起叛乱绝对是痴心妄想。公卿纷纷举荐御史中丞周处前往雍州对抗齐万年。周处即是前文提到的那个年轻时为非作歹，中年时听了陆云一席话痛改前非的江东人。虽然周处文武全才，相当靠谱，但那些举荐周处的公卿却是个个没安好心。原来，周处性格耿直，曾弹劾过很多人，其中就包括镇守雍州的司马彤和夏侯骏两位贵戚。由此，这场发生在雍州的氐、羌叛乱，成了朝廷公卿打击异己的良机。

中书令陈準看出苗头不对，上奏道："周处以前得罪过梁王和夏侯骏。臣建议让孟观跟周处同去雍州，并让孟观率五万人当周处的前锋，如此方能克敌制胜。否则，梁王和夏侯骏一定会把周处推到险境，然后袖手旁观。"陈準是颍川陈氏族人，他是魏朝名臣陈群的孙子，是陈泰的侄子。

陈準希望让孟观为周处保驾护航。可是，有太多人希望看周处倒霉，最终，朝廷还是没有听从陈準的谏言。周处被派往雍州，隶属于夏侯骏麾下。

元康七年（297），齐万年率七万氐、羌叛军屯兵梁山，司马彤和夏侯骏只拨给周处五千人，让他迎战齐万年的七万大军。前面讲过，夏侯骏在司马炎排斥司马攸时，力保太常寺七位博士，但此时，他和司马彤狼狈为奸，誓要将周处置于死地。

果不其然，周处临阵战死。

第二年，中书监张华和中书令陈準提议让孟观支援雍州，朝廷同意。这次，朝廷不仅没再让孟观隶属于司马彤和夏侯骏麾下，更是授予他极大的权力——统领大批朝廷中央军和关中驻军抗敌。终于，在元康九年（299），孟观大获全胜，生擒齐万年。孟观和周处都武略出众，但二人境遇不同，只因为孟观曾协助贾南风剿灭了杨骏，是贾南风的亲信，所以得到了朝廷的支持。战后，朝廷将司马彤召回京都，让他任录尚书事，又让司马颙（yóng）（司马孚的孙子，司马衷的堂叔）接替司马彤镇守关中。困扰西部三年的氐、羌叛乱总算是平息了。

崖边太子

元康年就在骄奢淫逸的贾南风、为虎作伥的贾谧、鄙视"俗务"的王衍、崇尚享乐的"金谷二十四友"以及不要脸的司马伦和司马彤这些人的折腾下，一路走来。还能勉强一路走来，则全赖张华、裴頠、贾模三人的竭力支撑，不过，这三人仅仅是在自身利益和道义之间尽可能寻求一个平衡点，而且这平衡点也无疑是更向自身利益方面倾斜的。由此，当然没法指望张华、裴頠、贾模能做出推倒重来、逆转乾坤的壮举。倘若一直这样下去倒也没什么，然而，在朝廷里还存在着另一股微妙的势力，这股势力和贾南风形成了针锋相对的冲突，终将成为大厦崩塌的导火索。

这股势力深居在皇宫的东宫，正是太子司马遹（yù）。司马遹对自己的未来，以及皇室的未来一无所知，就算知道了他也不会甘心，就算不甘心他也无能为力，说白了，他是一位可悲的太子。

司马遹十二岁前跟着生母谢玖和司马炎长大，幼年时期的口碑颇佳。在他五岁时，一天夜晚，皇宫中失火。司马炎登高观察火势。司马遹紧靠在司马炎身边，使劲拽着司马炎的衣服往后撤。

“皇爷爷，别站在那儿。”

“怎么啦？”司马炎不解地问道。

司马遹一本正经地说：“夜晚火灾保不准有政变，不能让火光照到陛下，您要站在暗处。”

司马炎惊诧：“你这孩子将来必是个奇才啊！”

还有一次，司马遹跟司马炎参观猪圈时提议：“猪这么肥，我想杀了犒赏将士。”

“好！好！就听你的！”司马炎自豪地对旁边的傅祗说，“我这皇孙今后一定能兴旺社稷！”

自此，司马炎开始有意塑造司马遹的光辉形象。他常对大臣说：“司马遹长得跟宣皇帝（司马懿）神似！”

司马遹十二岁时在杨骏的奏请下当上了太子。想当初，谢玖怀孕后逃出东宫，这才揪出贾南风草菅人命的恶心事，把司马炎气得暴跳如雷。不难想象，贾南风对司马遹母子一点好感都没有。

后来杨骏死了，贾南风禁止司马遹和谢玖相见。

“我想见我母亲！”司马遹泪眼汪汪地向贾南风请示。

“你是太子，应该待在东宫。你母亲是嫔妃，住在西宫，不能随便乱走坏了规矩！”

从此以后，司马遹很难见到母亲一面，他在贾南风的管束下成长起来。

十几岁的孩子喜欢玩闹，司马遹也不例外。

内宫宦官向贾南风禀报：“太子最近越来越贪玩，总是不尊重师长。”

“你就跟他说，趁着年轻应该好好玩，没必要约束自己。”

宦官又向贾南风禀报：“太子最近脾气越来越坏。”

“好啊，你告诉他，当太子的就该懂得用严刑峻法让别人畏惧。”

可想而知，司马遹在这样的教育下会变成什么样。渐渐地，他养成了诸多令人咋舌的怪癖。譬如，他在东宫开集市卖肉菜米面；喜欢让属下乘马车疾驰，然后弄断缰绳，看着人仰马翻笑得前仰后合；他脾气暴躁，对惹恼自己的人直接拳脚相加；他还有个奇怪的忌讳，只要看到有人破土动瓦修房子心里就烦躁。

司马遹每月有五十万钱俸禄，还经常入不敷出。他的名声也像他的财富信用额度一样不断透支、消耗着。

太子幕僚杜锡（伐吴功臣杜预的儿子）知道贾南风存心要搞臭司马遹的名声，他多次劝司马遹说：“您该注意自己的言行举止，不能总这么张扬跋扈，这是自取祸患！”

司马遹很不耐烦，偷偷在杜锡座位下藏了针。杜锡没发觉，一屁股坐下，疼得上蹿下跳。

一言以蔽之，司马遹十二岁以后仿佛像变了个人似的。对他的评价也以十二岁作为一个转折点，形成了两个截然相反的极端。至于司马遹到底是在贾南风的破坏性教育下发生了心理畸变，还是他始终没有变，仅仅由于贾南风不可告人的目的，其形象被刻意摧毁了呢？皆有可能。

早晚有一天要废了你！贾南风每次见到司马遹，心里都会冒出这样的想法，而司马遹的名声急转直下，正是贾南风这一计划的铺垫。可是别忘了，贾南风并没有亲生儿子，她即便废了司马遹，还能立谁呢？贾南风决定找个孩子冒充自己的孩子，最后，她选定了妹妹贾午的幼子，也就是自己的外甥韩慰祖（贾谧的幼弟）。

某日，贾南风在朝堂上突然宣布自己有个儿子。说罢，她把韩慰祖拉了出来。

群臣哗然。

“这孩子看着像五六岁模样，恕臣等冒昧问一句，您是什么时候怀的他？”

“我怀他的时候不巧赶上先皇驾崩，考虑到恰逢国丧期间，所以才没公布。”

光天化日，朗朗乾坤，贾南风竟编出这样荒诞的故事，然而，没有一个人敢捅破这层窗户纸。这无疑令司马遹的处境变得更加危险。侍中裴頠虽说是贾南风表亲，不便公然拆她的台，但也受不了她这么胡折腾。裴頠思来想去，遂奏请将谢玖由才人晋升为淑妃，又扩充东宫侍卫三千人，加上原有的，总共一万人，希望借此能保护司马遹。

贾南风找外甥冒充儿子这事办得实在太离谱了。满朝公卿嘴上不说，心里其实都很不爽，最后，大家谁都不再提这事，权当什么都没发生过，以缄默不合作的态度对抗。可是，不管公卿承不承认贾南风的这个假儿子，贾南风要废司马遹的心不会变。而深受贾南风宠爱的贾谧心知司马遹的太子之位肯定坐不稳，对司马遹的态度也越来越嚣张跋扈。

一次，贾谧与司马遹下棋，为了一个棋子咋咋呼呼。

旁边观棋的成都王司马颖（司马炎第十六子）看不下去了：“贾谧！不得跟太子无礼！”

贾谧气呼呼地甩袖而走，转脸就跟贾南风告了黑状。没几天，贾南风就下诏把司马颖赶出朝廷，派到了邺城。不久，司马颖在邺城拥有了不小的势力。在后面的故事里，他还会占据重要分量。

司马遹虽然荒诞不经，人却不笨。他察觉到贾南风的企图，心里越来越怕。可是，他爸爸司马衷是个傻子，根本指望不上。于是，他只能向贾南风的母亲郭槐寻求帮助。

趁着郭槐生病的机会，司马遹寸步不离地伺候郭槐，这件事赢得了郭槐的好感。郭槐提出想把外孙女，也就是贾午的女儿，嫁给司马遹当太子妃。但这事遭到贾南风和贾午的反对。贾南风根本就不想跟司马遹缓和关系，一心只想废掉他。为了不让母亲再瞎掺和，她决定把王衍的女儿许配给司马遹。

王衍有两个女儿，大女儿王景风长得比小女儿王惠风漂亮。

司马遹和贾谧都看上了王景风。不言而喻，贾南风偏袒贾谧，她让贾谧娶了漂亮的王景风，司马遹只好娶了姿色平庸的王惠风。二人矛盾加深。

这天，贾谧来到东宫拜见司马遹。

司马遹愤愤道：“让他回去，我不见他！”

太子僚属裴权劝说：“贾谧深受皇后宠爱，您就忍忍吧。”

“我已经对他一忍再忍了！说不见就不见！”

贾谧吃了闭门羹，回去后就对贾南风言道：“太子最近积蓄私财，广施恩信，为的是想对抗我们。我还听他私底下说，要把皇后您囚禁在金墉城，然后尽诛贾氏一族。还是赶紧废了他吧！”

史书中写道，因为贾谧的谗言，贾南风决定废了司马遹，但实际上，贾谧充其量只是起到催化作用。而贾南风要废司马遹的想法恐怕完全缘于不理性的个人好恶。

枭之城

这天，裴頠忧心忡忡地找到张华和贾模，三人关起门来进行了一番密议。

“皇后一心想废掉太子，照这么下去，肯定会出乱子。”裴頠注视着张华和贾模，踌躇良久道“为今之计，只有废了皇后！”

张华听罢，心里咯噔一下，他什么都没敢说，直勾勾瞅着贾模。

贾模算是贾氏一族中最明白事理的人，他也觉得贾南风这么闹下去迟早捅娄子：“我同意裴頠的话。”说罢，又看向张华，等着他表态。

张华吓呆了。三人中，裴頠和贾模都是贾南风的亲戚，唯有他自己是个外人，这让他怎么插嘴？难不成，这是贾南风、裴頠、贾模联手给自己下的一个套？不行！这件事绝不能出头。想到这里，他谨慎地说：“也没看出陛下有废皇后的意思，倘若我们擅自为之，忤了陛下心意可怎么办？况且，诸藩王拥兵自重，朝中朋党林立，搞不好还会再生变故。万一功败垂成，我们身败名裂不说，也无益于社稷安定啊！眼下，只有靠你们多费心劝劝皇后，只要不出大事，朝廷未必会乱，我们也能落得个善终。”

裴頠和贾模无比失望，二人对视了一眼，彼此使了个眼色：“既然如此，权当这话没说过吧。希望大家都不要泄露出去，否则对谁都不好。”

三人散伙。

等到张华走后，裴頠和贾模又凑到了一块儿。

“张华胆子太小，也别勉强他了。咱们继续搞！”

“说得是。但废皇后不是件容易事，咱们得找外援。”贾模和裴頠都是侍中，手无兵权，要发动政变必须得到皇宫禁军的支持才行。

裴頠左思右想：“王衍如何？”此时王衍官拜中领军，手握皇宫内禁军兵权，的确是个合适的人选。

贾模点头同意。

随即，二人劝说王衍帮忙。王衍听罢，支支吾吾答应下来，心里却吓得要死。让自己清谈没问题，但要说发动政变，怎么想自己都不是这块料。果不其然，第二天他就变卦了。

最终，裴頠和贾模大义灭亲的计划只能搁浅。不过，他们仍然希望能保住司马遹。

贾模提议：“目前唯一能保住太子的就是广城君（郭槐）了，这些日子你多去跟她老人家商量商量，我再去劝劝皇后。”

不幸的是，没过多久，郭槐就去世了，她临死前叮嘱贾南风道：“贾午和赵粲（司马炎的嫔妃，贾南风亲信）一定会祸乱你的家事，我死后，你可别再受她们蛊惑了。”

郭槐，这位本性刻薄恶毒的女人，晚年却充当起司马遹最大的保护伞，是唯一能制约贾南风的人。随着她的死，贾南风再没有任何顾忌。另一边，贾模也因为三番五次劝谏贾南风而备受冷落。贾模预感自身难保，心里又怕又气，忧愤成疾，于公元 299 年郁郁而终。

贾模死后，贾南风让裴頠担任门下省首席侍中。裴頠上表辞让，但经不住贾南风一通软磨硬泡，最后无奈接受。

有明白人跟裴頠说：“您若想尽忠，就该对皇后知无不言，言无不尽，若皇后不听，索性辞官隐遁。可您既想明哲保身，又不肯逊位，摆出一副辞让的架势有什么用呢？”

裴颜一不敢直谏，二不想辞官，只是硬着头皮在这个位置上待着。

另外，阎缵也劝张华辞官避祸。张华同样割舍不下仕途。

有段时间，张华想聘请韦忠做幕僚。韦忠称病不去。有人问他为什么。韦忠说："张华华而不实，裴颜贪权无厌，二人舍弃道义，阿附皇后，这岂是大丈夫所为？我现在要是当了张华的幕僚，就好比身陷万劫不复之地，将来必受牵连。"

就在贾南风企图废太子一事闹得人尽皆知的时候，张华的故吏——如今是司马遹的亲信——手握东宫三千禁军兵权的左卫，率刘卞找到了张华。

刘卞开门见山地问道："听说皇后想废了太子，这事您知不知道？"

"我没听说。"

张华当然听说过，而且心里比谁都清楚。

刘卞察觉到张华对自己有所保留，心下不悦道："我原是一名小吏，多亏您提携才有今天，我感激您的知遇之恩，所以才对您知无不言，言无不尽。没想到您反而怀疑我。"

张华反问："假定有这回事，你打算怎么办？"

"东宫多忠义之士，且有一万多禁军，您位居宰辅重任，只要您一声号令，我即刻发动政变，废掉皇后！"

又有人想废皇后了，这种事张华听得耳朵都起了茧子。这些年来，张华总是回忆起他昔日力主伐吴平定天下的辉煌，可这辉煌没能维持多久，他便因为在太子党和齐王党中站错队被司马炎罢黜。仕途的暗淡让他心灰意懒，也磨平了他的棱角。而让他始料未及的是，他居然得益于贾南风的提携，成为朝中数一数二的重臣。虽然贾南风品行败坏，终归是对自己有再造之恩。张华不敢也不愿做出对贾南风不利的事。这复杂感情和他内心的道义形成了巨大的矛盾，让他备感纠结。

面对刘卞的提议，他推脱说："陛下又没授命我废皇后，如果我这么干，岂不是目无主君，以不忠示天下？就算成功也不能免罪。更何况朝中皇室、外戚各持权柄，哪有那么容易成功的？"

刘卞愤然离去。

待刘卞走后，张华心里七上八下。东宫有这种人迟早会生出事端，这事瞒不住啊……张华一方面出于恐惧，一方面出于对贾南风的好意，最终竟然把刘卞的密谋向贾南风和盘托出。

几天后，贾南风免除刘卞东宫左卫率的官职，外调雍州刺史。刘卞察觉事情泄露，服毒自杀。

史书中并没有明言是张华告密。然而，为《资治通鉴》作注解的宋元史学界胡三省对此有过分析：张华与刘卞的对话唯天知地知，若张华不说，贾南风怎么可能知晓？而且，如果贾南风真是通过其他渠道听闻此事，以她的狠辣手腕，又怎么可能只处置刘卞，却对张华不闻不问？想来，张华若没有告密，是绝不可能安然无恙的。

皇宫处于权力旋涡的核心，想废贾南风的人多如牛毛，不过，这里面真真假假、尔虞我诈，很多事根本说不清楚。

一天，中护军赵浚悄悄对司马遹说："皇后想废您之心天下皆知，如果再不行动，恐怕就来不及了。东宫有一万禁军，臣手下也有数千禁军，臣愿助您发动政变，联手废了皇后！"

司马遹瞪着赵浚，心里打了个激灵。

赵浚是赵粲（司马炎的嫔妃）的叔父，而赵粲可是贾南风的死党啊。自杨骏倒台后，赵浚担任中护军，他是贾南风掌权后的既得利益者，废贾南风对他有什么好处？难不成赵浚是贾南风派来试探、陷害自己的？

"你这说的是什么话！我岂能干出这种大逆不道的事！退下！"

司马遹将赵浚打发走了。

史书认为司马遹没有把握住机会，以遗憾的口吻记下了这件事。然而，司马遹很可能是做出了正确的判断。因为在后面，赵浚被明确定义为贾南风私党。皇宫中，诸如此类的陷阱可以说无处不在。

毒 酒

到公元 300 年，元康年已走到第十个年头。这年 1 月，太子司马遹的心情既悲伤又低落。原来，他的长子司马虨突发重病，性命危在旦夕。司马遹一面让巫师祈福，一面上表请求给长子封个爵位。

奏表传到司马衷手里，令这位皇帝有些为难。他有心成全却做不了主，只好一如既往地请示贾南风：“皇孙病重着实可怜，你看要不要答应太子？”

“不准！”

“好、好，听你的。”

这事原本过去了，但贾南风却动了念头：司马遹在东宫装神弄鬼不说，还提出这种出格的要求，何不趁机废了他？

于是，贾南风以皇帝的名义派人去请司马遹。

“陛下对你甚是挂念，命你去中宫觐见。”

司马遹认出这名近侍并不是司马衷的，而是贾南风的。他有种不祥的预感，遂推诿道：“请你代禀父皇，司马虨病情太重，恕我走不开，改日一定去。”

贾南风又接二连三地派人去叫，次次都被司马遹搪塞过去。

这小子真难请啊！

到2月5日傍晚，贾南风再也忍不住了，她写了一封正式书函发给司马遹：“陛下召见你，到底来是不来？”

司马遹无奈回禀道：“时已黄昏，我明日一早一定去。”

次日清晨，司马遹迫不得已前往中宫觐见司马衷。

司马衷看着自己的儿子，呵呵傻笑：“你来啦。”

“父皇恕罪，儿臣最近心中悲痛，所以来迟。敢问父皇召唤儿臣有何事？”

“啊？没什么事啊……”

“啊？”

“哦，是皇后想见你……”

司马遹对父亲这副浑浑噩噩的神情早习以为常：“那儿臣这就去向皇后请安。”

“好、好，去吧。”

司马遹辞别了司马衷，又来到贾南风的寝宫。可寝宫里没有贾南风的身影，只有侍女陈舞候在此。

“陈舞，皇后在哪儿？”

“你等着，皇后一会儿就来。”

言讫，陈舞径自走出寝宫，把司马遹一个人晾在了这里。

少顷，陈舞端着一坛酒和一盘枣走了进来："这是昨天陛下打算赏赐给你的枣和酒，赶紧吃了吧！"

"皇后呢？"司马遹却不动。他不知道，贾南风并不想在这个时候直接面对自己。

陈舞催促道："先别问东问西的，你怎么还不喝？"

"酒有几升？"

"三升。"

"恕我实在没有三升的酒量！"

此时，贾南风就躲在寝宫门外，她听到司马遹推三阻四，忍不住厉声呵斥："你以前也喝过酒，今天怎么就不能喝了？陛下赐你酒是一番好意，这酒是为你儿子祈福的。"

原来皇后就在门口。司马遹马上跪倒在寝宫内，大声回答："之前喝酒是在陛下朝会上，我不敢推辞，故小酌几杯。我实在喝不下三升酒。况且我到现在粒米未进，喝太多酒，一会儿见到您，怕有失礼仪。"

陈舞板起脸道："你真是不孝！陛下赐你的酒都不喝，难道是担心酒里有毒吗？"

司马遹听到这话，没法辩驳，只得硬着头皮端起酒坛，咕咚咕咚喝了下去。他喝到两升已是面红耳赤，忍不住放下酒坛，连连哀求："真的喝不下了，还剩一升，能否容我带回东宫再喝？"

"不行！陛下命你马上就喝光！"

司马遹只能强忍着喝完。

三升酒下肚，司马遹头晕目眩，面前的陈舞渐渐变得模糊不清，没多会儿就醉得不省人事了。这酒……酒……到底有没有毒？他没有想到，酒虽然没下毒，却比最毒的毒药还要厉害。

陈舞推了推司马遹，见全无反应，遂跑出寝宫向贾南风禀报："皇后，太子醉了。"

"嗯，我看看……"贾南风这才缓缓走了进来。她旁边还跟着一名侍女，手中捧着笔墨纸砚。

“太子！快醒醒！醒醒！皇后来了！”陈舞猛烈地摇晃着司马遹。

“啊……皇后……”司马遹只感觉天旋地转，勉强半睁开双眼。

“陛下让你照着这封文书抄写一遍。快写！”

侍女将一张写满字的纸铺在司马遹面前，然后又将蘸饱墨的笔和白纸递给了司马遹。

“哦……”

司马遹根本不记得自己是怎么拿起笔，又是怎么写下来的。

写毕，他把笔一扔，当即又昏睡过去。

贾南风让司马遹抄写的这封文书，内容是：“陛下与皇后应自己了断，否则，别怪我亲自动手。上苍命我扫除祸害，我与母后谢淑妃在三辰下歃血为誓，约定日期发动政变，事成后继承帝位，立司马彪为太子，立太子妃王惠风为皇后。以三牲祭祀天地，大赦天下！”司马遹因为是在神志不清中执笔，故涂涂改改，字迹不清，不过勉强还是能看出大概意思。

这封文书的原件，《晋书》中记载是潘岳所写，但这说法可信度并不高。首先，在两晋南北朝的众多史料中完全不见这一记载，而《晋书》则是在三百年后的唐朝才编撰出来的。其次，此事之后，潘岳并未因此扯上干系。再有，这封文书言辞直白平淡，特意让文采极佳的潘岳起草实在是多此一举。

贾南风看毕，满意地点了点头。然后将文书拿给司马衷看。

“啊！这……这……”即便如司马衷这样迟钝的神经也不由得震惊了，“这真是太子写的？太子要杀朕？为、为什么？”

“的的确确是太子写的！请陛下即刻召集群臣商议此事！”

“快！召集群臣！”

无力的抗争

当天下午，公卿朝臣齐聚式乾殿。

众人面面相觑，贾南风率先发话：“今天召诸位大人来，是因为宫里出了件大事。”说着，她朝宦官董猛招了招手，“你们自己看吧！”

董猛将太子抄写的文书交给群臣传阅。顷刻间，式乾殿一片哗然。随即，董猛掏出一封诏书，高声念诵：“太子写下这番大逆不道的话，按律应赐死！”

司马遹的岳丈——中领军、尚书令王衍差点吓瘫在地上。他没想怎么把这乌龙事件查个水落石出，却只盘算着如何才能全身而退。

“臣……臣……”王衍正要表明自己的立场，突然被一位同僚打断了。

“慢着！”首席侍中裴頠从人群中站出来言道，“这一定不是太子写的！臣斗胆请辨认字迹！”

这话也只有身为贾南风表亲的裴頠才敢说出口。公卿见裴頠发话，纷纷跟从着嚷嚷：“是啊！需要辨认字迹！”王衍本来想表态支持贾南风，听到裴頠和同僚的话又缩了回去。

“辨认字迹，好！”贾南风胸有成竹，向董猛点了下头。董猛遂拿出几份司马遹以往写的文章交给公卿对照。

众人仔细辨认笔迹，神情逐渐由原先的希望变成了失望。这封政变宣言字迹虽潦草，但的确是出自司马遹之手。

裴頠暗想：太子写出这样的话，若非神志不清，就是被人胁迫。可这仅仅是裴頠的臆断。他无从证实。话说回来，即便证实了，难道要指责是贾南风逼司马遹谋反？这还怎么收场？

“诸位大人都看清楚了吧？究竟是不是太子所写？”

“似乎……确是太子写的。”

公卿无可奈何地承认了。

“好！既然是太子所写，按律，即刻命太子自裁！”

“等等！”裴頠鼓足勇气，打算继续抗争，“既然有物证在此，能否传唤揭发并传递这封书信的人证前来对质？”

这恰好戳中了贾南风的软肋。当然，所谓“揭发”并“传递”这封文书的人正是她自己。如果要让她自己陈明是如何获取这封文书的，言语间必露出破绽。

“铁证如山，还要什么人证！”贾南风狠狠地瞪了裴頠一眼。

这一瞪让裴頠更加确信，太子的谋反宣言绝对是出自贾南风的诡计。可是，他没胆量将矛头公然直指向贾南风。

裴頠沉默了。

恰在这时，司空、中书监张华又言道："废太子乃社稷大祸！还望陛下、皇后再行斟酌！"

张华的态度比裴頠要软弱得多，他这样说，几乎算默认了太子谋反，只是从朝廷稳定的立场出发祈求宽赦太子。其实，他同样确信，这封文书一定来路不正。

公卿听张华这么一说，又开始嚷嚷起来。贾南风见局面难以控制，偷偷向董猛使了个眼色。

董猛转身离去。俄顷，他回到式乾殿上，朗声说道："刚刚长广公主（司马衷的姑姑，甄德的老婆）发话了，请陛下立刻决断，群臣若有不从，当依军法从事！"董猛假借长广公主之口催促，可依然没什么效果。

时间一分一秒地过去了。公卿你一言我一语，一直争论到日落也没个结果。当时的局面是，以裴頠和张华为首的绝大多数公卿都在为司马遹求情，司马衷则左右徘徊，当然，他没有判断的能力，但他感情上不希望儿子就这样死去。若依以往的情况，贾南风早就亲自下诏，但这次，她遇到的阻力实在太大，没办法直接拍板。

想干掉司马遹确有点棘手。

贾南风暗想：如果执意坚持让司马遹自裁，公卿肯定不接受，不如先退一步，缓缓再说。

"既然诸位公卿都为太子求情，那就减免死罪，但活罪断不可赦。司马遹从今日起贬为平民。陛下，你看这样可不可以？"贾南风瞪着司马衷。

司马衷唯唯诺诺道："可、可以！"

有人提出疑问："陛下除司马遹外没有其他儿子，废了司马遹，还能立谁当太子？"

这话让贾南风气得七窍生烟。此前，她已经言明自己有了儿子（实则是贾午之子韩慰祖），可想而知，公卿根本就没买她的账，至今黑不提白不提，权当没这回事。但在这个敏感时刻，贾南风不想再节外生枝。

有人建议让淮南王司马允（司马炎第十子，跟司马玮一起进京谋废杨骏）担任皇太弟，成为储君。

贾南风不耐烦地摆摆手："行了行了，这事以后再说。"

皇太弟的提案尚无定论，却不经意间触动了司马允的神经，也决定了他日后的所作所为。

这天傍晚时分，司马遹醒了酒意，发觉自己已经被软禁起来。他虽不知道下午式乾殿内发生了什么，但从东宫周围里三层外三层的军队也能意识到，自己是凶多吉少了。

不多时，尚书和郁（和峤的弟弟）、太保何劭（何曾次子）、赵王司马伦、梁王司马肜、淮南王司马允、东武公司马澹（老婆是郭氏，杨骏死后，向贾南风诬告弟弟司马繇谋反）一起来到东宫废黜太子。这些废黜司马遹的公卿中，和郁、何劭、司马伦、司马肜、司马澹常年阿附贾南风，但为何名声不错的司马允也在此列？想必，是他即将成为皇太弟，成为司马遹被废的直接受益者之故吧。

一切都完了。司马遹万念俱灰。其实，他对走到今天这一步也早有预感了。

当晚，司马遹和母亲谢玖、太子妃王惠风（王衍女儿）、宠妾蒋俊（长子司马彪的生母），还有他的三个幼子司马彪、司马臧、司马尚俱被押送至金墉城中。

深夜，一队禁军奉贾南风之命冲进金墉城，将谢玖和蒋俊活活打死。二十几年前，怀有身孕的谢玖费尽周折逃出东宫，求得司马炎的保护，最终，她还是没能逃脱贾南风的毒手。

公元 300 年 2 月 7 日，农历大年初一，贾南风宣布改元。自此，延续了十年的元康年就此终结。往后，西晋将会步入更加混乱的年代。

救命信

司马遹被废引发的紧张气氛笼罩着整个皇宫。贾南风意识到，只要司马遹一天不死，这事就没个了结。于是，她让董猛找了一个倒霉的太监。经过一番威逼利诱，太监自首说和司马遹同谋政变。然后，贾南风将供词昭示群臣。

不是有人想要人证吗？现在人证都有了，看还有什么可说的。

所有人心里都明白，要想保住司马遹已是难比登天。

阎缵上奏道：“昔日，汉武帝的太子刘据拥兵发动政变，司法判定应施以鞭笞之刑。相比起来，就算司马遹有罪，也比刘据轻得多。希望朝廷能重新给太子找个老师，严加教诲。若不悔改，再行严惩。”

司马衷刚要答应，却被贾南风当庭否决。

眼看司马遹谋反的罪名坐实，王衍再也按捺不住了。他上疏奏请：“司马遹居然做出这种大逆不道的事！臣深以为耻，希望朝廷恩准让小女王惠风与司马遹离婚。”

贾南风也不想牵扯声名显赫的琅邪王氏，更何况王衍的长女王景风还嫁给了自己的外甥贾谧，便满口答应下来。由此，王惠风得到赦免。

随后，贾南风命令司马澹押解司马遹从洛阳金墉城转移到许昌，打算让司马遹淡出人们的视线。

司马澹带着诏书和一千禁军来到金墉城。

“朝廷下诏，命王惠风与司马遹离婚，王惠风赦免回家。司马遹移居许昌。”

王惠风并不觉得庆幸，她性情忠贞，不忍与司马遹分离。

司马遹愣了一下，忽然想到：或许有救了！继而，他向司马澹请示：“能否容缓片刻，让我夫妻二人做个诀别？”

“好吧，快点！”

司马遹拉着王惠风来到屋里。他没时间再多做解释，马上开始奋笔疾书，将他遭受这不白之冤的原委一一道明。写毕，司马遹将书信折起来，塞到王惠风的怀里：“这关乎我的性命，请一定带给令尊王大人，让他救我！切记！切记！”

王惠风哭泣着点头应允。她一回到家里，便把书信交给了王衍，求父亲解救司马遹。

王衍看完信，满脸嫌恶：“好不容易才避免一场大难，别再提这事了！你跟司马遹已经没关系了！”

司马遹眼巴巴地盼着王衍能替他伸张正义，但他不知道，这封记下事实真相的救命信却被王衍压了下来。

司马遹在司马澹的押送下前往许昌。贾南风严令禁止群臣为司马遹送行，不过几个太子昔日的僚属——江统、王敦（琅邪王氏族人，王祥侄孙）等人还是把司马遹送到了伊水河畔。司隶校尉满奋（魏国重臣满宠的孙子）得知，把江统、王敦等人悉数收押。可没两天，这帮人又被河南尹乐广（前文提到的清谈领袖）释放。

贾谧打算严惩所有抗旨的人。

有人劝道："废黜司马遹的本意是彰显其恶。如今群臣冒死送别，如果再惩治群臣，反而会宣扬了司马遹的人望，适得其反。"

贾谧听后觉得有道理，不再追究。

死人的价值

年初，皇宫里依照以往惯例举办了一场盛大的岁首年会，可除了贾南风一党，所有人都显得意兴阑珊。就在这表面上热闹非凡的盛会之外——太子曾居住的东宫显得格外萧条。这里再没有荒唐的集市和往日的喧嚣，被暂时封闭起来。

东宫一间空置的宫室房门紧闭，从外面看不出任何异常，但是，这间宫室的门却从里面反锁上了。此刻，有两个人正在屋里窃窃私语。

这两个人是右卫督司马雅和常从督许超，他们都属于东宫低级禁军将领。

"不能就这么算了，得想个法子营救太子。"

"要救太子必须废掉皇后。"

"说得轻巧，皇后执掌重权，单凭我们手里那点兵哪里能成事？"

"没错！我们得找外援。"

"朝中重臣首推张华，倘若他能出面，必能得到大部分公卿的支持。"

"还提张华？你忘了刚刚自杀的刘卞吗？据说他想废皇后，找张华商议，结果被张华告了密！"

"那裴頠呢？"

"他终归是皇后表亲，不可信。说来说去，这两位虽然尚存良知，但也只想保全自己的官位。不值得托付。”

“还能找谁？”

“依我看，赵王司马伦可以考虑。”

“司马伦？你疯了！他一直对皇后奴颜婢膝，太子刚一被废，他就被贾南风提拔为右军将军（皇宫禁军中层将领）了。”

“你想想，司马伦是个什么货色？既贪婪又冒进！只要他能得到好处，有什么事不敢干？他手里控制的禁军比我们要多得多啊！”

“这么说，也有道理……”

“我们不能直接找司马伦，司马伦凡事都听孙秀的，我们先去跟孙秀说，让他出面劝司马伦。”

“好！”

二人主意已定，偷偷找到孙秀言道：“皇后凶妒无道，与贾谧合谋陷害太子。可是，因为赵王跟皇后、贾谧关系亲密，外面都盛传赵王也有参与这事。时下很多公卿都想废了皇后，政变一触即发。一旦皇后被废，赵王必受牵连。不如咱们先行废了皇后，一来免去嫌疑，二来赵王也能得个首功……”

“二位好意我记下了。我一定会跟赵王讲个明白，让他主持此事！”

孙秀嘴上应承下来，但心里却想：司马雅和许超无非是要救司马遹，想让司马伦出头。乍一听觉得不无道理，但要真按照他们的计划来，岂不是给司马遹当炮灰？怎么才能让这事变得对自己更有利呢？

孙秀冥思苦想，终于想出了一个天衣无缝的计划。

“赵王殿下，今天司马雅和许超跟臣讲了一番话……”

“哦？你说。”

孙秀将二人的原话转述给司马伦。

“有道理啊！就这么办，你觉得可行否？”

“殿下，您再仔细想想，朝野谁不知道您是皇后私党。您要援救司马遹，别人会怎么想？他们都会认为您是被形势所逼。而且司马遹个性刚烈，跟您又有宿怨，就算事成也不一定领您的情，最多算您将功赎罪，更难保日后不会生出新的祸患……”

“你说得对，那我该怎么办？”

“臣建议，您不妨等些日子，皇后必杀司马遹，等司马遹死了您再政变废皇后，这么一来，您就不是给太子充当马前卒，而是为太子报仇了。”

司马伦听得连连点头：“对啊！可你怎么知道皇后必杀司马遹？”

“殿下尽管放心，就算皇后没这想法，臣也会提醒她的……”

“啊？……哦！”司马伦明白了。

孙秀这个狗头军师，就如同前面讲到的公孙宏、岐盛一样，把自己无能的主子耍得团团转。话说回来，正因为当时混乱的政治环境给公孙宏、岐盛、孙秀这样的人创造出生存的土壤，他们才接二连三地做出这种唯恐天下不乱的坏事。

接下来的几天里，孙秀开始散布公卿密谋拥护太子复位的传闻。同时，他又让司马伦亲自提醒贾谧，说司马遹有复位的危险。

贾谧得知，果然建议贾南风尽快杀了司马遹以绝后患。

再说司马遹搬进许昌这两个多月里，整天都过得提心吊胆，他怕被人下毒，从不敢吃外面送来的食物，每餐都是亲自下锅煮饭。他完全想不到，自己在岳父王衍心里是那么一钱不值，而自己的死，又对司马伦和孙秀有着很大的价值。

这年 4 月，贾南风授意她的男宠亲信——太医令程据准备毒药，然后发布矫诏，命黄门侍郎孙虑带着毒药前往许昌毒杀司马遹。孙虑来到许昌后，将毒药给了守卫将领刘振。

刘振将毒药送到司马遹面前：“陛下下诏，命你服毒自尽！”

“我不吃！我没罪！为什么要自杀！”司马遹做着最后的抵抗。

“不吃也得吃！”刘振恶狠狠地说。

司马遹咬紧牙关，拒服毒药。刘振见状，猛地拿起药杵直击司马遹的头。许昌宫外有人听到里面传出阵阵惨叫，没多会儿，叫声渐渐微弱，司马遹竟被活活打死了。

消息传到了洛阳朝廷。贾南风总算松了一口气，她假惺惺地发出一封诏书：“司马遹大逆不道，做出悖逆无道的事，我原本还希望他能痛改前非，重新做人。谁承想他不幸夭亡，实在令我心如刀绞。司马遹虽犯弥天重罪，但仍是皇帝的子嗣，所以，我特意请求陛下，赐他以王礼安葬。”

"朕的儿子……怎么死啦……"司马衷悲痛欲绝，以他混沌的思绪根本不能清晰梳理这件事的来龙去脉。可即便如此，他还是隐约有种感觉，是贾南风酿造成了这起惨剧。他没有办法，他是个智商不健全的病人，根本不知道该怎么办才好。

"阎缵……你当初说得对啊！应该给太子一个机会，让他悔过改好，他不该死啊！"

后来，司马衷让人建了一座楼台，取名"思子台"。这就是他能为儿子做的一切了。

贾南风长期以来的怨念总算了结。但客观地分析，贾南风和司马遹之间到底有什么利益冲突呢？假如贾南风自己有儿子，那可以说是司马遹挡了她儿子的路，可问题是贾南风没儿子，她和司马遹之间根本就不存在直接的利益冲突。因此可以这样讲，在对待司马遹的问题上，贾南风完全是非理性的嫉妒心作祟，以及贾谧、贾午等人从旁煽风点火所致。而无数事例证明，非理性没有好结果。这件事很快让贾南风引火上身。

有诏废后

孙秀三步并作两步，狂奔到司马伦的府邸，竭力压低着嗓门，兴奋地言道："赵王殿下！大喜事啊！贾南风动手了！司马遹死了！"

"好！咱们也终于可以动手了！"他们听到这个消息，甚至比贾南风还要兴奋。

政变的主谋是司马伦和孙秀，除了他们二人，还包括司马伦的哥哥——梁王司马肜，堂侄——东武公司马澹（司马伷次子），堂侄孙——齐王司马冏（司马攸的儿子），中书省属官张林、张衡，右卫督闾和，皇宫近臣骆休等人。

此时，这起政变的始作俑者——司马雅和许超陷入尴尬境地。他们本来是出于援救司马遹的目的才想发动政变，可谁承想司马伦磨磨蹭蹭，愣是耗到司马遹死了才动手。对他们来说，政变完全失去了意义，可事已至此，再也没法抽身而退了。

司马伦对司马雅和许超言道："本王希望你们再帮个忙，去劝说张华一同举事。"

二人答应下来，向张华透露司马伦准备发动政变的消息。

又有人打算废贾南风了……

张华已经记不清这种事发生过多少次，也记不清自己拒绝了多少次。

即使到了这步田地，张华依旧不敢也不愿反抗这位挽救他政治生涯的女人。而这次，他有了一个更冠冕堂皇的理由——司马伦、孙秀都是卑鄙小人，誓不与其为伍！早在司马伦还担任雍凉都督的时候，张华就想杀孙秀未果，他还多次弹劾司马伦，阻止司马伦插手尚书台政务。

"司马伦和孙秀绝非善类，将来一定会危害社稷，恕我不能同意！"

司马雅没想到都这个时候了，张华还是不想出头，他愤愤道："刀都快架到你脖子上了，居然还能说出这样的话！"言讫，他也顾不得礼数，拉着许超愤然离去。

司马伦得知张华的反应后，朝地上啐了口唾沫，恨恨暗想：既然不想参与政变，就是贾南风私党，事成后定叫你死无葬身之地！

"不用管他。我们按原定计划举事起兵！"

5 月 7 日深夜，司马伦一切准备就绪。他将中书省的内应——张林、张衡写的矫诏火速传给手握东宫禁军的三部司马。

"皇后与贾谧合谋杀害太子，陛下诏命赵王司马伦废掉皇后。举事者封侯，抗命者诛灭三族！"

三部司马深夜难辨真伪，皆信以为真，进入戒备状态。

接着，司马伦又发矫诏，命禁军打开皇宫宫门。众人顺利进了皇宫，在通往中宫的路南严阵以待。

咚……咚……咚……三更时分，皇宫内忽然响起了几下击鼓声。这是右卫督闾和的信号。

时机到了！

皇宫近臣骆休听到鼓声，依照事先的计划，急忙跑到司马衷的寝宫："陛下！

内宫生变！请速随我移驾东堂，一会儿这里恐有祸事！”

司马衷慌了神，顺从地跟着骆休就走。骆休带着司马衷来到东堂后即奏道：“陛下！请速召贾谧觐见！”

“召、召贾谧来干什么？”

“事不宜迟！请陛下宣召贾谧来东堂问个明白！”

司马衷吓得脸色惨白：“好……召贾谧来东堂！”

贾谧在睡梦中被唤醒，听到司马衷宣召，匆匆赶到东堂。

“陛下，深夜召臣不知所为何事啊？”

司马衷同样莫名其妙，只顾傻呆呆看着骆休。没想到骆休突然扯开嗓子喊道：“有诏！诛杀贾谧！”

“啊！”司马衷和贾谧同样是一惊。贾谧反应快，他本来跪在地上，猛地一跃而起逃出东堂外，向贾南风的中宫狂奔，边跑边喊：“皇后救我！皇后救我！”

可他还没跑到中宫，就在半路上被司马伦的禁军截住，就地剁成肉泥。

与此同时，司马伦下令：“齐王（司马冏）率领三部司马一百人攻进中宫，缉拿贾南风！”

这位司马冏是司马攸的次子，他的母亲名叫贾荃，正是贾充前妻李婉的女儿。李婉为郭槐所不容，贾荃和贾南风的关系也势同水火。此刻，他背负着上一代的刻骨仇恨，领命而去。

当司马冏逼近中宫的时候，贾南风也刚被贾谧的呼救声惊醒，她往宫外望去，只见一队人马正杀气腾腾地冲向这边，遂慌不择路地往楼上跑。

很快，司马冏率兵攻入中宫，紧跟着贾南风上了楼。

贾南风跑到了楼顶，多年来，她从没怕过，今天，她知道自己已经穷途末路。

“司马冏！你来干什么？”

“有诏书要收押你！”

“放肆！诏书都是我发出的！你那算什么诏书！”

“多说无益，还不快束手就擒！”

贾南风手扶着阁楼的护栏，遥望向司马衷的方向，声嘶力竭地呼喊：“陛下！你就这么眼睁睁看着臣妾被废吗？若我被废掉，迟早有一天，你也会让人废掉的！”

司马衷畏畏缩缩躲在皇宫东堂，依稀听到了贾南风的呼救声。我会被人废掉吗？他模糊地意识到被废不是件好事，可又想不明白这究竟有什么不好。其实，自己本来就不该是皇帝，废就废了吧。他又想起儿子司马遹，如果我不是皇帝，兴许儿子就不会死了吧？

司马衷听着贾南风的呼救声，什么话都没说。

贾南风没见半点回音，万念俱灰地质问司马冏道：“死也得死个明白。你说，政变的主谋是谁？”

“梁王司马肜！赵王司马伦！”

原来是他们！贾南风哀叹一声：“拴狗要拴脖子（指司马伦、司马肜）！我居然糊涂地拴了尾巴（指太子司马遹）。”

旋即，司马冏将贾南风五花大绑着押出了中宫。

恩、怨

司马伦见大局已定，一面下令缉拿贾南风的亲信和家眷，一面又召中书监张华、侍中裴頠、诸皇宫近臣以及尚书台所有官员前往式乾殿议事。等群臣都到齐了，司马伦亮出废黜贾南风的诏书。

这毫无疑问是一封矫诏，对此每个人都心知肚明，因为司马衷根本没能力下诏书，总不能是贾南风下诏自己废自己吧。

尚书郎师景问道：“能否请陛下亲自出面确认这封诏书的真伪？”

司马伦的回答很直接：“斩了！”禁军拔剑，当场杀了师景。

这下，再没人敢质疑诏书的真实性，局面被控制住了。

司马伦下令：“张华和裴頠俱是贾南风私党！将二人绑了！押到外面听候发落！”他怨恨张华、裴頠屡次阻挠自己插手尚书台，故借机报私仇。

张华傻眼了，他没想到司马伦居然敢动自己，急得大喊：“你打算谋害忠良吗？”

司马伦的亲信——中书省属官张林指着张华，反唇相讥道："忠良？你位居宰辅重任，太子被废，你都不能以死殉职，还敢说自己是忠良？"

"那天在式乾殿，我为保全太子据理力争，满朝公卿都能为我做证！"

"谏言既不被采纳，为什么不逊位！"

张华默然，无言以对。

不多时，张华和裴頠被押送到司马伦屯兵的皇宫主路南侧，而贾南风的家眷及党羽，包括董猛（涉嫌参与多起后宫阴谋的太监）、程据（贾南风男宠，调制毒药企图毒杀司马遹）、孙虑（传矫诏命司马遹服毒之人）、刘振（用药杵打死司马遹之人）、赵浚（赵粲的叔父，就是之前劝司马遹发动政变的那位中护军，从这里可以看出，他确实是贾南风私党）以及贾氏一族、韩氏一族（贾谧的叔伯）、太原郭氏一族（贾南风的舅氏，郭淮的后代）全都被押送到了这里。

旁边的空地上横躺着三具尸体，分别是被砍死的贾谧、刚刚被拷打致死的贾午和赵粲。

司马肜扫视被俘者，竟发现了解系、解结也夹杂其中。他跟解氏兄弟交情不错，慌忙问司马伦道："是不是搞错了？解系、解结不是贾南风私党啊！"

司马伦蔑视地瞟了一眼司马肜，言道："这二人屡次对我无礼，我誓杀之！"当初，解氏兄弟上疏弹劾过司马伦，故被司马伦怀恨。

漫长的政变之夜就快过去了，眼看天空渐渐泛白。

司马伦一声喝令："全部斩首！"

跟往常在洛阳东市处斩犯人不同，在这场政变中，以上大部分人基本都在皇宫主路南侧被就地处斩，显得不那么正规。

公元300年5月8日凌晨，伴随着此起彼伏的哀号声，皇宫的主路上血流成河。

"我是先帝老臣，赤胆忠心。我不怕死，只怕皇室即将大难临头了。"

张华临死前失声痛哭。他的眼泪到底为何而流？是对过往的悔恨，还是对未来的绝望？张华感觉到凛冽的刀风迅速逼近他的脖颈，刹那间，他想起二十年前的那个冬天，他冒着漫天飞雪前去探望重病的羊祜。那时候，寒风也是像现在这样吹过他的脖颈，可他却一点都不觉得冷。那时候，他还年轻，敢作敢为，羊祜的嘱托更带给他前所未有的勇气和力量。

我曾力主伐吴，平定天下。

我曾仗义执言，不惜得罪权臣、得罪皇帝。

我曾远离政坛，蛰伏沉寂。

我想匡扶社稷，我想报答知遇之恩，我也心存畏惧。

无论如何，我尽力了。

张华被害时六十九岁，他的两个儿子也同时被杀。

阎缵闻听张华罹难的消息，跌跌撞撞跑到张华的尸体旁，痛哭流涕："我早就劝您逊位，您不听，今天遭此大难，岂非天命啊！"

裴頠也被杀了，他死时三十四岁。按照夷三族的规矩，他的两个儿子理应被处死。司马肜和司马越求情道："裴頠的父亲裴秀为社稷立过大功，不该让他绝后！"早年，裴秀力挺司马炎当太子，又倡议五等爵制度，让无数人受益。司马伦想了想，总算同意赦免裴頠的两个儿子。

我们不止一次介绍过河东裴氏，这里再补充几句。这个显赫的家族并没有随着裴頠的死走向没落，除了前文讲到的裴秀、裴楷、裴頠三位杰出人物外，本书多次提及的为《三国志》作注解的南朝著名史学家裴松之也属于河东裴氏。河东裴氏上可追溯到秦汉，下则延续到五代十国，隋唐时达到鼎盛。在这一千年多年的悠久岁月中，河东裴氏可谓人才辈出。

政变当夜，贾南风即被废黜了皇后身份，翌日，她住进了她昔日的手下败将——杨芷和司马遹——住过的地方金墉城。顺带提一句，负责将贾南风押送至金墉城的人是尚书和郁，他前不久还刚手持诏书，奉贾南风之命前往东宫废黜司马遹。史书记载，和郁名声不佳，甚至连他哥哥和峤都轻蔑其为人，想来便是因他这种墙头草的作风吧。

政变后第六天，司马伦发矫诏命贾南风自裁，并赐给贾南风毒酒，将他毒死。

这位以丑恶面目展现于史书中的皇后，终于结束了她残暴、凶悍又兴风作浪的一生。死时四十五岁。

在所有史料中，贾南风的恶劣行迹都是罄竹难书。而奇妙的是，在对她的诸多恶评中，丑，这一点向来都是放在首位的。这正应了时下流行的一句话：丑不是你的错，但出来吓唬人就不对了。然而，这确实很值得商榷，倘若贾南风是个风姿卓绝的女人，会不会评价会略高些？甚至截然不同呢？有可能。至少也会衍生出一些令人遐想的非褒非贬的八卦逸闻。

后代史家提出一种观点，世人把西晋的混乱全归结到贾南风头上，着实欠公允。客观地说，这话在理。事实上，贾南风执政的元康年间（291—299），是继司马炎死后西晋王朝绝无仅有的稳定时期，当然，公认的说法，这九年之所以稳定，是因为有张华、裴頠、贾模三人的支撑。但无论如何，这三位重臣，甚至包括之前的卫瓘，都是贾南风一手提拔起来的。鉴于此，再把西晋那些令人眼花缭乱的政变以及后来的战乱归罪到贾南风头上就不那么妥当了。若论其缘由，只能说是司马衷呆傻，根本没能力统治国家，以致滋长了人们心中对权力和混乱的渴望。但司马衷又不是自己想当皇帝的，如此说来，一切祸乱的根源，则都该让先前那位颇得人心的“宽厚仁君”司马炎来承担了。

回过头来说，如果贾南风的劣迹在史书中真是被夸大，那么当裴頠、刘卞等人企图废黜贾南风时，张华选择支持贾南风，其理由——“诸藩王拥兵自重，朝中朋党林立，搞不好会因此再生变故……”这话确是不无道理。

张华身为西晋名臣，他的才学和干略毋庸置疑。但他晚年颇受争议，不管是因为贪恋权位，还是顾念贾南风知遇之恩，他都无法逃避身为贾南风私党这个事实。可退一步讲，张华身处在这样一个环境中，又能做些什么呢？或许他比任何人都清楚明白，就算废了贾南风，肯定还会引发更严重的祸乱，对他来说，面前的路没有最坏，只有更坏，是故隐忍不发吧？

不可否认的是，自贾南风死后，西晋王朝的的确确是乱成了一锅粥……

难兄难弟

赵王司马伦诛灭了贾南风一党后，又将裴頠的岳丈——司徒王戎和没帮司马遹出头申冤的王衍二人罢免。

随后，司马伦官拜相国（丞相）、侍中（门下省首席重臣）、持节（拥有不经司法斩杀二千石以下官员的特权）、都督中外诸军事（中央军最高统帅），成为朝中最强势力。特别值得注意的是相国这个官位。自东汉末年至魏朝，总共出过四位大名鼎鼎的相国，他们分别是曹操、曹丕、司马昭和司马炎，这四位无一不是篡国权臣。

司马伦该不会是想谋朝篡位吧？所有人都不禁生出这样的疑虑。虽说自司马炎死后政变频发，但不管杨骏、司马玮还是贾南风，他们再怎么折腾，也没到谋朝篡位的地步。司马伦这么搞，到底算几个意思？

司马伦根本不屑于打消旁人的疑虑，他居然又依照司马懿、司马昭辅佐（控制）魏室的旧例，将他的直属亲兵增至一万人。其军事力量压过了京都的所有重臣。

这下，大家也就无须再瞎琢磨了。司马伦篡位之心，昭然若揭！

司马伦上位后，为了塑造自己尊重士人的形象，也提拔了很多名士，其中包括荀崧（荀彧玄孙）、荀组（荀勖的儿子）、陆机等人。又委派口碑尚佳却沉寂已久的名士傅祗担任中书监一职。傅祗曾在司马玮政变中表现得畏首畏尾，因而遭到贾南风贬黜。元康年间，他虽再次被起用，但官运也是磕磕绊绊，并一度被调往雍州任安西军司，和当时担任雍凉都督的司马伦算有过交情。

傅祗闻听后称病推辞，但最后还是被司马伦强拉了出来。

早先，中书令陈準屡次弹劾过司马伦，如今他虽没被罢免，但过得也是战战兢兢。当他得知傅祗出任中书监后，悬在嗓子眼的心总算稍稍落了地。他私下对已遭罢免的王戎庆幸地道："只要傅公坐镇中书省，我们也能保住性命了。"

除此之外，司马伦的四个儿子都封为朝廷大员，亲信孙秀则官拜东宫右卫率，控制着东宫一半的禁军兵力。

司马伦大权在握，下一步无疑是要问鼎皇帝宝座。然而，有两个宗室成员却让他深感挠头。

这两位宗室成员便是：司马攸的儿子——齐王司马冏；司马炎第十子——淮南王司马允。

先说齐王司马冏，他亲自率军令贾南风就范，可以说是这场政变中功劳最大的人。但事后，司马伦只封司马冏做了个游击将军（中层禁军将领）。要知道，司马冏之前的官位就是左军将军（中层禁军将领）了，左军将军和游击将军都是四品，这算什么？立下汗马功劳最后只来个平级调动？究其原因，不外乎是司马伦觉得司马冏是他称帝的绊脚石。因为早在司马炎时代，群臣便有让司马攸继位的意愿。现在，司马衷唯一的儿子司马遹都死了，如果让身为司马攸之子的司马冏权势蹿升过高，难保不会又冒出一拨齐王党，重现当年那样的麻烦事。

司马冏面对这样的待遇，自然愤愤不平。

再说淮南王司马允，他在司马炎的儿子中人望颇高，当年，他跟愣头青哥哥司马玮一同进京讨伐杨骏，却在那场政变中没有出头，留下了性格沉稳的好名声。就在不久前，贾南风废掉司马遹后，朝廷里一度出现让司马允担任皇太弟，成为晋室正式储君的呼声。虽说皇太弟的提议最终没有敲定，但司马允的确是最有希望接替司马衷承袭帝位之人。说白了，他也是司马伦称帝的绊脚石。

虽然司马允没有参与讨伐贾南风的政变，但他的声望却是宗室成员中最高的。对这个人，司马伦和孙秀感到相当棘手。

“孙秀，你说司马允的位置该怎么摆？”司马伦本人没什么主意，凡事都听孙秀的。

“依臣下之见，应先安抚司马允为妥当。”

二人商量来商量去，最后拜司马允为骠骑将军、中护军。按说这个职位也算说得过去。但没过几天，司马伦和孙秀又露了一手，彻底断绝了让司马允做储君的希望。

就算皇帝司马衷没儿子，但他还有孙子。

公元 300 年 6 月，司马伦下诏，立已故太子司马遹的次子——年仅三岁的司马臧为皇太孙（前文提到的司马遹长子司马虨已病死）。皇太孙，即是国家的正式储君。接着，又把司马遹昔日的太子妃——王衍的女儿王惠风找了回来，让她负责抚养司马臧。同时，司马伦亲自担任太孙太傅。这摆明了是告诉司马允，我已经成了储君的监护人，你司马允还想当皇太弟？做你的春秋大梦去吧！

司马允的心情一下子被打落至谷底。

齐王司马冏和淮南王司马允这对难兄难弟（堂兄弟）的沮丧情绪可想而知，自然而然，他们吸引了几个同样过得不如意的人的关注。

白首同归

“金谷二十四友”因为阿附贾谧，大多数也在政变后被罢免。其中处境最危险的，当属石崇、潘岳、欧阳建三人。

石崇是贾谧最亲密的党羽。欧阳建是石崇外甥，元康年间多次上疏弹劾司马伦激起氐、羌二族叛乱，请求朝廷严惩司马伦和孙秀。潘岳更惨，他年轻时鞭打过当时还没出头的孙秀，二人早结下了梁子。

这三人中，石崇已遭罢免，欧阳建和潘岳虽仍在官位，但也是如履薄冰。

有次，潘岳畏首畏尾地对孙秀说：“想当初咱们二人相互周旋的事就让它过去吧？”所谓相互周旋，指的便是潘岳鞭打孙秀一事。

孙秀的回答差点把潘岳吓死：“铭记于心，永世难忘！”

石崇、潘岳、欧阳建三人意识到自己处境不妙，遂找到司马冏和司马允密谋扳倒司马伦。司马冏和司马允当然也想，可要发动政变，不是一朝一夕就能办到的。这事也只能当个备选方案。

这天，石崇悻悻地从司马允府邸出来，回到位于洛阳城外的金谷园中。算了，反正已经是一介平民，日后就踏踏实实做个富家翁吧。石崇安慰着自己。只要在这金谷园里，他依然能享受着纸醉金迷的生活。况且，在他身边更有一位举世无双的美女相伴左右。这美女姓梁，名叫绿珠，绝对称得上有沉鱼落雁之容、闭月羞花之貌，是石崇最宠爱的人。

踏进金谷园，石崇低落的情绪总算平复了些。他怀抱绿珠，倾听着绿珠吹奏的悦耳笛曲，烦乱的心绪渐渐平静了下来。

绿珠吹的这首笛曲名叫“明君”，讲的是西汉美女王昭君的故事。她一边吹着，一边轻轻挣脱石崇的臂膀起身，然后在石崇面前舞动起身子。曼妙的舞姿伴随着笛曲，让石崇看得如痴如醉。这首《明君》舞曲，石崇已欣赏过无数次，但他却永远都听不厌，看不够。此时此刻，石崇觉得这世上再没有别的能打动他了。

笛曲还没吹完，突然被金谷园中的一阵骚乱打断了。

石崇探身往露台下望去，只见几名朝廷使者冒冒失失地闯进园内。

“什么人？”石崇小声嘀咕，又转头叮嘱绿珠，“你就在这儿等着，别下来，我去去便回。”

说话间，石崇下楼，来到前院应付这批不速之客。

“你们是谁派来的？”其实，他心里大约也能猜个八九不离十，只是不敢再往深处想。

“东宫右卫率大人差我等来石君府上商量点事。”

东宫右卫率便是孙秀了。果然是这狗贼……石崇的心怦怦直跳，自己只是一介平民，而孙秀则权倾朝野。他只能硬着头皮满脸堆笑：“若右卫率大人想找我，知会一声我立刻就去登门拜访，何必拉这么大架势？”

“右卫率大人听说您府上美女如云，故差我等来看看。”

所谓看看，自然就是来索要了。石崇心知肚明，他低声对身旁的仆役吩咐了几句，顷刻，几十个身材高挑、婀娜多姿的美女齐刷刷在石崇面前站成了一排。

石崇抬手一指：“随便挑吧，看中哪个只管带走。”

使者扫了一眼却没有动，盯着石崇问道：“不知道哪位是绿珠姑娘？”

“啊？”石崇顿时脸色大变，“绿珠是我至爱。恕难从命！”

使者也变了脸色：“希望石君能割爱！”

“说不行就是不行！”

“石君，您博古通今，应该看得出当下局势今非昔比。现在不是您能说了算的，还望三思啊！”

“我没什么可三思的！送客！”

使者冷哼了一声，拂袖而去。

石崇看着使者愤然离开的背影，明白自己闯下大祸了。可是，这世上还有什么比绿珠更宝贵的呢？

他神情恍惚地回到楼台，一下子瘫倒在座席之上，等他恢复了意识，却发现自己的手一直在打着哆嗦。这辈子，他从来没这么怕过。

“出什么事啦？”绿珠轻声问道。

“没、没什么……”石崇摆摆手，“继续，把那首《明君》吹完吧……”

几天后，金谷园中迎来了比上次更大的骚乱。这次不是朝廷使者，而是孙秀亲自率领着一整队东宫禁军闯进金谷园，二话不说直接冲上石崇所在的楼台。

楼台的槅门被孙秀一脚踹开。

“朝廷诏书！石崇暗通藩王谋反！拿下！”孙秀这封诏书在史书中明确提到乃是矫诏，不过，自贾南风死后，西晋的局势变得愈发混乱，权臣直接控制皇帝和朝廷，无论是真的诏书，还是假的诏书，实际上没两样。

石崇眼见这情景，又看了一眼绿珠，叹道：“我因为你惹出了大祸啊……”

随后，他被五花大绑押解下楼。这时，楼台上传来绿珠的喊声。

“石君！”

石崇抬头仰望，只见绿珠扶着露台的围栏，泪眼婆娑，她抽泣道：“妾当效死于君前！”

“绿珠！”随着石崇一声惊呼，绿珠纵身一跃，径自跳楼。石崇眼睁睁地看着自己最心爱之人摔得粉身碎骨，顿时悲痛欲绝。

石崇全家和他的外甥欧阳建全家俱被押解进了洛阳城。石崇仍沉浸在对绿珠的思念中，经过洛阳城门的时候，他暗想：恐怕我要被流放到交州蛮荒之地了……

可走了一会儿，他醒过味来，这条路并非通往廷尉，而是去洛阳东市的！

“难道你们不经司法审理就要直接杀我不成？”他恨恨地看着不远处的孙秀，骂道：“你这狗奴才就是贪图我的家财！”

押送的侍卫听了石崇这话，鄙夷道：“知道是钱财害了你，怎么不早点散掉！”

石崇无言以对。

等到了洛阳东市，石崇惊愕地发现，自己的好友潘岳及其全家也被押送到了这里。

“安仁（潘岳字安仁），怎么你也在呀？！”

这话他仿佛觉得似曾说过，旋即，他回想起来。当年，他跪拜在皇宫门口恭送贾谧，抬起头看到潘岳在侧时，也是这样问的。那时节，二人过得无比风光，可眼下，却都成了待宰的羔羊。

潘岳哀叹：“还记得我写的那首《金谷诗》吗？”

“怎么不记得？最后两句是‘投分寄石友，白首同所归’。”

“唉！如今，咱们这可真算是白首同所归了。”

继而，潘岳对着已七十多岁高龄的同被株连的老母号啕大哭：“您当初劝我不要过分钻营仕途，可我就是不听，儿不孝，连累了您，此刻心如刀绞啊！”

欧阳建眼看着石崇和潘岳的头颅滚滚落地，心中哀楚。他在问斩前，作了这首历史上相当著名的《临终诗》。诗文感叹人心险恶，表达自己未能明哲保身招致祸患，以及对亲人受到株连的悲痛欲绝。

伯阳适西戎，孔子欲居蛮。
苟怀四方志，所在可游盘。
况乃遭屯蹇，颠沛遇灾患。
古人达机兆，策马游近关。
咨余冲且暗，抱责守微官。
潜图密已构，成此祸福端。
恢恢六合间，四海一何宽。
天网布纮纲，投足不获安。
松柏隆冬悴，然后知岁寒。
不涉太行险，谁知斯路难。
真伪因事显，人情难豫观。
穷达有定分，慷慨复何叹。
上负慈母恩，痛酷摧心肝。
下顾所怜女，恻恻心中酸。
二子弃若遗，念皆遘凶残。
不惜一身死，惟此如循环。
执纸五情塞，挥笔涕汍澜。

失意“皇太弟”（淮南王 VS 赵王）

我本来能当上皇太弟的！早晚有一天，我要做掉司马伦！二十九岁的淮南王、骠骑将军、中护军司马允在心底暗暗发誓。

“殿下，就在刚刚，石崇、潘岳、欧阳建全家老小都被孙秀杀了！”

“什么理由？”

“据说……是与藩王串通谋反。”

“啊……”

司马允瞠目结舌。与哪个藩王串通谋反？难不成指的是自己？他不是个甘于束手待毙的人，短短两个月，他就不声不响地招揽了数百名死士。而且，这批死士都非等闲之辈，全部是纵横江湖的剑客。司马允的小动作让司马伦和孙秀愈发不安。

公元 300 年 9 月，司马伦授意朝廷拜司马允为太尉，意图夺去司马允的兵权。

司马允拒不接受：“我最近不舒服，官拜太尉一事容缓，恕不能接旨！”

司马伦又上疏弹劾司马允抗旨，并再次发出一封诏书。

御史刘机来到司马允府上宣读旨意：“淮南王司马允抗旨不敬，涉嫌谋反！现将其幕僚全部缉拿！”

“把诏书拿来给我看看。”

司马允一把从御史刘机手中抢过诏书，他定睛一看，发现这诏书上的笔迹居然是孙秀的。

“这不是孙秀的字迹吗？中书省的诏书什么时候轮到孙秀来写了？”

此刻，司马允明白若再不做决断必有性命之忧。当即，他拔剑出鞘，向左右亲信喊道：“赵王想灭我家门！把这御史斩了！”

倘若是一般的禁军万万没有这份胆量，但司马允身旁站的却是他豢养的死士。死士唯主命是从，听到司马允下令，想都不想就拔刀冲向刘机。刘机见势不妙，拔腿就跑，他的两个副手跑得慢，当场被杀。

到了这一步，司马允也就没有回头路了。他喊道：“赵王司马伦谋反！众人跟我一起讨伐逆臣！”

不一会儿，司马允便聚集了七百死士，这些人平素也都穿着皇宫禁军的戎装，司马允为了区分敌友，让自己人全都解开衣服，袒露左臂以防误伤。

“是我的人就露出左臂！跟我一起冲进皇宫！”

他打算先行挟持司马衷，以皇帝的名义讨伐司马伦。

尚书左丞王舆闻听有变，抢在司马允到来前匆忙关闭了宫门。司马允进不去皇宫，索性一不做，二不休，果断转向司马伦的相国府，并对相国府展开猛烈的攻势。

前面讲，赵王司马伦统领着一万禁军，但事出突然，这批禁军很多都留守在禁军营中，司马伦府中约有几千人。即便如此，司马伦的兵力还是远远超过只有七百人的司马允。然而，司马允所率领的死士都是江湖剑客，身负武功，战斗力极高。司马伦的禁军不敌，战死了一千多人，只好龟缩在相国府中闭门不出。

“全军列阵！往相府里射箭！”司马允一声令下，七百剑客齐刷刷放下佩剑，拉弓放箭，霎时间，铺天盖地的箭雨射入相国府。

司马伦猝不及防，眼看就要被万箭穿心而死。一名幕僚手疾眼快，以身挡箭，这才保住司马伦一命。司马伦抱头跑到一棵大树后面躲了起来，无计可施。

这场仗从清晨一直打到午后仍不分胜负。

与此同时，东宫左卫率陈徽（魏国名臣陈群的族孙，中书令陈準的弟弟）获悉政变的消息，打算助司马允一臂之力。但因为皇宫大门已经关闭，陈徽无法亲临战场，只能在东宫内擂鼓助威，给司马允壮声势。史书中没有提及司马伦的亲信——东宫右卫率孙秀在这场政变中的动向。很有可能，陈徽和孙秀正在东宫内相互钳制着。而陈徽的哥哥——中书令陈準也想支援司马允，他向司马衷进言道：“请陛下速派白虎幡使解围。”

我们已经知道，驺虞幡才是专供解除兵斗的，白虎幡却是督战之用。陈準要了个心眼，他想利用白虎幡帮助司马允剿灭司马伦，只要白虎幡出现在阵前，不仅能给司马允军队壮大士气，更能给司马允赢得政变的合法性。在这场政变中，若是论正义性和民意支持率，司马允绝对够压倒司马伦，但处在司马衷的立场，无论是对于司马允还是司马伦，他都只是个道具罢了，而且司马衷根本就没法辨别该支持谁。陈準对此很清楚，这些事跟司马衷讲不明白，也没必要讲明白，只须简单告知是解除二人兵斗即可。

只要派出白虎幡使，司马允必胜！

陈準心急火燎："陛下！请快下令吧！"

"好！听你的，派白虎幡使！"司马衷糊里糊涂地下了旨。

持幡使者名叫伏胤，他接到命令，即刻上马便要出宫。

恰在这时，他的马缰绳突然被一个人拽住了。这人正是司马伦的儿子——黄门侍郎司马虔。

"伏将军！等等！"

伏胤自然知道自己的使命，但他还是停了下来，打算听听这位即将大难临头的司马伦的儿子有什么话要说。

"您有什么吩咐吗？"

"将军，我想请您帮我刺杀司马允，事成之后保您一生荣华富贵！"

伏胤转了转眼珠。果然不出所料。他冲司马虔点了下头："在下自有分寸！"

随即，他手持白虎幡，带着四百侍卫直奔司马允的阵前。

"陛下有诏！助淮南王（司马允）讨伐赵王（司马伦）！"

此时，司马允周遭层层环绕着七百死士，他自己稳坐在军阵最中央的战车上，正跟相国府内的司马伦僵持不下。见伏胤携白虎幡而来，他登时欣喜若狂。这一定是有公卿想助他成功，故派出白虎幡使帮他压阵的。

"大事已成！"司马允笑了。

"军阵散开，我出去接旨！"言罢，他跳下战车，兴冲冲地迈步走出军阵，然后跪拜在伏胤面前听旨。

司马允笑得太早了。

伏胤见司马允毫无防备地跪在自己面前，他意识到，让自己一生荣华富贵的机会唾手可得了。他左手拿着诏书，右手悄悄伸向腰间佩剑。

哐啷啷一声响，剑光闪过，司马允还没明白怎么回事，当即被伏胤斩于阵前。

"司马允已伏诛！众军退散！"

司马允的军队眼见这突如其来的变故，纷纷作鸟兽散。

战后，几千人受牵连被处死。淮南王司马允就此覆灭。

乱世皇后

政变后，曾帮司马允摇旗呐喊的东宫左卫率陈徽生死未知，但可以确定的是他失去了左卫率这个位子。曾阻止司马允闯皇宫的王舆接替陈徽做了东宫左卫率。而原本中书令陈準派出白虎幡是想助司马允一臂之力，却阴错阳差地帮司马伦解了围。陈準因这乌龙功劳官拜太尉、录尚书事。可没几天，他就因为心里这个疙瘩忧愤而死了。

继陈準之后，司马伦的亲信孙秀补了中书令的缺，虽然名义上中书监傅祗比中书令孙秀高半级，但孙秀却是中书省实际上的掌权人。往后，司马伦和孙秀再想颁布任何诏书都是名正言顺的事了。孙秀同时兼任东宫右卫率，他和左卫率王舆二人完全控制了东宫禁军。司马伦考虑到孙秀和王舆都是自己人，便把相国府搬进东宫，又在东宫的几个主门旁边搭起箭楼，封锁东宫两条主路，俨然把东宫改建成了自己的军事堡垒。

司马允仅是个中护军，根本没能染指皇宫内禁军，却能掀起这么大风浪，这让司马伦明白了一个道理——武力即是一切，无论宫内还是宫外，都不能放手。于是，他扩充自己直属兵力，达到三万人，让次子司马馥（fù）担任中护军、三子司马虔担任中领军，其他儿子和亲信也多当上中层禁军将领。这样一来，皇宫内外的禁军都成了司马伦囊中之物。

继司马允之后，曾亲手缉捕贾南风，却在事后没捞到半点好处的司马冏，排到了司马伦政敌名单的榜首。几天后，司马伦在孙秀建议下，以让司马冏镇守许昌为名把他赶出了朝廷。

司马允事未竟，身先死，司马冏也被扫地出门，两个挡在司马伦面前又臭又硬的绊脚石都消失了。司马伦堂而皇之地接受了朝廷赐予的九锡之礼。当年曹操和司马昭均受过九锡之礼，这已成了权臣篡国的必经流程。

这天，孙秀对司马伦提议："眼看贾南风被废已过去半年，皇后的位子不能一直空着，最好先找个人先顶上。”

司马伦点头：“行，你挑个人吧。”

虽然司马伦和孙秀都觉得取司马衷而代之的日子为期不远，但表面文章还是要做。孙秀开始物色人选。最后，他总算找出一个合适的人——泰山羊氏之女羊献容。

羊献容的爸爸名叫羊玄之，官不大，仅做到尚书郎，但家世背景却很好，他是羊祜、羊琇两位名臣的侄子。另外，羊玄之的女婿是孙秀的同族兄弟，由此，羊献容也算孙秀的外甥女。

出身名门、父亲非重臣（就算成了外戚，也不会对司马伦构成威胁）和孙秀沾亲带故，这三个因素把羊献容推到了皇后的宝座上。

公元 300 年 12 月，羊献容继贾南风之后，成为司马衷的第二任皇后。她长得天姿丽质，司马衷在忍受了丑陋的贾南风二十多年的欺压（同时也是保护）后，也算得着了福利。

皇后自是天下地位最高的女人，不过，羊献容并没为自己的身份感到丝毫欣喜，这不光是因为她老公司马衷是天下知名度最高的傻子，更是因为她清楚地知道自己的处境——司马伦篡位已成定局，而她自己，到时候会迎来怎样的命运谁都说不好。

既然身不由己，就只能认命。

从此，羊献容将陪着司马衷，在西晋那一连串令人目不暇接的政变和动荡中，过起惊险刺激的生活。而且，这个女人的经历完全可以用离奇来形容。

闹 剧

转过年，孙秀开始在朝野间散布出各种传言。

“宣皇帝（司马懿）托梦说让赵王（司马伦）入主西宫。”

“宣皇帝在北邙山显灵说要帮赵王承袭帝位。”

就靠这些低劣的小把戏做铺垫，司马伦和孙秀开始紧锣密鼓地筹备起来。

公元 301 年 2 月 3 日，安静的皇宫传来一阵闹哄哄的声音。

“外面怎么啦？”

司马衷傻傻地问，身旁的近臣却无一人敢应。因为除他之外，所有人都知道即将要发生什么。

少顷，散骑常侍司马威（司马孚曾孙）和黄门侍郎骆休（曾助司马伦剿灭贾南风）带着一批人气势汹汹闯进司马衷的寝宫。

司马衷满脸茫然，磕磕巴巴地问道：“阿皮？什、什么事？”阿皮，即是司马威的小名。

“陛下！赵王责令您退位！”

就这么直截了当的一句话，把司马衷吓得不知所措，就算他再痴呆，也明白自己要倒霉了。往昔，无论任何事都由贾南风或辅政重臣代理。如今，他失去了一切依托。这仿佛是上天赐给他的一个机会，一个凭着自己的意愿说不的机会。

“我不，我不要退位！”

“别说没用的了！请把玉玺交出来！”

“不交！”

“这事由不得陛下！”司马威怒目瞪向司马衷，几步迈到司马衷跟前，“恕臣无礼！”

“你、你要干什么？”

司马威猛地伸出手，去抢挂在皇帝腰间的玉玺。司马衷死死抱着玉玺不放。二人撕扯在一起。

一场令人瞠目结舌的扭打就这样展开了。

“快交出来！”司马威使劲掰司马衷的手，只听咔吧一声，司马衷的手指居然被司马威生生给掰断了。

司马衷疼得一声惨叫，松开了手。上天给了他一个说不的机会，却不给他左右命运的机会。

司马衷哀怨地望着司马威，又扫视着周围袖手旁观的群臣。

为什么要这样对我……他怎么想都想不明白。

发生在皇帝寝宫的斗殴很快结束了。司马威心满意足地拿到了战利品——玉玺。接着，他替司马衷写下禅位诏书，并在诏书上重重地盖上玺印。

当日，司马伦召集群臣入殿，并让左卫率王舆和前军将军司马雅率军包围住大殿。满朝公卿在尚书令满奋（魏国重臣满宠的孙子）的主持下，宣布司马衷退位，请司马伦登基。

司马伦几乎能听到自己的心脏扑通扑通地猛跳。我就要当上皇帝了！一旁的孙秀悄悄用胳膊肘戳了戳司马伦。司马伦这才记得之前孙秀的百般叮嘱——“按照规矩，到时候您一定得谦让一番。”

对，得谦让……纵然他千百个不愿意，还是勉强挤出了这几个字：“公卿的盛情，朕……哦，我难以接受啊……”他生怕说出这句话后没人接茬儿。

不过，司马伦算是多虑了。公卿齐刷刷地说道：“众望所归，请您不要推辞。”

司马伦大大松了口气。他两眼放光，生怕错过这个机会，马上爽快地回道：“朕！答应了！”想当年在魏朝时，司马家族的权柄历经司马懿、司马师、司马昭父子三人，积累了几十年，即便在这样的情况下，司马昭还是五次拒绝了魏国皇帝册封相国的诏书。而如今，司马伦仅仅当政半年就迫不及待地称了帝。若说司马懿、司马师、司马昭尚算盗亦有道，那么司马伦充其量只能算是个上不了台面的小偷小摸，这也难怪，联想他早年偷窃御宝的行径，实在没必要对他抱有什么期待。

这场闹剧进展得出奇顺利，完全没人提出反对意见。

一个智障者换来一个稍微正常点的人，虽说这个稍微正常点的人绝不是什么好鸟，可还能怎么样呢？

司马衷就这么草率地退位了，他被尊为太上皇，被押解到金墉城中软禁，跟他一起的，还有刚当了两个月皇后的羊献容。

对于司马衷来说，无论是偌大的皇宫，还是金墉城，都没什么不同，无非是换个地方住而已。有时候，他会想起那一晚贾南风的呼救声：“陛下！你就这么眼睁睁看着臣妾被废吗？若我被废掉，迟早有一天，你也会让人废掉的！”

贾南风欺压了自己一辈子，讽刺的是，贾南风最后居然说对了。继而，司马衷又努力往更深一层思考。被废，还是不被废，究竟有什么不一样呢？他几乎无法找出这两者的区别。

起兵勤王（齐王、成都王 VS 赵王）

赵王司马伦当上皇帝，自然希望将来由自己的儿子继承皇位，于是，之前被册立为皇太孙的司马臧就显得尤其碍眼。没过几天，司马伦就把这个三岁的小孩处死了。

遥想当年，司马家的兄弟们精诚团结，开创了晋朝。可到了此时，司马伦却把侄孙一脚踢开，自己取而代之。他坐上了皇位，同样，他也丝毫不差继承了司马衷先前的处境。事实上，他成了又一个皇位上的吉祥物。真正的大赢家，其实是司马伦的狗头军师——幕后总导演孙秀。

司马伦登基后，孙秀官拜骠骑将军、侍中、中书监，全权掌管朝政。而掰断司马衷手指抢来玉玺的司马威则官拜中书令。

国家换了皇帝，底下人自然需要安抚。

孙秀让所有十六岁以上的太学生和二十岁以上在学的士人都当了官，各郡县二千石以上的官吏，甚至连司马伦、孙秀的奴仆杂役都全部封侯。因为一下子多出太多官员，官帽上佩戴的貂蝉（古代官员的饰物）不够用，只能拿狗尾来充数；铸造侯印的金银不足，索性不用金银，只在木板上刻姓名。时人讥讽为“狗尾续貂”“白板之侯”。

十年前，杨骏大肆封赏公卿时，石崇、何攀曾说：“您开了这样的先河，后世必当效仿，那么几代之后，天下就全都是公侯了！”

杨骏倒台后，司马亮也有模有样地学杨骏封赏群臣，傅咸说：“照您这么封赏，以后谁不盼着国家有政变？”

今天，这些话全都应验了。

接下来说说司马伦称帝后各方的反应，朝廷公卿在兵势的压迫下，一个个事不关己高高挂起；在朝廷以外，那些藩镇重臣，尤其是藩王，则大多睁一只眼闭一只眼，持观望态度。当时，全国各地有几个颇具实力的藩王。他们分别是——

公元 291 年被外派到常山（今河北省石家庄市）的长沙王司马乂（yì）（司马衷六弟）。外派原因：受胞兄司马玮事件牵连。

公元 299 年被贾南风外派到冀州邺城的成都王司马颖（司马衷十六弟）。外派原因：看不惯贾谧跟司马遹说话没大没小出面制止，得罪了贾氏。

公元 299 年接替司马肜镇守关中的河间王司马颙（yóng）（司马孚的孙子，司马衷的堂叔）。

公元 300 年被司马伦外派到许昌的齐王司马冏（司马攸的儿子，司马衷的堂弟）。外派原因：他是司马伦称帝的绊脚石。

公元 301 年被司马伦外派到新野的新野公司马歆（司马骏的儿子，司马衷的堂叔）。

以上五位藩王中，司马乂、司马颖、司马冏都是司马昭的孙子，司马乂和司马颖更是司马炎的儿子。这三位跟皇室血缘最近的王爷，全都是因为得罪权臣被强行赶出朝廷。而另外两位（司马颙、司马歆）跟皇室血缘较远，他们出任外州都督则属于正常任职。

藩王心里头根本不会考虑是效忠于司马衷还是司马伦，他们普遍都有种想法——同样是藩王，凭什么司马伦就能称帝？其中，齐王司马冏对司马伦恨之入骨。

公元 301 年 3 月，也就是司马伦称帝的翌月，在洛阳东南的许昌，齐王司马冏以无比复杂的心情盯着眼前一颗血淋淋的人头。

死人名叫王处穆。

不久前，司马冏信誓旦旦地对王处穆说："你在豫州煽动民变，举兵讨伐司马伦，我暗中支持，事成之后，保你封官授爵！"

王处穆满心欢喜，他按照司马冏的计划举起反叛的旗帜，没几天便聚集了数万人。可如今，他却身首异处了。

他是被司马冏杀死的。

司马冏将王处穆的人头送给司马伦，以示向司马伦效忠。

他当然不是真心的，可他必须牺牲掉自己的棋子，因为他还没有做足准备。这颗人头帮司马冏赢得了宝贵的时间。事后，司马伦果然放松了对司马冏的戒备。

4 月，司马冏一切准备就绪，果断宣布起兵勤王，同时将讨伐司马伦和孙秀的檄文发往其他各州郡。

说说司马冏这篇勤王檄文，内容为："逆臣孙秀，蛊惑赵王（司马伦），请诸侯共讨伐之。"首先，他仍然称司马伦为赵王，显而易见是不承认司马伦的皇帝身份。其次，他把矛头指向了孙秀，而非司马伦，那么，他勤王到底勤的是司马衷，还是司马伦呢？怎么说都行。这也算给自己留条后路。总之，司马冏还是很贼的。

在黄河以北，冀州邺城的藩王府邸，一个年轻人端坐在正厅中央，他手里正拿着司马冏发来的勤王檄文反复观瞧。

这年轻人长相俊秀，颜值颇高，再配上一身华服，远远看去异常光彩夺目。然而，倘若近距离观察，则会发现他那双漂亮的眼睛没什么神采，气质上也总觉得差点意思。这人正是司马炎第十六子——时年二十三岁的成都王司马颖。两年前，他因为呵斥贾谧被贾南风外调到了邺城（司马颖受封成都王，但居住在邺城，特别注明以防混淆）。

"这、大概意思嘛……我基本上明白了。不过，我、该干什么？"

不说话还好，可他一开口，磕磕巴巴又词不达意，无论谁都能看出，这人的智商比司马衷好不了太多。

"卢君，我听你的，你帮我拿个主意。"

司马颖口中的卢君名叫卢志，他官任邺城令，正是魏朝时司马家族的重要盟友——名臣卢毓的孙子。

如同前面讲到的司马玮和司马伦一样，脑子不够转就容易受身边人的蛊惑，司马颖同样对自己的心腹卢志言听计从，可司马颖却是幸运的，因为卢志与孙秀、公孙宏、岐盛截然不同，他是个颇有才智、品行又比较端正的人。

卢志当然知道司马颖金玉其外，败絮其中，但仍尽心尽力地辅佐司马颖，以期将来能把这个半傻子雕琢成器。他答道："司马伦篡夺社稷不得人心。臣建议殿下举贤任能，起兵讨伐，这是个提高声望的大好机会。"

"好、好！你说得对！"

司马颖火速起兵，不仅动员了邺城所在州——冀州的兵力，更调动了临近的兖州军团。这支声势浩大的军队总计二十万众，从邺城南下，驻军在洛阳东北方约一百八十公里处的朝歌（今河南省鹤壁淇县）。

在邺城更往北，镇守常山的长沙王司马乂紧随其后，充当成都王司马颖的后援。

在黄河以南，镇守新野的新野公司马歆也起兵响应，并迅速跟附近的联军盟主——齐王司马冏会合。

大家可以注意到，从这时候开始，以上四位讨伐司马伦的藩王——司马颖、司马乂、司马冏、司马歆便以黄河为界，分出了南北两派。

也有人接到檄文后表现出首尾两端的态度。

河间王、关中都督司马颙是个墙头草。他先是打算站在司马伦一边，可没两天他听说司马冏的勤王联军声势浩大，又临时改变主意，声称支持司马冏。不过，司马颙屯兵潼关（洛阳以西），既不进也不退，持骑墙观望状。

大体上，勤王联军对洛阳形成了三面围攻之势——北线的司马颖、司马乂进军朝歌；南线的司马冏、司马歆出兵许昌；西线的司马颙则待在潼关刷存在感。

司马伦在皇帝宝座上屁股还没坐热，就面临四面楚歌的窘境。而且，他除了要面对战争的直接威胁外，在政治舆论上也处于劣势，连宗室藩王都不承认他这个皇帝，气势上就先矮了一截。狗头军师孙秀想出个馊主意，他以司马冏的名义伪造了一封奏表——“臣司马冏受到当地盗贼袭击，需要朝廷派兵救援。”

孙秀试图把这场战争说成是各地盗贼组成的叛军，以掩盖藩王起兵这个事实。但这根本就是掩耳盗铃，没几天，司马冏亲手写的讨伐孙秀的檄文传到洛阳，孙秀的把戏不攻自破。

现在，司马伦、孙秀必须要面对现实了。

一百一十六天皇帝（齐王、成都王 VS 赵王）

战争迫在眉睫，司马伦和孙秀在朝廷中央军和禁军中挑来拣去，留下少量军队守卫京都，其余五六万人全部派出城迎敌。

其中，许超（曾试图拯救司马遹，鼓动司马伦剿灭贾南风）等人率三万多士兵北上渡过黄河迎击司马颖；张泓等人率二万多士兵南下迎击司马冏；司马虔（司马伦第三子）率八千士兵为诸军后援。

至于西线的墙头草司马颙，因为暂时没有任何动作，司马伦只好听之任之，实在无暇顾及。

前面说过，司马颖有二十万大军，司马冏的兵力虽没有明确记载，但估算该在十万以上。可司马伦把家底掏个精光也只凑了六万人。

单看这几组数字，任谁都会觉得司马伦疯了，拿六万人打几十万人绝对以卵击石。可实际情况却没这么简单，要知道，司马伦派出去的是朝廷军（包括京畿中央军和皇宫禁军），而司马颖和司马冏麾下大部分都是临时招募的民兵，战斗力不可同日而语。不过司马伦一方也有个大问题，他能凑出这六万人着实不容易，乃是纠合了京都各个禁军营，这些禁军将领多是平级，谁也管不了谁，分别带着几千人各自为战，也没个统一指挥。但话又说回来，司马颖和司马冏这边同样也找不出一个能提得上台面的谋臣良将。总而言之，对即将展开的这场大战，就不要抱过高期待了。

战争的前半段，无论是北线的司马颖，还是南线的司马冏，都被朝廷军打得落花流水，狼狈不堪。司马伦一方也并非凭借什么高明战术。拿朝廷禁军打民兵，想当然就是这种结果。

局势对司马伦渐渐有利，但蠢材就是蠢材，一群蠢材凑到一块儿，什么奇葩事都有可能发生。就在司马伦连战连胜的情况下，南线有两支朝廷军居然闹出了哗变，将领弃军不顾，逃回洛阳。不仅如此，这两个添乱的将领还嫌拆自家台拆得不彻底，竟谎称南线实力最强的友军张泓全军覆灭。

司马伦顿时慌了神，他根本没去验证情报的准确性，便急召北线许超回防京都。许超撤回洛阳的途中，司马伦才得知真实情报——南线张泓非但没有覆灭，反而再次击败司马冏。于是，司马伦又让许超重返战场。朝廷军本来打得顺风顺水，可这么折腾谁都吃不消，前线士气渐渐呈现低落趋势。

再看勤王联军。

南线，即便在两支敌军哗变的情况下，司马冏依然无法突破张泓的防线挥师北上。而张泓也没能力把司马冏彻底打垮。两军就这样隔着颍河，陷入僵持。

北线，司马颖在屡次受挫后打起了退堂鼓，却不知道敌将许超正被司马伦呼来唤去地疲于奔命。

司马颖麾下的卢志同样不知道敌军混乱的局面，但他凭着直觉劝道：“若现在撤退就再没翻盘机会了。敌军打了几场胜仗，难免会犯轻敌大忌，不如咱们趁机反攻，来他个出其不意。”

司马颖采纳了，向朝廷军展开反攻。

司马伦折腾许超的恶果很快显现出来，这次，北线朝廷军在司马颖的攻击下节节败退，在快要退到河内温县的时候终于全线崩溃。司马颖乘胜追击，向洛阳步步进逼。

这场战争从 4 月打到 5 月。司马伦先胜后败，胜在以精锐朝廷军打民兵，败在昏招迭出，自己作死。

勤王联军方面，北线司马颖拿二十万人打三万人，除了堆人数也谈不上什么战术，唯一可圈可点的只有卢志那番临危不退的谏言。南线司马冏驻军阳翟，距离他的大本营许昌仅有三十公里，也就是说，他刚走出家门便被只有几千人的张泓死死堵住，没能前进半步。而西线司马颙则自始至终没参战，且随时等着当墙头草捡漏。《孙子兵法》讲“上兵伐谋”，“不战而屈人之兵”。这场低水准的战争死亡人数高达十万人，双方可以说打得毫无技术含量。

无论怎么说，北线朝廷军就这样玩完了。司马伦从优势迅速转为劣势。那些把身家性命跟司马伦绑在一起的人开始心急火燎起来。

几个月前，司马威亲自帮司马伦抢来玉玺，因此当上了中书令。可屁股还没坐热，他的好日子就要结束了。他怎么想都不甘心，遂与孙秀召集尚书台官员商讨对策。

孙秀提议让京都四品以下官员的家族子弟，凡十五岁以上者全部投军出城打仗。这话一出口就犯了众怒，自然没人响应。

孙秀没了主意。他知道自己得罪过太多人，索性躲在中书省里等死。

俗话说，树倒猢狲散。但对于司马伦那些亲信来说，跑是没地方跑了，要想活命，就得当“二五仔”。

东宫左卫率王舆是个手疾眼快的人。早在司马允发动政变时，他就以最快的速度把司马允挡在皇宫之外，如今，他见司马伦大势已去，果断反水。

5月30日，王舆率七百人冲进中书省，将孙秀全族一窝剁了。旋即，王舆逼司马伦退位，然后挟持着司马伦，连同公卿一齐前往金墉城迎接司马衷复辟。

司马衷茫然地站在金墉城的门口，看着他的叔爷——司马伦被禁军押着，跪在地上哆哆嗦嗦："陛下恕罪，臣被孙秀迷了心窍，孙秀已伏诛，请陛下复位，臣告老还乡。"

其他朝廷公卿也都跪在地上高呼："陛下恕罪！"三个月前，他们中没有一个人站出来帮司马衷说句话。

"我不怪你们……"司马衷扫视着眼前这帮人，他经历了这不同寻常的三个月，仿佛想通了些什么。"这不是你们的错……"他竟冒出这么一句话，或许，他已经意识到这一连串灾难的罪魁祸首是谁了。

而皇后羊献容，先是在皇宫住了没俩月就被软禁到金墉城，在金墉城住了三个多月又回到皇宫。通过这短短的半年，她看清了自己的命运，往后，不知道还会有多少离奇的事发生在自己身上。为此，她必须逼着自己做好充足的心理准备。

司马衷在公卿的簇拥中回到了皇宫，司马伦则又步了司马衷的后尘，住进了金墉城。

从公元301年2月3日至5月30日，这位司马懿的小儿子——皇帝司马衷的九叔爷赵王司马伦总共当了一百一十六天皇帝后退位。

复 辟

司马衷复辟了，司马伦被软禁了，公卿怀着忐忑不安的心情上朝下朝。谁也不干事，谁也不说话，所有人都在等。因为这个时候，三路手握重兵的藩王仍然盘踞在洛阳城的周围。其中离得最近的，便是在勤王战争中取得最大战果的北线统帅——成都王司马颖。

几天后，6月5日，司马颖率先入京。

满朝官员都为自己曾屈服于司马伦胆战心惊，梁王司马肜（司马衷八叔爷）

上疏，痛诉司马伦悖逆无道，请求朝廷将司马伦处死。

到这里，我们顺便讲讲这位司马懿的第八子——司马伦的哥哥司马肜。他于一年后寿终正寝。朝廷商讨该给司马肜什么样的谥号时，博士蔡克非常公允地总结了司马肜的一生，他是这样说的：“司马肜位居上公，又是皇室至亲长辈，本来责任重大。可是，太子司马遹被废，他没一句劝谏；司马允政变，他袖手旁观；司马伦篡位，他又不避嫌逊位……要是连这种人都不给贬谥，法理何在！按《谥法》中的解释，无所作为、辜负重名，应谥号‘灵’。”

可司马肜的故吏不服，纷纷上疏驳斥。朝廷妥协，结果谥号“孝”，是为“梁孝王”。

公卿听着司马肜义愤填膺地指责司马伦，纷纷表示赞同。最后，大伙一致同意赐给司马伦毒酒，让他自裁。司马伦当皇帝这事可以用五个字来形容——过把瘾就死。

此外，司马伦的几个儿子和亲信，包括先前帮司马伦剿灭贾南风的许超、张衡、闾和，持白虎幡临阵斩杀司马允的伏胤等人都被灭了三族。

过了些日子，司马衷提出一个请求。

“朕、有件事……想跟众爱卿商量。”这事他已经在心底憋了很久。

公卿面面相觑，不知道他要说什么，根据以往的经验，但凡从司马衷嘴里说出的话，基本可以直接忽略：“陛下何事？”

“之前，阿皮……”阿皮即是司马威，这个从司马衷手里生抢玉玺，又替司马衷写下禅位诏书的宗室成员，并没有被当成司马伦的亲信处死，他依然活得挺好。“他、他掰断朕的手指，朕想处死他！”司马衷经历过不计其数的政变，他的一生都被别人当作道具任意摆弄，可当他无数次面对那些在政变中失败而即将丧命的人时，说得最多的一句话就是：“能不能别杀他？能不能饶了他？”因为他根本不懂政治斗争的意义所在，而那些摆弄他的人对他产生的伤害又过于复杂，以至于他根本感觉不到。只有司马威掰断他的手指，这种直接的肉体上的伤害才是他能够理解的。

司马衷下了很大决心，以罕见的坚定语气说道：“朕要处死阿皮！”这恐怕是他平生第一次想要某个人的命。

还以为是什么大不了的事呢。公卿个个脸上挂着不耐烦，可总得给皇帝个面子，遂顺着司马衷的意思附和道："如此，请廷尉治司马威的罪。"

当日，司马威被处死了。

后来者居上（齐王 VS 成都王）

这场勤王战争中，西线的河间王司马颙始终没有任何动作。司马伦死后的第三天，也就是 6 月 7 日，他居然厚颜无耻地进了京，准备分一杯羹。

按说司马颙是来晚了，可当他进了京城才发现自己并不是来得最晚的。勤王联军的发起者——南线统帅、齐王司马冏还没到。原来，直到现在，司马冏仍然跟司马伦仅存的余党张泓在阳翟僵持不下。因为司马冏低劣得令人发指的战术，这场早该结束的战争一拖再拖。

成都王司马颖无奈之下，只好从朝廷派出一支军队援助齐王司马冏，总算剿灭了张泓。张泓，这位顽强的将领在主子已经玩完的绝境下，死死挡住兵力比自己多出十几倍的敌人。说句公道话，他在此战中表现绝佳，但遗憾的是他跟错了人，再辉煌的战绩也仅是昙花一现，他本人再无其他事迹载于史册。

回过来说司马冏，他进京的障碍被扫清，但他依旧没动窝。身为勤王盟主却无所作为，反而让司马颖抢了头功，更让他颜面扫地的是，最后还得靠司马颖帮他解围，要是就这么进京，岂不是铁定被司马颖压得翻不了身？司马冏决定要个小手段。

"集结附近所有军队，等人都聚齐了再进京。"

司马冏又在阳翟耗了一个来月。直到 7 月底，他总算把周边郡县的几十万军队全部统合在一起，然后才大张旗鼓开进京城。这么一来，司马冏凭借压倒性的兵力后来者居上，声势瞬间盖过司马颖。

8 月，朝廷正式下诏，司马冏官拜大司马、都督中外诸军事，赐九锡之礼，成为新一届辅政重臣。

齐王司马冏大权在握，每天登门拜访者络绎不绝，其间出了个小插曲，一直无所事事的奸厂王爷司马榦露面了。

若是寻常人来访，司马冏大可端坐府中，但司马榦到底是皇室宗亲中辈分最高的长辈（司马昭的胞弟，皇帝司马衷的三叔爷），司马冏不敢怠慢，趋步府外恭迎。

“不知叔爷大驾光临，有失远迎，恕罪恕罪！”司马冏表面尊敬，心里却烦得要命。这位司马榦向来脑子不太正常，前些天，司马冏率领几十万大军进京，宗室公卿皆备重礼恭迎，唯独司马榦莫名其妙拿着一百文钱硬塞到司马冏手里。此番前来，不晓得又会做出什么怪异举动。

司马榦径直进了司马冏的寝室，一屁股坐到床上，又大大咧咧地拍了拍司马冏的胳膊：“我得嘱咐你句话，你可别嫌我啰唆。”

司马冏神情尴尬又不得不表示恭敬：“叔爷请讲，晚辈听着呢。”

司马榦突然扯开嗓门喊了句：“你可别学柏女那个儿子！”

“啊！”此言一出，不光司马冏脸色骤变，左右人等尽皆骇然。柏女是司马懿的宠妾柏夫人。柏夫人的儿子即是司马伦。所谓别学柏女的儿子，就是明言告诉司马冏别称帝。如果这话从一个脑子正常的人嘴里说出来，基本等同于把谋反的大帽子实实在在扣到了司马冏脑袋上。无奈，司马榦不属于正常人之列。

老东西真是口无遮拦，哪有这么说话的！

司马冏直想找个地缝钻进去。

虽说司马肜和司马榦在宗室至亲中辈分最高（司马懿仅存的两个儿子），但这两个位高无权的老头在司马冏眼里根本不值一提。他真正的竞争对手，唯有勤王战争中的另外两路统帅——河间王司马颙和成都王司马颖二人。

先说说墙头草司马颙，在那场战争中，他一开始选择支持司马伦，即便到后来也是首尾两端，但朝廷顾及他关中都督的重要分量，还是决定给他加官晋爵。最终，司马颙捞到了太尉和侍中的官位，虽然谈不上有实权，但毕竟他没出一点力，也算空手套白狼。几天后，司马颙返回长安属地。

再说半傻子司马颖，他在勤王战争中战绩最好（这是相比司马冏和司马颙而言，其实打得也挺丢人），但到头来居然什么都没捞着。论兵力，他没司马冏多；论头脑，他没司马冏灵；论地位，他是司马冏最强大的潜在竞争对手。所有这些因素加在一起，造成了他最冤的待遇。

参与勤王战争的藩王总共有五人，除司马冏、司马颙、司马颖外，还有两位——司马乂官任左军将军，掌握一定数量的皇宫禁军；司马歆升任镇南大将军、荆州都督。

几天后，司马歆准备回荆州去了。临行前，他和司马冏、司马颖、司马乂同去拜谒皇陵。

四位藩王表面上看是一团和气，可就在谒陵的途中，四人却有意无意地分成了两拨。派系划分完全依据他们在勤王战争中南、北两线的归属——同属北线的司马颖和司马乂一拨，同属南线的司马冏和司马歆一拨。走着走着，两拨人渐行渐远。

司马乂朝身后瞟了一眼，已看不见司马冏和司马歆的人影。“哼！”他闷哼一声，抬头仰视天空，似在自言自语，“这天下基业可是先帝（司马炎）创建的。”

司马颖觉得司马乂话里有话：“是、是啊……”六哥什么意思？

“你不明白吗？先帝的天下，还轮不到司马攸的儿子（司马冏）来管！十六弟，你才是辅政的不二人选。”

司马颖耷拉着脑袋，想起连月来的遭遇，心里觉得无比憋屈。自己在勤王战争中功劳最大，又第一个进京，如今却屈居司马冏之下。“唉……”他叹了口气，不想再多说什么。

再看另一拨，这时候，司马歆也若有所思地对司马冏言道：“还是司马颖跟皇室的血缘更近哪……”

所谓跟皇室的血缘更近，显然是拿司马冏（皇帝的堂弟）与司马颖（皇帝的亲弟）相比。司马冏会意：“说得是啊……那堂叔您的意思呢？”

“司马颖声望高，不能把他晾在一边不管，你最好让他跟你一起辅政，如果他跟你不对付，那就先下手为强，趁早夺了他的兵权！”

“嗯……多谢堂叔提醒。”

世上没有不透风的墙。但凡听到他们这番各怀鬼胎的对话的人，心里都在发怵：看这架势，想让社稷安定怕是没指望了。

远离是非（齐王 VS 成都王）

新野公司马歆离开洛阳去了荆州。齐王司马冏和成都王司马颖各自拥兵数十万，齐聚洛阳城中。

司马冏思来想去，自忖没把握夺去司马颖兵权，迫于舆论压力，只好邀请司马颖辅政。司马冏的心计远在司马颖之上，他确信司马颖肯定玩不过自己。

司马颖虽说脑子不好，但到底还有些自知之明，倘若真跟司马冏搅在一块，早晚有一天会被对方搞死。于是，他向卢志求教保全之策。

卢志劝道："两雄并立朝廷，日后必起争执。臣建议您以照顾母亲病体为由返回邺城，远离京都这个是非之地。您表现得越谦逊，就越能赢得天下士民之心，将来前途不可限量。"

司马颖连连点头。

翌日，司马颖连招呼都没打就动身返回邺城。等出了洛阳城，他才给司马冏写了封信，陈明自己避嫌退让的意愿，尽量让对方安心。

司马冏可并不踏实。他内心其实挺纠结，司马颖留在洛阳是个隐患，去了邺城同样是个隐患，但好歹眼不见心不烦。不管怎么说，人已经走了，能做的唯有好生安抚。于是，他授予司马颖大将军官位，同时任都督中外诸军事、录尚书事、假黄钺，又赐九锡之礼。乍一看，这几个权位都挺唬人，但却是虚名，因为司马颖身在邺城，根本没法染指京畿中央军和尚书台，由此，都督中外诸军事和录尚书自是形同虚设。

接下来，我们要着重讲一下假黄钺这项权力。

前文提到过，魏国名臣辛毗持节帮司马懿遏制求战心切的雍州诸将。魏朝时，假节、持节、使持节、假节钺、假黄钺都是一个意思，但到了晋朝，这些称号开始细分出了三六九等，它们由低到高依次是：

假节——平时没权力处置人，只有战时可处死犯军令者；

持节——平时可处死平民，战时可处死二千石以下官员；

使持节——无论平时、战时，皆可处死二千石以下官员。

权力最高的，则非司马颖获得的假黄钺莫属了。假黄钺，也称假节钺——在任何时候，基本是想杀谁就杀谁，甚至连其他假节、持节、使持节的高级官员也是说杀就杀。

假黄钺的权力大到顶天是不假，但在这个智障者充当吉祥物、朝廷政变迭起的乱世中，司马颖本来就是邺城的土皇帝，即便没有假黄钺，一样也是想杀谁就杀谁。总而言之，司马冏给了司马颖诸多虚名，只盼他不要惹是生非。

司马颖回到邺城后，听从卢志的建议，推掉容易惹麻烦的九锡之礼，做了很多收揽人心的事。

他造了一批棺材，将勤王战争中阵亡的士兵，无论敌我全部妥善安葬，又从邺城划拨出十五万斛米运到阳翟赈济灾民。阳翟是勤王战争中的南线，司马冏和张泓曾在这里打了好几个月。当地老百姓被司马冏卷入战乱，却得到司马颖的救助。这的确是个高招，卢志刻意为司马颖树立起与司马冏截然不同的形象。

司马颖的人情也卖给了很多朝臣。譬如，司马冏怀疑陆机（“金谷二十四友”之一）帮司马伦撰写禅位诏书，便想处死陆机，司马颖百般求情，救下陆机的性命。过了些天，他又举荐陆机任平原太守，陆云任清河太守。因为邺城距离平原郡和清河郡相当近，且同属冀州境内，司马颖此举等于是把陆氏兄弟拉到自己伞下。

因为有卢志的辅佐，原本脑子不那么灵光的司马颖，声望与日俱增。

放下邺城的成都王司马颖不提，我们来看看朝廷局势。

司马颖一走，可害苦了留在朝中的政治盟友——六哥司马乂。此时，司马乂官任左军将军，掌握一定数量的皇宫禁军，随着司马颖的离去，他成了司马冏的眼中钉、肉中刺。没两天，司马冏便晋升司马乂为骠骑将军。骠骑将军官位比左军将军高，但不统领皇宫禁军，只有几百侍卫。

至此，参与勤王战争的五位藩王中的三位——河间王司马颙、新野公司马歆、成都王司马颖相继回到自己属地，长沙王司马乂的禁军兵权被剥夺，齐王司马冏完全控制了朝政。

司马冏搬进他老爸司马攸昔日的故府。按说司马攸的府邸规模已相当庞大，可司马冏还不知足，他霸占北边的集市进一步扩建府邸，占地规模几乎和皇宫等同，又将府邸南边数以百计的民居夷为平地，在那里修建官署，形成了又一个朝廷。接着，他凿穿皇宫西墙，这样，自己的府邸便能直通皇宫西阁。同时，司马冏让亲信何勖（之前曾协助司马冏起兵勤王）任中领军，执掌皇宫内禁军兵权。

转眼过去大半年，到了公元 302 年 5 月，皇帝司马衷最后一个后代——皇孙司马尚（司马遹的幼子）夭折。

这下，司马衷所有的子孙都死光了，皇室面临一个严重的问题——没有皇储。虽说当时司马衷正值壮年，又新册立了皇后羊献容，但说实话，谁都不想把希望寄托在司马衷的生育能力上。生不生得出来另当别论，就算生出来，万一再是个傻子呢？社稷已经乱到这步田地，唯有指望有个皇室成员站出来扭转危局。

朝廷里再次响起立皇太弟的呼声。

按说司马冏是帝国的实际掌权人，本应近水楼台先得月。但他是司马衷的堂弟，血缘疏远。再者，他当政期间飞扬跋扈，引起众多公卿不满。因此，司马冏与皇太弟的宝座失之交臂，而公卿的目光则瞄向司马衷的十六弟——在邺城疯狂收买人心的成都王司马颖。

如若司马颖当上皇太弟，司马冏煞费苦心取得的地位将一朝化为乌有。为了避免这种局面，司马冏想出一个办法。立什么皇太弟？干脆找个不懂事的皇室小孩过继给司马衷当皇太子算了。挑来拣去，他选中司马衷十三弟司马遐（曾助司马玮发动政变，致使卫瓘被灭门）的儿子——年仅八岁的司马覃。司马遐刚于一年前病死，司马覃一没成年，二没爸爸，这是他当选的主要原因。事办得相当顺利，司马覃被立为皇太子，司马冏则兼任太子太师，成为储君的监护人。这么一来，朝政就可以继续把持在司马冏手里了。

江东游子

前文说陆机差点被齐王司马冏处死，结果被成都王司马颖保了下来。陆机大难不死，又迎来仕途的第二个春天，自是对司马颖感恩戴德。但他有个朋友却对此大不以为然。

“中原适逢多事之秋，士衡（陆机字士衡）你还不如辞了官，回江东避难去。”

劝阻陆机的人名叫顾荣，正是江东“吴郡四姓”中的顾氏家族成员，他的爷爷是吴国第二任丞相顾雍，他的两个堂兄则是在“南鲁党争”中被孙权整死的顾谭和顾承。陆、顾两家是世交。

陆机想了想，摇摇头道：“知恩自当图报。司马颖救了我的命，又举荐我任平原太守，我哪能不去？再说，司马颖得人心，跟着他或许还能干出一番成就。”

陆机没听顾荣的劝，和弟弟陆云北渡黄河来到冀州赴任。

这里讲讲顾荣。公元 280 年时，顾荣从江东来到洛阳，与陆机、陆云兄弟并称为江东“三俊”。在司马伦称帝时，顾荣被迫担任司马伦儿子的幕僚，司马伦垮台后，他又做了司马冏的幕僚。

顾荣预感到司马冏迟早玩完，总担心城门失火，殃及池鱼。不过，他虽然有避世的愿望，却受名声拖累，始终没机会辞官。

他有个朋友名叫张翰，也是江东人，和顾荣一样都在司马冏幕府做僚属。张翰提醒顾荣道：“天下纷乱，灾祸没完没了，你名重天下，想隐退很难，只能小心防范。”

顾荣连连叹气：“我整天过得提心吊胆，甚至看见刀和绳子就忍不住想自杀，谁能理解我的痛苦……”

张翰目不转睛地遥望着南方出神。

“真怀念家乡的茭白菜、睡莲粥，还有肥美的鲈鱼啊……”

顾荣怅然若失。我何尝不想回家，但回家哪有那么容易？

他正感怀，忽听张翰言道：“早先，我是跟着贺循（江东名士）来的洛阳。去年，贺循辞官返回江东。我也越来越觉得，自己来洛阳追求功名利禄实在是得不偿失。”说着，他向顾荣揖了揖手，“人生弥足珍贵的乃是随心所欲，不能太勉强自己。顾兄，就此拜别，我走了！”

言罢，张翰也没跟朝廷打声招呼，便跑回江东去了。

顾荣怔怔望着张翰的背影，口中喃喃自语：“真希望有朝一日我也能回江东，跟你一起采摘南山上的蕨菜，共饮三江之水！”

从这天开始，顾荣总是喝得酩酊大醉躲避官务。最后，司马冏忍不了，把顾荣赶出幕府，转去做了中书侍郎。

顾荣终于摆脱司马冏的控制，他来到中书省，瞬间断了酒瘾，一改常态，专心办公。然而，旁人马上觉得他不对劲，提醒道："您这酒醒得也太快了吧？"

顾荣心里一惊，只好又恢复到每天烂醉如泥的状态。

就这样，"二陆"北上冀州投奔了司马颖，顾荣虽没法辞官，但好歹摆脱了司马冏幕僚的身份。而同在这段时间，江东名士纪瞻也像贺循、张翰一样辞掉官职，逃回江东老家。

这批江东游子，有些身不由己留在中原，有些义无反顾回到江东，在后面的故事里，他们还会再次出现，并对天下大势的发展起到重要作用。

小人物（河间王、成都王 VS 齐王）

自司马炎死后，那些利欲熏心的宗室藩王似乎就被一种宿命牢牢束缚着——他们像木偶一样被身边的小人物操控，进而闹得热火朝天。时至今日，这一宿命依然没有终结的迹象。

一年来，翊军校尉（中层禁军将领）李含在洛阳过得如坐针毡。他原本是河间王司马颙的幕僚。一年前，司马颙收到司马冏的勤王檄文时，李含力劝主子傍司马伦大腿。司马颙开始听从，只是而后发现司马冏、司马颖兵力更多，才又转变了立场。

李含傍司马伦，是因他曾受过孙秀提拔。司马伦垮台后，李含没受牵连，不过，他也没能跟司马颙返回关中，而是被司马冏留在朝中任职。李含有过支持司马伦的前科，心里一直七上八下，更让他忧虑的是，他的几个政敌——皇甫商等人如今全成了司马冏身边的红人。

司马冏、皇甫商这帮人肯定会整死我，还是去投奔故主司马颙吧！

一阵寒风吹过，李含打了个冷战，他的思路也从最初的冲动渐渐变得清晰。不能就这么没来由地去见司马颙，倘若朝廷追究自己擅离职守的罪名，即便司马颙也不一定能罩得住。可留在洛阳迟早是个死，怎么办才好？他脑子如电光石火般飞转，继而，他萌生出一个大胆的念头。

不如铤而走险……李含思绪迸发的瞬间，意味着西晋王朝又将面临一场更大的浩劫了。

公元 303 年初，一个月黑风高夜，李含偷偷潜出洛阳城，快马加鞭向长安疾驰而去。

次日深夜，李含抵达长安，见到了救星司马颙。

“你怎么来啦？”河间王司马颙颇感惊讶。

李含定了定神，故作神秘地说了一番话：“这段时间，司马冏擅权自重，令朝野失望。朝廷希望您能首倡义军，讨伐司马冏！”说着，他伸手入怀，掏出了一封粗制滥造的密诏。

司马颙接过密诏，看了几遍也辨不出真伪。但这并不重要，在这个纷乱的时代，欲望在人心中疯狂滋长蔓延，讨伐朝中权臣，意味着自己有机会取而代之。司马颙不想再去深究密诏的来龙去脉，他两眼放光，向李含问道：“快说说你的想法！”

李含回答：“臣有个主意，殿下可以给京城的司马乂写一封密信，让他做内应协助讨伐司马冏，然后，咱们把这事透露给司马冏，司马冏必杀司马乂。如此一来，司马冏必激起公愤，殿下传檄四方，声讨司马冏，更加名正言顺。司马乂又跟司马颖是一派，司马乂死了，司马颖也会起兵响应。事成后，拥立司马颖承袭帝位，您就能登上宰相之位了！”

这主意可谓险恶至极，与当初司马伦、孙秀借司马遹之死讨伐贾南风如出一辙。

“妙计啊！”拥立新皇帝，自己成为辅政重臣，这样的机遇千载难逢。

司马颙听得血脉偾张。他说干就干，当即给司马乂写了封密信，又偷偷透露给司马冏。随后写檄文陈述司马冏的罪状，并声称勒兵十万，邀邺城的司马颖、荆州的司马歆、许昌的司马虓（皇帝司马衷的堂叔）一齐发兵洛阳。

讨伐檄文传到邺城，卢志觉得不妙，他劝司马颖道：“这事千万别答应。您要是帮着司马颙兴风作浪，以前苦心积累的好名声都将付诸东流！”

往昔，司马颖对卢志言听计从，可现在，他脑子里只有司马颙给他的承诺。他答应我，事成后拥立我当皇帝，这条件简直太诱人了……

“卢志，这回……我不想听你的。我要起兵！帮司马颙，换个皇位来坐！”

成都王司马颖没听卢志的谏言，他受司马颙的鼓动在邺城举兵。而另外两路藩王——司马歆和司马虓，则没有什么动作，司马歆原是司马冏一派，他打算隔岸观火。

绝地反击战（长沙王 VS 齐王）

公元 303 年 1 月底，河间王司马颙的上表传到洛阳。

齐王司马冏大惊失色。

“司马颙和司马颖受奸人蛊惑，图谋造反！”他扫视着同僚，“你们说，该怎么办？”

朝堂上鸦雀无声，公卿心想：首辅重臣的位子哪有那么好坐，惹得别人眼红被赶下台，所谓风水轮流转，这种事早就见怪不怪了。俄顷，一个苍老的声音打破了僵局。说话者是王戎。此前，他因为跟贾南风有姻亲关系被司马伦罢免，司马伦倒台后又重返政坛，官任尚书令。“老臣觉得……”王戎顿了顿，他觉得下面要说的话有点危险，遂打算先给司马冏一个台阶，“您勤王确是立下大功，但无奈赏赐不足以令那两位藩王满意，是故他们起了二心……”

“嗯……你有什么对策？”

王戎低着头，给自己壮了壮胆，言道：“臣斗胆，请您逊位避嫌，这样或可全身而退！”

“啊？”司马冏倒吸一口凉气。这老东西哪里是给自己出主意？分明是要拆自己的台。

见王戎开了头，中书监司马越（司马懿四弟司马馗的孙子，曾协助贾南风剿灭杨骏）也随声附和：“臣也赞同王大人的意见！”

司马冏不知所措，眼看群臣就要受王戎和司马越的撺掇劝自己逊位，局面愈发不可收拾。恰在这时，司马冏的一名幕僚站了出来：“昔日伪皇帝司马伦篡取社稷，天下吵吵嚷嚷，却没有一个人敢站出来反对。你们难道忘了是殿下首倡义兵，亲临矢石，才让陛下复辟！二王悖逆，朝廷理应讨伐。试问，自汉、魏以来，但凡辅政重臣被免职的，有一个能得善终吗？持此议者可斩首示众！”

幕僚这番驳斥镇住了场面。所有人都不敢再多说一句话。

王戎吓得脸色煞白。再不抽身而退，怕是要死在这儿了。“臣……臣要去厕所……”他冒出这么句话，便忙不迭逃出大殿。到了厕所，王戎佯装五石散药性发作，一个趔趄栽倒在地上，随后趁乱被人搀扶回家，躲过了一劫。

朝议就在这纷乱的气氛中戛然而止。

与此同时，司马颙命李含率关中军从西路攻向洛阳，司马颖也积极备战，随时准备从北路打过来。而那封寄给长沙王司马乂，让其做内应协助讨伐司马冏的密信，也如李含计划的那样，顺利泄露给了司马冏。司马冏见自己眼皮底下藏着内奸，决定先下手为强，他火速派出一支禁军攻向司马乂府邸，一场兵祸即将在洛阳城再度展开。

“启禀殿下，司马冏的军队正杀向咱们这儿！”

长沙王司马乂被这晴天霹雳般的消息震得脑子一阵发蒙：“这……这没道理啊……”司马冏肯定是听到什么风声，但他自己都还没决定是否响应司马颙的策反，更没采取任何行动……等等，既是密谋，司马冏怎么会知道？难不成……顿时，司马乂明白了一切。自己的死才是司马颙希望的。

不能就这么充当司马颙的炮灰，要想活命，唯有拼死一搏！他索性豁出去了。

“快！集齐所有侍卫！”

长沙王司马乂仅拥有百余名侍卫。他当然不会傻到拿自己百十来号人去死磕齐王司马冏派来的几千人。

“所有人！跟我入宫！”去皇宫，是他唯一的生路。他要去那里取出一件颇有价值的道具——智障皇帝司马衷。

司马乂带着一百多侍卫避开司马冏的军队，向皇宫一路狂奔。前面说过，司马冏在自己府邸南边修官署，建立新朝廷，大有取代皇宫的势头，皇宫因此日渐没落，守卫松懈，这反倒给司马乂闯宫制造了条件。司马乂顺利冲进皇宫大门，直奔司马衷的寝宫。

“陛下！齐王谋反了！”

“啊？是吗？”对于司马衷来说，他面对这样的情景几乎习以为常了。“那怎么办？”

“请陛下发诏，命皇宫内禁军讨伐司马冏！”

司马衷秉承着被谁挟持就听谁的习惯，顺从地成了司马乂手里的道具。司马乂下令：“关闭皇宫所有城门！皇宫内禁军皆听我号令，抵抗叛贼司马冏！”

原本，皇宫内禁军都归司马冏亲信——中领军何勖统领，但毕竟皇帝诏书的分量更重，禁军纷纷响应司马乂，何勖见局面失控，仓皇逃归司马冏处。就这样，本来身处绝境的司马乂凭借皇帝这杆大旗咸鱼翻生，迅速聚拢起一支足以跟司马冏抗衡的军队并展开反攻。

司马乂有皇帝做后盾，士气大振，更可以名正言顺地指责司马冏谋反。

司马冏也不甘示弱，他让黄门令从皇宫偷出驺虞幡，然后命骑兵高举驺虞幡在阵前往来驰骋，声称司马乂矫诏，勉强弥补了己方声势上的不足。

两个藩王各自利用手里的道具试图压倒对方。这是司马乂与司马冏的较量，也是皇帝与驺虞幡的较量。

司马冏的府邸紧邻皇宫西墙，这场战争的主战场便集中在皇宫西墙周围，自然而然，战火也烧进了皇宫。皇帝司马衷这次算是真切见识到了战争是怎么一回事。往昔，他虽经历过无数政变，但像今天这样如此接近战场还是头一遭，流矢漫天乱飞，时不时射到他的身边，让他魂飞魄散。皇宫多处起火，那些一心救火的公卿大臣，成批成批地被箭雨射死。

无论司马衷自己多么不情愿，但他确实起到了不小的作用，活人的影响力到底比驺虞幡大些，渐渐地，司马乂的优势越来越明显。

战争持续的时间不长，到了第三天，司马冏的亲信——中领军何勖被同僚刺杀，司马冏战败被俘。司马衷肯定没意识到，这场战争是他打赢的——他战胜了驺虞幡。

战争结束后，司马衷看着司马冏被五花大绑地带到自己跟前，自然，他无法清楚辨析这其中的缘由。箭虽然差点射到自己，可毕竟是没射中，所以，司马冏大概是无罪的吧？

“能不能赦免他，别杀他？”

司马乂听了这话，气不打一处来，他可不希望司马衷再说出什么不合时宜的傻话，也没搭理这位智障皇帝，便下令："赶快把这逆臣推出去！"

司马冏被推推搡搡地向大殿外走去，他清楚自己的结局，但还是一步三回头，哀怜地望向司马衷："陛下您难道忘啦？当初是臣首倡义兵，您才能重登皇位啊！"

单从这方面来讲，司马冏和司马衷大概是难以达成共识的，因为司马衷并不能真正理解复辟的意义所在，他仅仅是觉得司马冏很可怜："别杀他……行不行？"他到底是咱们的堂弟啊，为什么一家人非得杀来杀去？他永远想不明白。

这位齐王司马攸的儿子——司马冏，在秉政一年零五个月后被堂兄司马乂斩首，司马冏的三个儿子被囚禁于金墉城，他的同党俱被夷灭三族，共两千多人受牵连被杀。后来到"永嘉之乱"时，司马冏的后代全部被匈奴人屠灭了。

司马冏的死引得一位皇室长辈连连叹息："眼见宗室日渐衰败，只有这孩子最优秀，如今又把他杀了，以后算彻底完了。"同情司马冏的长辈正是奸尸王爷司马榦，当初司马冏进京时，他莫名其妙地拿着一百文钱送礼，然后又口无遮拦地劝司马冏别称帝。司马榦说话办事一向着三不着两，司马冏是不是宗室中最优秀者有待商榷，但他后半句倒算没说错，西晋王朝确实算彻底完了。

长沙王司马乂杀了司马冏后，官拜太尉、都督中外诸军事，成为朝廷新一届首辅重臣。

再说起先讨伐司马伦的那几位藩王——司马乂跟司马颖一派，司马歆跟司马冏一派。是故，司马歆跟司马乂算敌对派系。政变时，司马歆官拜荆州都督，并在司马乂与司马冏的火并中隔岸观火，没有采取任何行动。而今，司马冏死了，司马乂当政，这无疑会影响到司马歆的命运。

这段时间以来，司马歆在荆州治政苛刻，激起荆州南部少数民族群起反叛。几个月后，司马歆请求朝廷准许他讨伐叛民。司马乂本来就不待见司马歆，一听司马歆找朝廷要兵权，更怀疑司马歆是要对付自己，遂不准司马歆出兵。没多久，荆州起义愈演愈烈，司马歆最终被叛民杀了。

各怀鬼胎（河间王、成都王 VS 长沙王）

按照原定计划，长沙王司马乂该被齐王司马冏杀了才对，没想到结局却反了过来。

远在长安的河间王司马颙郁闷了，他本来想拿讨伐司马冏当借口，盼着打胜后能登上宰辅之位，折腾半天，司马冏居然被司马乂搞死了，自己没了出兵的借口，一切都跟从前没两样。邺城的成都王司马颖也郁闷了，虽说司马乂一直是自己的政治盟友（当然也是自己的亲哥哥），可司马乂得了势，自己又没当上皇太弟，这些都让司马颖分外眼红。于是，司马颙和司马颖这两位藩王只能继续窝在自己属地，静观其变。

起初，倒霉的司马乂被推到绝境，却成功地反戈一击，如今，他官拜太尉、都督中外诸军事，成了这起政变的最大受益者。然而，司马乂其实也挺郁闷，他根本不想坐上这个令兄弟们眼红的位子，可又骑虎难下。经过一番权衡，他决定采取低姿态——所有朝廷政务事无巨细均向邺城的司马颖禀报后再实施。于是，当时便形成了这样一个奇特的格局——邺城的司马颖犹如太上皇，遥控着洛阳的朝廷。

可即便这样，司马颖还是不满意，他一心盼着司马乂玩完，自己好当上皇太弟。自然，司马颙、司马颖、司马乂这三兄弟的恩怨不会就此结束，而是才刚刚开始。

藩王各怀鬼胎，过得都不踏实，而这一切的始作俑者李含更是郁闷透顶。按说司马冏一死，他的危机就应该随之解除，但事与愿违的是，他昔日的政敌皇甫商居然又当上了司马乂的幕僚。也就是说，李含的危机仍挥之不去。更糟糕的是，皇甫商的哥哥皇甫重官任秦州刺史。秦州邻接雍州关中，这让身在关中的李含觉得芒刺在背。

他对司马颙言道："殿下！臣想提醒您，皇甫商成了司马乂的人，他哥哥皇甫重肯定不会为您所用，不如尽早除掉这个祸患。"

"嗯。"司马颙懒得抬眼看李含，他相当不爽。从勤王战争初选择支持司马伦，到起兵讨伐司马冏，全是李含的主意，结果没一件事让自己捞到便宜。但事已至此，他只能继续被李含牵着鼻子走："你又有什么主意？"

"您上表，请朝廷召皇甫重入朝任官。皇甫重从秦州去洛阳必经过长安，咱们可以趁机将他拿下。"

"行吧。"司马颙也没别的办法。

然而，李含实在是不走运，他的计划竟不慎被皇甫重知道了。皇甫重立刻上表，请求朝廷准许他出兵讨伐李含。

司马乂自己刚被李含算计过，心里一直憋着口怨气，也想杀李含。但李含毕竟在司马颙麾下，皇甫重讨伐李含，实则是向司马颙发难，这事司马颖肯定不答应。司马乂想了又想，提出一个交换条件。他一方面安抚皇甫重，不准他出兵；另一方面召李含入朝，以防他再惹是生非，等李含入了朝，要杀要剐也就易如反掌了。

司马颙眼看李含的谋划一次次破产，也不想再罩着这个倒霉蛋了。

"去吧，去吧，料想司马乂不会为难你。你到洛阳后伺机刺杀司马乂，我在外策应。"

李含就这样被司马颙打发去了洛阳。出乎意料的是，李含虽然老实就范，但皇甫重却不奉召，更调动起秦州兵马剑指司马颙。司马颙当然不会坐以待毙，他煽动秦州各郡太守率军讨伐皇甫重。秦州开始内乱起来。

皇甫重这场秦州防卫战将会持续很长时间，暂且撂下不提。

再说洛阳这边。李含无疑是羊入虎口，没过两天就被司马乂处死。这个本不足挂齿的小人物，与昔日司马玮的幕僚公孙宏、岐盛，司马伦的幕僚孙秀一样，一度把他们的主子玩得团团转，并接二连三引发一连串动荡。归根结底，还是那些欲望膨胀、能力又低得一塌糊涂的藩王给他们创造了土壤。

李含果然被司马乂杀了！司马颙听到这个消息，心头闪过一丝遗憾，再怎么说也是自己的幕僚，又肩负着刺杀司马乂的使命，但转念间，他马上意识到，为李含报仇正是一个讨伐司马乂的理由。想当初，李含打算借司马冏之手搞死司马乂，然后以此为由讨伐司马冏的计划未能得逞。如今，已在九泉之下的李含肯定想不到，他生前那些无数次落空的谋略，最终竟因为自己的死得以达成了。

总之，司马颙决定在关中起兵，同时力邀司马颖加盟。那么说，司马颙自己想争权，为何要一而再，再而三拉上司马颖，还许诺把司马颖托上皇帝的宝座？

我们大致看下三方实力就能明白：司马颙的关中军不足十万；司马乂的京畿中央军有数万，但战斗力极高（这点在前面的勤王战争中已经有所体现），又有朝廷和皇帝作为后盾；司马颖在冀州邺城则有超过二十万大军。所以，简单地说，就是司马颙单凭己力打不过司马乂，与其跟司马乂斗得两败俱伤，不如抱定司马颖的大粗腿，并事先商量好分赃方式——你当皇储我当宰相，来得更保险。

司马颖的僚属卢志极其反对主子跟司马颙合作。

卢志绝非死忠保皇派。按照他的规划，司马颖应该先耐心经营声望，占据义理的制高点，最后成为像春秋时代齐桓公一样的诸侯霸主，接下来，或者带领其他藩王匡扶皇室，或者承袭帝位，无论怎么玩都游刃有余，只有这样路才能走得长远。可眼前讨伐司马乂这事，半傻子司马颖明摆着是被司马颙当枪使，走上了一条歧路。

司马颖考虑不到卢志那么远，他一想到垂涎已久的皇太弟宝座就坐不住，两句话就被司马颙撺掇起来。

“拿我的铠甲来！”司马颖脱去官服，在侍从的帮助下换上一身闪亮的铠甲。他本来颜值就高，在铠甲的衬托下显得更加英姿勃发。

“卢志，看我这身戎装，讨伐司马乂肯定不在话下吧！”

卢志草草敷衍了几句，心里嘀咕：所谓“金玉其外，败絮其中”，就是这个样子吧。对卢志来说，司马颖是自己苦心雕琢的一件艺术品，本来颇具升值潜力，却被司马颙的脏手给毁了。

公元303年秋，司马颙和司马颖联名上表，声言要起兵讨伐朝中权臣。矛头指向三个人——司马乂、皇甫商、羊玄之。皇甫商是导致李含被杀的重要人物，既要为李含报仇，自然少不了他。羊玄之是皇后羊献容的爸爸，他官拜尚书右仆射，庸庸碌碌，干吗要捎带上这个人？想必，除了羊玄之可能跟司马乂走得太近之外，更多的原因是司马颖怕羊献容不小心生个皇子，挡自己称帝的路，便先行把羊玄之摆在非正义的立场，为将来废掉羊献容铺路。

给朝廷上表相当于双方正式撕破脸。司马乂心里很窝火，他这么小心翼翼地照顾司马颖的面子，可司马颖还是蒙了心要跟自己干仗，再说什么都没用了，只能战场上见分晓。

9 月，司马颙从长安进驻到郑县，然后拨给部将张方七万关中军，命其攻向洛阳；另一边，司马颖亲率二十余万冀州军从邺城攻向洛阳。和之前的勤王战争格局一样，司马颙、张方在西线，司马颖在北线。

先说西线战况，司马乂派皇甫商率一万多中央军西出洛阳迎击张方。10 月上旬，皇甫商惨败，张方顺势推进到洛阳城下。不出几天，张方不费吹灰之力攻破了洛阳城。

“赢了！”张方大喜过望。

可等他开进洛阳后，才发觉不对劲。

“不对啊……这根本是座空城……”

朝廷是空的，满朝公卿大半都缩在家里；皇宫是空的，司马衷连人影都没有；各中央军营是空的，朝廷军仿佛都人间蒸发了。显然，司马乂也不在城里。正因为这样，张方才能如此轻松地杀进洛阳。

事实情况是，司马乂不想困守洛阳，又自忖无力同时应付两路攻势，于是，他早就带着皇帝司马衷和所有能调动的中央军出了洛阳，亲自北上去抵御司马颖了。要知道，司马颖有二十万大军，司马乂根本没有余力在洛阳留下一兵一卒。

这下张方踏实了，他在洛阳城内肆无忌惮地烧杀抢掠，屠杀近万人，然后固守在城中。皇后羊献容的爸爸羊玄之眼见张方攻陷洛阳，竟被生生吓死了。

再来讲北线战况，司马乂早在 10 月初便驻军到洛阳东北方——靠近黄河的河桥，阻挡南下的司马颖。

他遥望着黄河北岸，问道：“敌方前锋统帅是谁？”不消说，他知道司马颖这个半白痴根本不会打仗，更不可能亲自当前锋。

“回禀殿下，是陆机。”

“哦，是那个江东名士啊……”司马乂捋了捋胡须，沉吟道：“这仗，我们能赢！”

盛名之下，其实难副

司马乂这样说不光是为鼓舞士气，也有客观的分析。下面，让我们把目光投向黄河以北司马颖的阵营，看看陆机是怎么被推到前锋统帅这个位置上的。

司马颖让陆机当前锋统帅是出于如下考虑：陆机的祖父陆逊、父亲陆抗都是名将，整天耳濡目染，肯定知道怎么打仗。况且，当统帅就得能镇得住人，陆机是名士，声望那么高，应该错不了。

但是司马颖没有想透彻（当然，以司马颖的智商也很难想透彻），陆机是名士不假，但名士大多有个臭毛病——看不起人，这正是陆机初到洛阳时候的状态，可想而知，他跟中原名士处得并不怎么样。更何况，陆机是遭遇人生低谷才流落到冀州，怎么可能镇得住军中那些中原名士？至于说将门之后就更虚无缥缈了，要知道，打仗是门技术活，很多人在战场上摸爬滚打了一辈子才掌握一星半点，绝不是听家里人讲故事就能学会的。

果然，司马颖军中的将领得知陆机做了前锋统帅，纷纷表示不满。在众多反对者中，最激烈的就是陆机的两个熟人——王粹和牵秀。

“让这南蛮子当咱们的顶头上司，实在忍不了！”

昔日，王粹、牵秀、陆机同属于一个小团体，便是元康年间的“金谷二十四友”。虽然大家都曾在金谷园中一起醉生梦死过，但王粹和牵秀见陆机一跃爬到自己头上，心里根本不服气。其实，说是“金谷二十四友”，但这个“友”实则是指二十四人都是贾谧的“友”，而他们彼此之间除了极个别有生死之交外（譬如石崇和潘岳，以及被石崇救过性命的刘舆、刘琨兄弟），大多数也仅算是酒肉朋友，更不用提这些人免不了在贾谧跟前争风吃醋了。顺便再提一句，王粹是伐吴战役中最大功臣王濬的孙子，牵秀是魏朝名将牵招的孙子，二人祖上都赫赫有名，也难怪他们这样心高气傲。

陆机对此心知肚明，遂向司马颖连连推辞：“道家说‘三世为将乃大忌’。正因为臣的祖父和父亲都为将，所以臣不能再为将了。”做将领就少不了杀人，天理循环，报应不爽，所谓事不过三，这怕是要遭报应的。这算是个冠冕堂皇的理由，他其实知道自己根本镇不住别人。

“唉！说的什么话？等打了胜仗，我给你封爵，让你位列三公。”

“殿下……”陆机还想再争，却被司马颖打断了。

“就这么定了。”

陆机暗想：如果再推辞，司马颖大概会觉得自己首鼠两端，恐怕祸事会来得更快吧。最终，他不得不妥协：“既然如此，臣也就不再推辞了。只是……”

“只是什么？”

陆机擦了擦额头上的汗：“从前，齐桓公因信任管仲成为诸侯霸主，燕惠王因猜忌乐毅功败垂成，眼前这场仗能不能打赢，其实在您不在我！”陆机想到，下属不服肯定少不了风言风语，司马颖这个半傻子难免听信谗言，所以，他是暗示司马颖要用人不疑。

“行了，我知道了。”莫名其妙，到底在说些什么？……司马颖没太听懂。

陆机退下后，卢志问司马颖：“殿下，刚刚陆机那番话，您明白是什么意思吗？”

“哦，啊……大概明白。”

卢志暗自冷笑，言道：“他是自比管仲乐毅，却把您比作昏君！”陆机当然没这意思，但卢志却从另一个角度曲解了这句话。

“什、什么？”若非卢志提醒，司马颖还真没往这方面想。

司马颖沉默了，卢志这话，让他对陆机有了新的看法，但是，是他自己一再要求陆机当前锋统帅的，说出去的话不便再收回来，就先看看再说吧……

卢志之前一直以正面形象示人，此时恶语中伤陆机，是因为他和王粹、牵秀等人一样，看不惯一个南方人爬到自己头上。另外，卢志与陆机之间也发生过摩擦。

有次，卢志在大庭广众下问陆机：“陆逊和陆抗是你什么人？”他当着陆机的面直呼对方先人名讳，相当无礼。

陆机很生气，决定以其人之道还治其人之身，便反唇相讥：“就像卢毓、卢珽跟你的关系一样！”卢毓是卢志的爷爷，卢珽是卢志的爸爸。

卢志被弄得下不来台，二人闹得不欢而散。事后，陆云劝陆机道：“卢志可能真不知道，你何必那么较真儿？”

陆机心里仍愤愤不平，他板着脸道：“咱们父祖威名远播四海，谁人不知？卢志这么说话就是存心找不痛快！”

几十年后，东晋名臣谢安以这段逸事来评价“二陆”优劣，谢安认为陆机不畏权贵，维护家族尊严，陆云则显得胆小示弱，故认为陆机要强于陆云。不过客观地讲，陆云只是性格比较随和，而且，他也绝不是一个胆小怕事之辈。

另有一则关于陆云的逸事，也直接影响了“二陆”在邺城的地位。

邺城有个名叫孟玖的太监深得司马颖宠信。一次，孟玖央求司马颖让他爸爸当邯郸县令。

陆云直言劝谏：“邯郸是冀州重镇，怎能随随便便让个宦官的爸爸来管？”

孟玖恨得咬牙切齿。

陆云初来乍到便得罪了权宦孟玖，这比陆机得罪卢志还要命。因为，无论是陆机还是陆云都没有意识到，他们跟司马颖麾下的宿臣交恶，实则已上升到了派系斗争的程度。包括卢志在内的绝大部分人都同属一个派系，而孟玖正是这个派系的首领。

就在陆机当上前锋统帅之际，孟玖的弟弟孟超也率领一支军队归于陆机麾下。行军途中，孟超的军队抢劫沿路百姓。陆机逮捕了几个主犯。孟超闻讯，亲自带着一百铁骑闯入陆机的军营，把自己部下放了出来。继而，他指着陆机的鼻子骂道：“南蛮子！看你能做几天统帅！”

按理说，陆机拥有司马颖授予的假节权力，完全可以将孟超斩首示众，但他毕竟没带过军，心里发虚，又不懂树立权威的重要性，便本着息事宁人的态度没再追究。事后，孟超不仅没收敛，反而大肆散布陆机通敌的谣言。通常情况下，反间计都来自敌方，可孟超却自发地要搞垮己方统帅。这么窝里斗，让陆机的军队完全丧失了凝聚力。

总而言之，陆机这个前锋统帅做得相当窝囊。

就在陆机整军备战的前夕，他的帅旗被风吹折了。

“噩兆啊……”陆机叹了口气，笼罩在他心头的乌云更加凝重了。

二 陆

司马乂原本希望皇甫商能顶住西线张方，可没想到皇甫商一败涂地。10 月中旬，司马乂不得不放弃河桥回守洛阳。

陆机顺势南渡过黄河，占据河桥，并派牵秀追击司马乂。

10 月 22 日，司马乂在洛阳城东的缑氏击退牵秀。陆机军本来凝聚力就不强，首战失利，只好停止进攻，这给司马乂赢得了宝贵的时机，让他得以专心对付洛阳城内的张方。

月底，司马乂在洛阳城内与张方展开巷战。张方的军队一见皇帝的旗帜瞬间土崩瓦解，纷纷逃出城外。司马乂乘胜追击，但张方在洛阳城西重整旗鼓，建立防御工事，挡住了司马乂。司马乂退回洛阳城中坚守。

与此同时，司马颖率主力军进驻河桥，前锋陆机也乘势推进到洛阳城东不远处。

战役进行到了这个阶段，司马乂终于要面对他最不愿见到的局面——困守洛阳城，同时应付来自西线张方和东线陆机两支军队的夹击。司马乂向司马颖提出和谈，条件是以陕为界，自己统治陕地以西，司马颖统治陕地以东。结果遭到司马颖拒绝。

11 月 3 日，司马乂趁西线张方喘息的机会，在洛阳城东的建春门摆开阵势，决定与陆机一决雌雄。

这场战斗中出现了难得一见有技术含量的攻击手段。司马乂的前锋部将王瑚给数千匹战马身上都绑上长戟，将骑兵猛烈的冲击力发挥到极致，远远看去，犹如一只飞奔的刺猬冲进陆机军阵。

陆机军被这支武装到牙齿的骑兵打得阵脚大乱。司马乂见王瑚得手，全军尽出，顷刻间，陆机军团一个接一个瓦解。

建春门之战以司马乂大获全胜、陆机惨败收场。司马颖的十六个部将被斩首，头颅悬挂在洛阳铜驼街。在这些战死者中，包括孟玖的弟弟——孟超。

孟超向来不服从陆机军令，甚至试图搞垮陆机，按理说，死个添乱的孟超对陆机应该是好事，然而陆机没想到，这最终给他带来了灭顶之灾。在陆机后方的河桥，孟玖得知弟弟的死讯气得发疯。他认为是陆机把弟弟害死的，遂发誓要搞死陆机给弟弟报仇。

孟玖串通牵秀等人向司马颖进谗言，诬陷陆机暗通司马乂，故意在建春门战败。

司马颖听风就是雨，当即命令牵秀干掉陆机。

次日黎明，熟睡中的陆机被侍卫叫醒："大人，牵秀突然率军前来，已经到大营门口了。"

"啊……"陆机不由得一惊，旋即，他意识到是怎么回事了，"我早料到殿下会听信谗言，他一定是派牵秀来杀我的……"

陆机穿上一身便服，缓步出了营门。对面，牵秀气势汹汹地喝道："奉成都王之命，将陆机就地正法！"言毕，牵秀的军队齐刷刷拔刀出鞘。

营中士卒闻言，一片哗然。有人不由自主地拿起武器，只待陆机一声令下就要自卫。

陆机朝两旁摆了摆手，示意左右克制："放下武器，不准妄动。"继而，他哀叹道："当初我想推掉前锋统帅之职，无奈殿下不答应，今日果然因此丧命，岂非天意！"

牵秀见陆机束手就擒，当场下令将陆机斩首。

临刑前，陆机仰天长叹："华亭鹤唳，真的再也听不到了！"华亭在江东吴郡，陆机多么希望能重新来过，倘使如此，他一定会听顾荣的劝告返回家乡，可此时后悔已晚。

陆机死后，陆云也被缉拿。

司马颖的幕僚江统苦劝："敌方势弱，我方势强，陆氏兄弟又都受过您的厚恩，怎么可能背叛您去投奔司马乂？您该慎重调查此事，若陆机真有反情再诛杀陆云也不晚。"

卢志一心想置陆氏兄弟于死地，当场跟江统争执起来："殿下您别忘了，当年司马伦杀中护军赵浚，赦免其子赵骧，而后赵骧投奔您反攻司马伦，这就是前车之鉴啊！"

孟玖也在旁撺掇司马颖赶紧杀了陆云。司马颖同意，下令将陆云斩首。

江东吴郡陆氏家族纵然风光无限，但这祖孙三代人的命运皆如此坎坷，“二陆”被杀，再度让这一家族蒙受重大打击。

炙（东海王 VS 长沙王）

司马颖临阵换帅，只好亲自率军攻城。不难想象，这支近二十万人的军队在司马颖的统御下战斗力低得一塌糊涂。但不管怎么说，洛阳城中的司马乂同时遭到东西两线夹击，形势仍异常危险。

王瑚、祖逖（tì）（这个人在后文中很有故事）建议司马乂联络雍州刺史刘沈，请他帮忙攻打关中，迫使司马颙和张方回防以减轻西线的压力。司马乂同意。

刘沈不负所托，火速率军攻向司马颙的老巢。司马颙不得不离开郑县去迎战刘沈，但洛阳城西的张方还是没动窝。

这个时候，秦州刺史皇甫重正跟几股亲司马颙的势力进行苦战，再加上刚刚起兵的雍州刺史刘沈，整个西部已经乱成了一锅粥。司马乂为解救皇甫重，又让皇甫商携调停诏书前往秦州。但皇甫商在去秦州的途中不幸被司马颙捕杀。

战事持续到来年，也就是公元 304 年，攻守双方都被打得奄奄一息。

洛阳城西的张方久攻不下，又考虑到主子司马颙在老家关中陷入苦战，渐渐萌生了退意。城东的司马颖更是死伤六七万人，损失惨重。司马乂日子也不好过，洛阳城中存粮已经见底，每百升谷售价高达上万，基本上没人能吃得起。不过好在他手里还有司马衷这杆大旗，帮他鼓舞士气。

就在洛阳城内的守军死扛的时候，一位皇室藩王判断司马乂胜利无望，决定站出来提前打破僵局，顺便也为自己谋一条后路。这人正是东海王司马越，他是司马懿四弟司马馗的孙子，皇帝司马衷的族叔，属于皇室远亲，十几年前帮贾南风剿灭了杨骏，前文中曾露过几回脸。

公元 304 年 1 月 17 日，东海王司马越暗中勾结了几个禁军将领，出其不意地发动政变，将长沙王司马乂缉拿。

第二天，司马越奏请朝廷免除司马乂一切职权，并将其押赴金墉城软禁。

司马乂满腔悲愤，上表言道：“如果臣的死能让国家安泰，臣无怨无悔，只怕最后是恶人得志，对陛下没有好处。”自然，皇帝司马衷全无半点判断力，也没法干涉。

总之，长沙王司马乂倒台，东海王司马越顺利接掌政权。而后，司马越下令诸军放弃戒备，迎接司马颖入城。司马越到底没敢让张方进城，几个月前张方在洛阳城内烧杀抢掠的恶劣行径仍令所有人心有余悸。

持续了四个多月的洛阳攻防战死伤近十万人，就因这突如其来的变故结束了。司马颖率军进了城。这支军队全无胜利者该有的意气风发，反而个个累得筋疲力尽，犹如残兵败将。待洛阳城内的将士目睹敌军的惨状后，心里后悔不迭。

“看他们这副惨象，只要咱们再撑几天肯定能赢，可惜功亏一篑！”

“不！还有机会，咱们去金墉城把长沙王救出来，再把司马颖打出去！”

守城将士的企图，不期传到司马越耳朵里，令他极度恐惧。如果真把司马乂放虎归山，自己必死无疑。

司马越决定先行除掉司马乂。

黄门侍郎潘滔言道：“不用您出手，自会有人代劳。”

潘滔口中这位代劳者便是张方。他派人给张方送出口信，告知司马乂关押的位置，又约定时间放张方进城。

1 月 20 日，张方率军冲进金墉城，把司马乂劫持到了自己军营。

司马乂被五花大绑着推到张方面前，他根本不屑正眼看张方，仰着头，言道：“我已成阶下囚，你要杀便杀！”

张方牙根咬得咯咯作响：“杀你是肯定的，但不能让你死得那么容易！”

随即，他用铁链将司马乂绑在一根粗大的铜柱上。这铜柱中空，里面堆满了柴火。

张方一声令下：“炙之！”铜柱中的柴火被点燃了。

这种刑杀方式名为炮烙，是商朝暴君殷纣王发明的酷刑。火不会直接烧到司马乂，但铜柱越来越烫，司马乂的皮肉开始滋滋作响，继而冒出浓烟。撕心裂肺的哀号声不绝于耳。这样惨绝人寰的景象，就连张方的军士也不忍直视。

过了好一会儿，司马乂总算断气了，这绝对是天赐的解脱。他秉政一年，死时二十八岁。客观地评价，在西晋那些参与政变的藩王中，这位司马炎第六子——长沙王司马乂算屈指可数名声不错的，他性格冷静又懂得克制，无论对皇帝司马衷，还是对邺城的司马颖，他都很恭敬，从没干过什么不守本分的事。然而，司马乂却死得最悲惨，实在令人惋惜。

此时，西部的战事并未随着司马乂的死而结束。司马颙依然跟雍州刺史刘沈苦战，秦州刺史皇甫重则正被几股亲司马颙的势力包围。公元304年初，司马颙被刘沈打得连连败退，不得不召张方回关中支援。张方临走前闯进洛阳，劫持了一万多人，并在回程途中把这些人充当军粮都吃掉了。

荡阴之战（东海王VS成都王）

洛阳城经过这四个多月的战火摧残，已残破不堪，成都王司马颖看着眼前这一片断壁残垣，又得知自己大本营冀州北部刚刚发生民变，不想在洛阳继续耗下去了。不过，他也不甘把洛阳拱手让人，于是，他处死了大批不属于自己派系的禁军将领，并任命亲信石超（石苞的孙子）为中护军，率五万军驻守洛阳，然后才放心地返回邺城。

司马颖虽然走了，但依然遥控着洛阳朝政。没过两天，司马颖在邺城官拜丞相，僚属卢志当上了中书监。中书省向来都坐落于皇宫内，可卢志这个中书监却身在邺城，这意味着中书省也一并搬到了邺城，从此，司马颖便可以随心所欲地颁布诏书了。

除了司马颖，另一个得到实惠的自然是这场战争的发起人——关中都督、河间王司马颙。他得到张方支援，很快剿灭了刘沈。战后，司马颙官拜太宰、大都督（相当于大司马）、雍州牧。由此，司马颙的势力范围从关中地区一下子扩大到整个雍州，且同时包揽了雍州军政两界大权。他的亲信部将张方也升任右将军。

公元304年，本来极尽繁华的京都洛阳无比萧条，朝廷名存实亡，而成都王司马颖和河间王司马颙，一个在东北（冀州邺城），一个在西（雍州关中），形成当时两大最强势力。

该年4月，司马颖废掉皇后羊献容和皇太子司马覃，并把羊献容关到了金墉城里。羊献容上一次住金墉城是拜司马伦所赐，可那次毕竟没被废，算是陪司马衷去的。时隔两年，她首次被废黜了皇后身份。之所以要强调首次，是因为这种事未来还会在她身上发生很多次。这下，司马衷又没老婆了，皇室的继承人也空了出来。

司马颙不失时机地上表请求册立司马颖为皇太弟。司马颖总算得到了企盼已久的皇储身份。

两个藩王一唱一和，上演着欢乐的双簧，却忽略了一个人。留在洛阳执掌尚书台的东海王司马越一点儿都高兴不起来，他原先的中书监官位被卢志夺走，虽然还挂着尚书令的官位，但凡事都要请示司马颖，也是形同虚设。

要不是我发动政变搞掉司马乂，你们哪有今天！司马越忍不了。

8月17日，司马越伙同右卫将军陈眕（zhěn）（“金谷二十四友”之一，陈準的儿子，颍川陈氏族人）勒兵攻入云龙门，成功控制了皇帝司马衷和公卿朝臣。司马颖留在洛阳的亲信——中护军石超见局面失控，仓皇逃奔邺城。

几个月前，皇后羊献容和太子司马覃被司马颖废掉，现在，司马越既然要讨伐司马颖，那么迎羊献容和司马覃复位自然顺理成章。8月19日，羊献容被司马越从金墉城里接了出来，被废三个多月后，她又重新恢复了皇后身份。

8月20日，东海王司马越亲自挂帅，北伐成都王司马颖。受前两次战争的启发，他带上了皇帝司马衷这个提升士气的强力道具。果不其然，因为皇帝的影响力，短短几天就有十万人应征入伍，加入到讨伐司马颖的大军中。

司马衷身边有位侍中名叫嵇绍，他正是“竹林七贤”中的嵇康的儿子。这次出征，嵇绍也要陪着司马衷随军出征。

同僚见嵇绍急匆匆地出发，一把扯住了嵇绍的衣襟：“这场仗安危难测，你最好给自己备匹快马，只要看形势不对就逃命。”

嵇绍正了正衣冠，朗声回答：“臣子理应守护在天子身边，生死有命，要快马有什么用？”

就这样，嵇绍怀着誓死护君的决心踏上了征途。

与此同时，在冀州邺城，司马颖得知司马越会集十余万大军讨伐自己的消息后，吓得手足无措。

“这、这可怎么办？”

卢志什么话都没说。他一直为司马颖跟司马颙搅和在一起怄气。

司马繇言道：“天子亲征，您该主动出城请罪！”这人是司马伷的儿子，也即是司马衷、司马颖兄弟的族叔。杨骏死后，司马繇被二哥司马澹诬告谋反，遭到流放。后因政权更迭，他结束了流放生涯，一直跟司马颖待在邺城。

司马颖听到这话，狠狠瞪了司马繇一眼。司马繇唯唯诺诺退到一旁，不敢再多嘴。

旋即，司马颖派石超率五万冀州军迎战司马越。

石超出发了，可留守在邺城的官吏无不心里发毛。先前打洛阳打成那副德行，能赢几乎是侥幸，这次居然又要跟皇帝对阵。没两天，邺城官吏士卒纷纷逃亡。就在这批逃亡者中，有司马越同党陈眕的两个弟弟——陈匡和陈规，他们一出邺城就去投奔了司马越。

9 月初，石超率军五万挥师南下，司马越则带着十几万人渡过黄河一路向北，两支大军即将迎头相遇。

在讲述这场即将到来的战争前，我们先分析一下这两支军队的情况。

近两年发生过的几场战争中，手握朝廷军（包括京畿中央军和皇宫禁军）和皇帝的一方，屡次取得以少胜多的战绩，皇帝的威信力和朝廷军的战斗力是主要原因。这回，司马越控制着皇帝，又率领多于敌军两倍的朝廷军，看起来应该是稳操胜券，然而，他却没有意识到情况正发生着微妙的变化。早些年，政变再怎么热闹也碰不到皇帝，可随着司马冏、司马颙、司马颖这三位藩王一个接一个起兵，为了讨伐政敌甚至无视皇帝的安危后，皇帝——这个强力道具的功效也就日渐削弱了。而且，司马越这十几万人又是临时征募的民兵，论战斗力，与真正的朝廷军差了不是一星半点。

一切都在潜移默化中发生着改变，诚然，司马越没这份洞察力。

就在司马越向邺城进发的路上，他遇到了前来投奔的陈匡和陈规。

“邺城情况怎么样？”

“士气涣散，逃跑的人不计其数！”

“好！看来这场仗是赢定了！”司马越放松了戒备。

9月9日，石超和司马越在荡阴（今河南省安阳市以南的汤阴县）狭路相逢。

石超的五万冀州军远离邺城，反而免受大本营士气涣散的消极影响，仍保持着凝聚力。而司马越这边，无论是皇帝的威信力，还是朝廷军的战斗力，都今非昔比，再加上他受陈匡和陈规情报的误导，完全没做任何防御戒备。

“不是说冀州军完全垮了吗？怎么石超还敢出来迎击？”

司马越仓皇应战。

这支号称朝廷军的民兵大多只为混口饭吃，奢望借着皇帝的余威不战而胜，可一到真打起来，谁都不想白白送命，转眼间作鸟兽散。

结果不难猜测，东海王司马越被打得溃不成军。

逃吧！但能逃到哪儿去？几天前，关中的司马颙已经派遣张方发兵东进，洛阳估计是凶多吉少，想到这里，司马越舍弃了大军，往东逃到徐州。可是，徐州都督司马楙（司马孚的孙子，司马望第四子）拒绝接纳司马越。司马越只好逃回到自己的藩国——位于青州的东海国（今山东省郯城一带）。当时的青州都督正是司马越的二弟司马略，司马越遂被弟弟保护起来。

干涸的血渍

放下司马越的事先不提，再回来说说荡阴的战事。

这个时候，主帅司马越跑了，十几万民兵也跑了，皇帝被无情地舍弃了。司马衷像没头苍蝇一样盲目乱窜。他一边跑，一边伸手擦了擦脸上的汗水，却感到脸颊火辣辣地痛。战场上刀剑无眼，司马衷的脸不知什么时候被割出了一道深深的伤口。他实在是跑不动了，弓起腰，大口喘着粗气，这一缓神，才又注意到自己已经身中三箭。

“疼死了……”这可比当初阿皮（司马威）掰断自己手指要疼得多。但奇怪的是，他跑了这么久，居然没发觉。司马衷平生第一次意识到人对于痛苦感知过分迟钝的奇妙。一旦知道自己身受重伤，反而跑得不如之前快了，他一瘸一拐地迈开步，没注意到脚下横躺的尸体，一个趔趄，滚落到旁边的草丛中。

司马衷痛苦地呻吟着，就这么趴在地上起不来了。

这些青蛙拼命地叫，到底是为官还是为私？

他们是为利，为生存。

司马衷模模糊糊想起这件往事。当时他根本听不明白，此时此刻，他似乎有点懂了。

无论如何，不会有人来救我了。他静静地等待生命的终结。

“陛下！陛下！”一阵呼喊声在不远处响起，司马衷猛地抬起头，居然看到一个人跌跌撞撞地向自己狂奔过来。

“嵇侍中！”

跑来的人正是嵇绍。

“臣没能保护好陛下！”嵇绍失声痛哭，一下子扑倒在地。

“嵇绍！你、你是来救朕的？”

“只要臣活着，必以性命守护陛下！”

嵇绍紧紧握住司马衷的手，艰难地把这位落难的皇帝搀扶起来。

司马衷号啕痛哭。多少年来，他头一次感觉到有人真的关心他。

“陛下，此地不宜久留，快跟我走！”言讫，嵇绍搀着司马衷打算逃离战场。

然而，这君臣二人没走几步就被敌军发现了。

转眼间，冀州军将司马衷和嵇绍团团围住。众人紧紧握着兵器，不敢妄动皇帝。几名士卒小声嘀咕了几句，便冲上去，一把将嵇绍拽到旁边，按在地上。

“你们要干什么！”司马衷企图去拉嵇绍，却被冀州军挡住。

一瞬间，司马衷明白了，他这一生中仿佛从没像现在这般明白过。他们肯定是要杀嵇绍。司马衷发了疯一样哭喊哀求：“不要杀他！求求你们！别杀他！他是忠臣啊！”

忠臣？如今这世道忠臣又有什么用？一名将官冷冷言道：“奉皇太弟（司马颖）之命，唯不伤害陛下一人而已，其他人，杀无赦！”

几柄利刃当场穿透了嵇绍的胸口，鲜血喷射而出，溅到司马衷的衣服上。

毋庸置疑，嵇绍舍身护主的行为缘于根深蒂固的忠君思想，其中或多或少还掺杂了他对仕途的追求。可当嵇绍咽气的那一刻，他大概只有一个想法：司马衷是个可怜人，所以，我才要不惜性命去保护他。长久烙印在嵇绍内心深处的，到底是亡父嵇康的广陵绝响，还是山涛的谆谆教诲——“天地尚有四季更迭，何况人呢”？

原来，时间真的可以改变一切……

战事结束了。

中书监卢志赶赴战场，来到司马衷的面前。

“陛下，奉皇太弟之命，臣接您去邺城。”

司马衷唯有从命。

在前往邺城的路上，司马衷饥饿难耐，他哀求道：“能不能给我点吃的？”

石超不耐烦地把一碗清水搁到司马衷跟前：“只有这个，喝吧！”

有些士卒看不下去，偷偷摘了些野桃呈上，让司马衷聊以果腹。

就这样，司马衷被带到了邺城。他目光呆滞，独坐在一间宫室中，什么都不想说，什么都不想做，就如他之前一样。这一切到底为了什么？常年来，他一直在思考这个问题，但他根本想不明白。

几名太监凑上前。

“陛下，您浑身是血，把衣服脱下来，臣给你拿去洗洗。”

这位智障者听罢，死死盯着衣服上的血渍泪流满面，然后，抬起头，以无比坚定的语气大声喊道：“这血是嵇绍的，不能洗！”他并不懂得眼泪在政治中的价值，也无从知晓自己和嵇绍先辈之间的血海深仇，他只知道，自从司马炎死后，嵇绍是唯一真心实意守护自己的人。如今，这个人只剩下干涸的血渍留在了自己的衣服上。

半傻子司马颖打赢了这场仗，又将皇帝纳于己手。他脑海中浮现出五年前的一幕。他因看不惯贾谧对太子司马遹无礼，不假思索地呵斥贾谧，就因为这事，他被贾南风排挤出朝廷，赶到邺城。那时候他想：臣下怎能对主君无礼？而今，他也走上了这条路。主君无能，臣下又凭什么尊崇主君？

对于司马颖来说，他同样是个被时间改变的人。

与此同时，洛阳被司马颙的部将张方攻破。张方进京后干的第一件事，就是又把太子司马覃和皇后羊献容给废了。

还不到半年光景，羊献容经历了被废，然后复位，紧接着又被废这样不可思议的遭遇。羊献容死的心都有了，可她没有选择去死，她强迫自己习惯这一切。谁知道往后还会发生些什么呢？羊献容隐约觉得自己的命运实在过于离奇，她决定活下去，坚强地活下去，活着看到这一切的结束。

逃出邺城：琅邪王

荡阴之战结束了，司马颖的居城——邺城的局势也稍稍稳定了下来。恰在这段时间，邺城发生了两件暂时看似微不足道的小事。可就是这两件不起眼的事，竟在不久后引发了东晋开国，以及十六国的大格局，实在是相当重要。下面，我们就来讲讲这两件小事。

大获全胜的司马颖想起开战前族叔司马繇劝自己卸甲投降的话。

当初要是听他的，我今天恐怕是死无葬身之地了！

9 月 18 日，司马颖将司马繇处死。

前面说过，司马繇是伐吴战役中立下大功的琅邪王司马伷的第三子。他的母亲是魏朝“淮南三叛”中的诸葛诞的女儿——诸葛太妃。所以论辈分，他是司马衷、司马颖兄弟的族叔。司马繇总共有三个兄弟，分别是大哥司马觐、二哥司马澹、四弟司马漼。

其中，老二司马澹帮贾南风灭过杨骏，废过司马遹，又帮司马伦灭过贾南风，还诬告过老三司马繇谋反，致使司马繇被流放，绝对是个到处惹事的害人精。到了司马冏掌权时，诸葛太妃上表状告司马澹不孝（司马澹的老婆郭氏是贾南风的表妹，经常倚仗家世欺凌诸葛太妃），朝廷遂将司马澹流放。老三司马繇得以重返政坛，不承想因为劝司马颖投降朝廷被司马颖杀了。老四司马漼曾与王舆攻杀孙秀，为废黜司马伦、迎司马衷复辟立下殊勋。

剩下一个老大司马觐是家族嫡长子，继承了司马伷琅邪王的爵位。他本人没什么事迹，若一定要说，那也只能提提他的老婆——魏朝初代名将夏侯渊的曾孙女——夏侯光姬了。

《魏书》中有个故事，说司马觐的儿子司马睿其实是他老婆夏侯光姬跟牛金通奸所生。这纯属无稽之谈。司马睿于公元 276 年出生，而牛金早在三国时期公元 209 年即登场。假设那时候牛金年仅二十岁，那么他和夏侯光姬通奸生出司马睿时也该有八十七岁高龄，这显然不可能。不过，苍蝇不叮无缝的蛋，夏侯光姬的私生活确实不太检点。世间盛传夏侯光姬与一名姓牛的小吏通奸生下了司马睿，如此，司马睿或许真是牛氏后人也说不定。

再怎么说，司马睿身为司马觐的嫡长子、司马伷的嫡长孙，到底继承了琅邪王这个爵位。这些年，司马睿一直居住在洛阳，但因为司马越起兵北伐，他也不得不随军出征。荡阴战败后，他作为俘虏被软禁在邺城。

我们要说的这第一件小事，便是发生在司马睿身上。

“三叔（司马繇）因为一句话就被司马颖给杀了……”时年二十九岁的司马睿吓得坐立不安。

不行，待在邺城早晚会步三叔后尘，必须得逃出去！

一个雷雨交加的夜晚，司马睿在侍从宋典的陪同下悄悄潜逃出邺城，踏着泥泞往洛阳而去。他为什么要去洛阳？这是因为他的母亲夏侯光姬仍身陷于此，他急于把母亲接出来一起回琅邪藩国。

心急如焚的司马睿骑马一路狂奔，侍从宋典被远远甩到了身后。等他来到黄河北岸的重要关隘——河阳的时候，才发觉自己已是孑然一身。

“宋典真够磨蹭！”司马睿低声嘀咕着，往关门处走去。

“站住！”守关军吏横戟拦住了司马睿，“奉皇太弟之命，任何官员不得出关！”

糟糕！早知道应该假扮成平民。司马睿这才意识到自己穿的衣服太好了。

在这危急关头，侍从宋典从后面追了上来。他瞧见窘迫的司马睿，立刻猜到是怎么回事。

宋典急中生智，故作镇静，骑着马慢悠悠来到司马睿身旁。接着，他像对待下人一样拿马鞭戳了戳司马睿，嘲弄道：“官府禁止权贵通行，没想到你这个舍长

（管客栈的低级官吏）也算权贵啦！”言罢，开怀大笑。

守关军吏听对方只是个舍长，遂不再盘查。

司马睿在宋典的帮助下穿过河阳，南渡黄河，来到被张方控制的洛阳，成功救出了母亲夏侯光姬，随后火速逃到自己的藩国——位于东部的徐州琅邪郡。

司马睿在后面还会有很多故事。这里，我们暂且先把他放下，再来看看另一个逃离邺城的重要人物。

逃出邺城：匈奴王

要讲述下面这个人，我们必须要把时间线往前倒很久很久。

距晋朝建国四百多年前的西汉时期，公元前 202 年，汉高祖刘邦亲率大军征讨匈奴，却被栾提冒顿（栾提是姓，冒顿是名）单于（匈奴部落首领的称呼）打得惨败。刘邦迫不得已对匈奴采取和亲政策，将一位皇室公主嫁给冒顿单于，并与冒顿结为兄弟。从此，冒顿的子孙世代多改姓刘。公元 48 年，匈奴内部分裂成北匈奴与南匈奴。北匈奴在南匈奴和汉朝廷的轮番攻击下不断西迁，后来逐渐淡出了历史舞台。南匈奴则依附汉朝，定居河套地区（黄河“几”字弯流域）。到了东汉黄巾党起义时，南匈奴羌渠单于的儿子于夫罗率领一支匈奴兵增援汉朝廷，恰逢南匈奴发生政变，羌渠单于被刺杀，于夫罗留在中原，最终归顺了曹操。曹操为进一步分化匈奴，又将南匈划分成左、右、南、北、中五部，安置在陕西、山西、河北一带，并任命于夫罗的儿子刘豹为左部帅，其余四部也都由刘姓匈奴贵族担任，一举终结了匈奴单于王朝。

左部帅刘豹从此定居山西太原郡。

正始末年，公元 249 年，太原郡刘豹的府邸洋溢着一片欢庆气氛，刘豹喜得贵子。也就是这一年，魏朝权臣司马懿发动高平陵政变，将曹爽一党尽数诛灭。司马懿当然想不到，这个刚呱呱坠地的婴儿未来会给他的子孙带来何等严重的影响。

刘豹为儿子取名刘渊。刘渊打小接受汉族文化熏陶，尤其精通《春秋左氏传》

和《孙吴兵法》，在武学方面的造诣也相当出众。另外，这支定居太原的匈奴刘氏家族与同郡的王家——太原王氏来往甚密，刘渊母丧期间，王昶（魏朝名将）派人前去吊唁，王浑、王济父子跟刘渊更是交情笃深。

刘渊二十五岁时以匈奴人质的身份迁居洛阳。晋朝初年，王浑多次跟司马炎举荐刘渊为官，王济甚至提议让刘渊担任东南方面军事统帅对抗吴国。

孔恂（"恂恂济济"之一）和杨珧（"三杨"中的老二）则持不同意见，二人警告司马炎说："刘渊才略出众不假，但俗话说，'非我族类，其心必异'。臣担心的不是他没法平定吴国，而是他平定了吴国后不会乖乖地回来。"

司马炎这才打消了让刘渊当藩镇的念头。顺便提一句，正因为此，司马炎驳了王浑、王济的面子，自然要好生安抚，便让王浑担任豫州都督，为最终扫平吴国奠定了基础。

秦州鲜卑首领秃发树机能叛乱时，李憙（曾弹劾过裴秀和山涛私占官田）提议让刘渊率军讨伐。李憙是上党人，上党郡紧邻平原郡，同属于并州，是故李憙跟刘渊也有同乡情谊。

孔恂再度反对："刘渊斩杀秃发树机能的那天，将是秦州真正大乱的开始。蛟龙得云雨，不再是池中之物！"

司马炎再度弃用刘渊。

刘渊的处境并非不得志那么简单，杀身之祸无时无刻不伴随着他。

司马攸曾对司马炎说："不杀刘渊，并州怕是永无宁日。"

王浑想保住自己的朋友，苦劝司马炎："刘渊是宽厚之人，臣可以担保。况且朝廷号称以诚信对待匈奴，怎能以莫须有的猜忌杀戮匈奴人质？"

刘渊的性命因王浑得以保全。

公元 279 年，刘豹死后，刘渊继任匈奴左部帅。到公元 290 年司马衷继位，杨骏疯狂赐官授爵，居然任命刘渊为五部大都督，由此，五部匈奴再度合而为一，全部归属刘渊麾下，曹操煞费苦心分裂匈奴的举措宣告终结。不过，毕竟匈奴人分裂了半个多世纪，刘渊统一匈奴的大业进展得并不太顺利，没多久，因匈奴人叛逃的事屡有发生，刘渊被罢免。此后不久，刘渊接受司马颖的笼络，居住在邺城。

我虽生在汉地，长在汉地，身体里却流淌着匈奴人的血。终有一天，我要重振匈奴声威！多年来，刘渊从没忘记过自己的誓言。

再说司马颖虽然在荡阴打了大胜仗，又挟持着皇帝，但他处境着实不妙。眼下，他陷入四面楚歌的窘境。在冀州西边，是身兼并州刺史与并州都督，独揽并州军政大权的司马腾，司马腾正是司马颖政敌司马越的胞弟。在冀州北边，则是幽州都督王浚（王昶侄孙，"文籍先生"王沈的儿子，太原王氏成员），早在司马伦篡位时代，王浚暗中支持司马伦，由此跟勤王联军北线统帅司马颖结下了梁子。

这个时候，司马腾和王浚已经公然举起讨伐司马颖的旗帜了。

刘渊抓住机遇，对司马颖言道："司马腾和王浚有十余万大军，恐非邺城所能抵挡。"

司马颖说："我想护送皇帝回洛阳，暂且避其锋芒，然后再昭示天下，讨伐叛逆。"

刘渊又说："殿下此言不妥。您是武皇帝（司马炎）之子，于皇室有殊勋，威望遍布四海，天下人谁不愿为您赴汤蹈火？王浚和司马腾的声望根本没法跟您比。如果您放弃大好优势离开邺城，就等于向敌人示弱，即便到达洛阳，权威也荡然无存，到时候怕是没人再听您的了……"

司马颖不住点头。刘渊的话看似有道理，但实则是把司马颖引入了一个陷阱。接下来，刘渊说出了他这番引言的重点。

"下臣想去说服五部匈奴协助殿下。幽州和并州的兵力不及五部匈奴，您安心镇守邺城，臣不日将率五部匈奴为您斩杀司马腾和王浚！"

司马颖动心了。

"好！我任命你为北单于！即刻出城，去召集五部匈奴的人马来帮我！"

刘渊终于出了邺城。什么北单于……匈奴人的尊号，不是由汉人来封的！刘渊怀着满腔热血奔赴并州左国城（今山西省方山县）。随后，他被族人推举为大单于，短短二十天内便纠合了五万匈奴军。

没多久，幽州都督王浚和并州都督司马腾果然发兵讨伐司马颖。刘渊象征性地派出五千匈奴军声援司马颖。这支匈奴军队只是远远地看热闹，坐观司马颖被王浚和司马腾打得节节败退，便退回左国城，不再管司马颖了。

王浚向邺城步步逼近，卢志劝司马颖逃跑。

“邺城尚有一万五千士卒，带着这些兵去洛阳，还能重整旗鼓。”

但司马颖的母亲程太妃不想走。司马颖也犹犹豫豫。卢志只好再去劝程太妃。好不容易把程太妃劝动了，一万五千士卒早逃得踪影全无了。卢志最后勉强凑了几十名骑兵，带着皇帝司马衷、成都王司马颖以及众多朝臣逃向洛阳。王浚攻破邺城后，纵容部下鲜卑士卒奸淫掳掠，屠杀了八千平民后返回幽州。

刘渊闻听司马颖撤离邺城，虚情假意地说道：“不听我良言，自投死路，真是个庸才！但我与他有约在先，不能不救他。”

刘渊的叔祖刘宣言道：“晋人像对待奴隶一样对待我们，今天他们骨肉相残，是上天为复兴匈奴抛弃他们。鲜卑人和我们一样都属于少数民族，我们该去帮他们推倒晋朝，怎么能阻挡他们帮助仇敌呢？”

无论是刘渊还是刘宣，都深受汉族文化熏陶，刘宣更是经学名家，他们从汉族文化中吸纳了令人咂舌的厚黑学。二人合力演了一出戏，一方面凸显刘渊重道义，另一方面则激起匈奴人反抗晋朝的意愿。

听了刘宣一席话，刘渊佯装醒悟：“说得对！我们有十余万兵力，要想踏平晋朝易如反掌。大业若成，我可以做汉高祖，即便最差的情况也可做个曹操！遥想汉朝统治天下四百余年，恩泽深入人心，所以，刘备仅凭巴蜀之地就敢跟曹操争锋。我本是汉朝刘氏的外甥，我们的祖先又跟汉高祖誓同兄弟，常言说，兄终弟及，我提议国号称‘汉’，尊奉后主刘禅，以让天下归心。”

公元 304 年底，刘渊自称汉王，追尊刘禅为孝怀皇帝，建立宗庙，供奉汉朝三祖（汉高祖刘邦、光武帝刘秀、昭烈帝刘备）五宗（文帝刘恒、武帝刘彻、宣帝刘询、明帝刘庄、章帝刘炟）的牌位。汉朝在亡了八十四年后，蜀汉在亡了四十一年后，居然双双被匈奴人从棺材里抬了出来，当上了匈奴人的开国先祖。三年后，刘渊正式称帝，他创建的王朝史称“汉赵（或前赵）”。

前文提到太原王氏遭遇低谷，说的就是现在。

原本，王家无比显赫，族中成员中，达官显贵不计其数，可刘渊这一宣布独立，他们跟刘渊的交情也就成了让他们无法翻身的黑背景，在朝中备受排挤。

太原王氏将会沉寂很长一段时间，直到东晋中期，这一家族才又重新崛起，到那时候，太原王氏将出现一位重要人物，这人最终会为东晋社稷做出巨大贡献。

就在刘渊称王的同时，远在巴蜀之地，氐族起义流民的首领李雄也攻克了成都，自称成都王。一年后，李雄称帝，国号“大成”，史称“成汉”。

汉赵和成汉这两个国家，便是即将到来的十六国时期最早兴起的两股割据势力。十六国，是指自公元 304 年匈奴人刘渊、氐人李雄接连独立至公元 439 年北魏拓跋焘灭北凉这一百多年，匈奴族、羯族、鲜卑族、羌族、氐族五个少数民族相继杀入中原建立起的十几个混乱政权。关于异常纷乱的十六国，这里放下不说，让我们回归到主线——司马家族上来。

不合脚的鞋

公元 304 年秋天，皇帝司马衷、皇太弟司马颖、中书监卢志等人带着残兵败将落魄地从邺城逃向洛阳。

一名侍从上前禀报：“陛下，咱们到温县了。”他之所以对司马衷着重说明，是因为这里是司马氏的故乡。再走不多远，就到了司马氏的祖坟了。要不要去拜祭祖坟？侍从怔怔地望着司马衷。

“哦……温县、温县……”司马衷依稀记得，亡父司马炎曾给他讲起过关于温县的故事，这是一个让司马衷感到无比温馨却又陌生的地方。一百多年前，“司马八达”中的老大司马朗带着族人从这里走了出去，等兵劫过后又回到了这里。那时正逢乱世，全天下几乎找不到一个安全的落脚点。而今，全天下都成了司马家族的囊中之物，可司马衷不这么觉得。他的家在哪儿？洛阳皇宫？与其说皇宫属于司马衷，毋宁说司马衷属于皇宫，他充其量也就算皇宫中的一件摆设罢了。

我想亲自向祖宗谢罪……

“扶朕下车。”

司马衷被侍从搀扶着下了车：“哎哟！脚好痛。”众人低头一看，才发现司马衷的鞋不知什么时候跑丢了。

一个宦官好心把自己的鞋脱下来给司马衷穿上。鞋并不合脚，就像皇位一样，本来就不该属于他。

司马衷迎着萧瑟的秋风，步履蹒跚走到祖坟前，扑通一声跪下，哇哇痛哭起来。这一切到底是为什么？！他想念司马炎，想念杨艳，却无比怨恨自己。司马颖沉默地跪在司马衷身后，一言不发。

当众人南渡黄河后，他们遇到了前来迎接的右将军张方。

“陛下，臣接您回洛阳。”张方说着，便要下拜。

“快！快扶他起来！”司马衷慌忙制止。他被吓怕了。

几天后，这伙落难者总算回到洛阳。可想而知，他们踏实不了几天。

远在关中的司马颙不甘心置身事外，暗中授意张方把皇帝连同朝廷一起带到长安来。

公元304年12月14日，张方率军闯入皇宫，将司马衷挟持到自己军营，并将皇宫洗劫一空。三天后，张方宣布迁都长安。

“放把火烧了洛阳，省得陛下老惦记！”

卢志闻言，脸都绿了：“万万不可啊！昔日董卓无道焚烧洛阳，过了一百多年世人还在骂他，您怎么能学他呢？”

幸亏卢志一番苦劝，张方这才作罢。

这年年底，从洛阳到长安的大道上挤满了人，张方率领数万大军护送着（更准确的说法是挟持着）司马衷、司马颖以及一票公卿朝臣浩浩荡荡去往长安城。皇帝又落入司马颙手中，洛阳仅留下尚书仆射荀藩（荀勖的儿子）、司隶校尉刘暾（直臣刘毅的儿子）、河南尹周馥（伐吴战役中王浑麾下周浚的堂弟）等人留守。从此，长安和洛阳，这一西一东两座都城，分别拥有各自的尚书台，长安称为西台，洛阳称为东台。东台听命于西台，但也保持着相对独立。

等张方一走，东台官员嘀咕起来。

“皇帝去了西台，咱东台好歹得有个皇室成员撑撑场面吧？”经过一番商议，众人决定奉迎羊献容复位，就这样，羊皇后成了东台的吉祥物。仅仅一年内，羊献容这个皇后得而复失，失而复得，然后又得而复失，失而复得，实在令人无语。

司徒王戎身为“竹林七贤”中仅存的一位，时已七十一岁高龄。他官拜司徒，但心思早就不在做官上。他不想去长安，也不想再留守洛阳，遂逃到洛阳附近的郏县避难，于翌年病逝。

十四年前，司马衷初登基时，尚书郎索靖调任雁门太守。临行前，他指着皇宫门口的铜骆驼叹道：“恐怕这里将要荆棘丛生了……”

而今，洛阳皇宫门口果然长满了杂草。

东西并立（东海王 VS 河间王）

眼看混乱不堪的公元 304 年差不多过去了。趁着年尾到来之际，我们把这年的年号做一个总结。

在讲吴国末代皇帝孙皓时提过，孙皓在位十八年，共改过八次年号，这算相当频繁了。可公元 304 年，说出来一定会令人大跌眼镜，短短一年里居然就改过四次年号。3 月，司马颖攻破洛阳后改元永安；9 月，荡阴战役结束，司马颖改元建武；12 月，张方把朝廷搬到长安后，东台官员恢复永安年号；结果没两天，司马颙在西台又宣布改元永兴。每一次改元都意味着政治动荡，这一年确实乱得一塌糊涂，而混乱还会持续下去。

随着皇帝移驾西都长安，洛阳以东的局势悄然发生着变化。

在荡阴被打得溃不成军的司马越逃到东海，但他并没有就此没落，反而在藩国内积蓄力量。另外，他的二弟并州都督司马腾、三弟青州都督司马略、堂弟豫州都督司马虓（xiāo），再加上幽州都督王浚，这些藩镇重臣皆唯司马越马首是瞻。东海王司马越的势力由此遍布洛阳以东，他的手也渐渐插进了东台。

公元 305 年 2 月，西台下诏，任命河间王司马颙都督中外诸军事，张方担任中领军、录尚书事。虽然司马颙完全控制了西台，但他不可能对迅速崛起的司马越置之不理，于是，他又颁布了一系列任免令向司马越示好。

首先，司马颙罢黜司马越的死对头——司马颖的一切官位及皇太弟的身份。想当初，司马颖曾是司马颙仰仗的大树，可三十年河东三十年河西，现如今司马颖犹如丧家之犬，寄人篱下，已经一无所有。司马颖失势后，其亲信——中书监卢志也被罢免。司马炎第二十五子——司马炽任皇太弟，成为新一届皇室继承人。

其次，司马颙任命司马越的四弟司马模担任冀州都督。这算个顺水人情，因为冀州被王浚攻破后已成无主之地，又处在司马越的势力包围网中，即便没这项任命，迟早也会被司马越夺走。

最后，任命司马越的三弟——青州都督司马略去洛阳当司隶校尉；拜司马越为太傅，来长安辅政。自然，司马越、司马略不可能放弃军队，让司马颙攥着自己的小命，所以兄弟二人不奉召，依然固守领地。

由此，东部的司马越和西部的司马颙，这两位皇帝的堂叔成了当时两大最强势力。

5 月，在长安任中领军、录尚书事的张方为了跟东台较劲儿，再度下诏废掉皇后羊献容。这是羊献容第三次被废。对于羊献容的遭遇，我们和她本人一样，都应该习以为常了。

接下来，我们不得不重提一件旧事。

一年半前，司马颙的幕僚李含处心积虑地算计他的政敌——秦州刺史皇甫重，由此激起皇甫重举兵反攻。司马颙调动秦州四个郡的太守围剿皇甫重。这场发生在秦州的内战居然一直持续至今。斗转星移，中原的局势瞬息万变，李含死了，司马乂死了，司马颖失势了，司马越和司马颙崛起了，可所有这些，皇甫重全都一无所知。他在敌军的围攻下困守孤城，与外界的消息完全隔绝。

这天，皇甫重的养子皇甫昌历尽万难，终于成功逃出城。他决定去找司马乂求援。

皇甫昌经过长安时傻眼了。皇帝和司马颖怎么都跑到这儿来啦？他继续一路往东，当他抵达洛阳的时候，愕然地发现皇宫城墙边杂草丛生，司马乂早都化成了灰，再往东则是东海王司马越的势力范围。

如今，司马越是唯一能跟司马颙抗衡的藩王。皇甫昌只好去找司马越求助。然而，司马越还在积蓄实力，并不想马上跟司马颙翻脸，断然拒绝了皇甫昌的请求。

皇甫昌不甘心两手空空地回秦州等死，他想出了一个主意，遂返回洛阳，对东台谎称："下官受东海王委托，迎羊献容重登皇后之位。"

大伙稀里糊涂地跟着皇甫昌把羊献容从金墉城里接了出来。

这时，皇甫昌说出了他的真正目的："请羊皇后下诏讨伐张方！"

东台官员一个个大眼瞪小眼，全吓呆了。纸包不住火。不多时，众人便得知事实真相，原来这一切都是皇甫昌自导自演，压根没司马越撑腰。于是，东台官员当即处死了给他们惹出大麻烦的皇甫昌，又慌忙把羊献容送回金墉城。

这事可别让张方知道。东台官员的心悬到了嗓子眼，谁都不想张扬，因此，记录历史的史官也就没把这番折腾列入羊献容的正式复位与罢黜。但事实上，这的确是羊献容第四次被废。

皇甫昌被杀的消息传到秦州后，皇甫重士气崩溃，城破人亡。这场在司马乂时代兴起的边境战争总算落幕。

大乱战（东海王 VS 河间王）

公元 305 年 8 月，东海王司马越在自己的藩国渐渐站稳了脚跟，他接受幕僚刘洽的建议，毅然举起讨伐河间王司马颙的旗帜，并得到他几个弟弟——并州都督司马腾、青州都督司马略、冀州都督司马模、豫州都督司马虓以及幽州都督王浚的支持。不过，司马越这几个兄弟的辖区都不太平，并州都督司马腾此时正被盘踞在自己辖区内的匈奴大单于刘渊搞得焦头烂额，豫州都督司马虓辖区内又有支持司马颙的豫州刺史刘乔，冀州都督司马模辖区内则有司马颖的故吏公师藩等反对势力。

既然东部霸主司马越率先撕破脸，西部霸主司马颙也就没必要再做表面文章了，他决定团结一切可以团结的力量，跟司马越正面开战。

10 月，司马颙把前不久被罢免的司马颖和卢志又抬了出来，并派二人去冀州接应公师藩。成都王司马颖绝对是被司马颙打发出去送死的，因为司马颙只拨给他一千兵力。他根本无力北上冀州，只能停在洛阳附近象征性地朝冀州摇旗呐喊。同时，司马颙派亲信吕朗率军进驻洛阳稳定东台局势。

就在司马越和司马颙东西对峙的时候，夹在中间的洛阳也不安分起来。

12 月，洛阳将领周权打着支持司马越的旗号，把羊献容从金墉城里接出来复位。洛阳县令何乔很快剿灭周权，没两天又把羊献容给废了，算起来，这是羊献容第五次被废。她就这样毫无抵抗能力地任人摆布着，在皇宫和金墉城之间搬进搬出。

司马颙很窝心。本来跟司马越开战已经够让他心烦，没想到羊献容还没完没了给自己添乱。于是，他下了一纸诏令，让东台官员杀掉羊献容。

司隶校尉刘暾、尚书仆射荀藩、河南尹周馥等人拒不执行，上疏反驳："羊献容家门残破，又遭软禁，天下人谁不说她冤枉可怜？你诛杀一个走投无路的弱女子对国家有什么意义？"虽说羊献容没有自己的嫡系，可因为泰山羊氏的社会地位，也因为境遇实在太凄惨，她也博得了众多公卿的同情。

司马颙暴怒，当即命驻防洛阳的亲信吕朗逮捕刘暾。刘暾逃往青州，投奔青州都督司马略。但经过这么一番折腾，司马颙也不想再节外生枝，杀羊献容的事就搁置下来了。羊献容被废五次之后，又从鬼门关绕了一遭，而她经历的这些，自身全无能力左右，真不知该说她幸还是不幸。

公元 306 年 1 月，豫州都督司马虓（司马越堂弟）得到幽州都督王浚资助的兵马，击败亲司马颙的豫州刺史刘乔，又斩杀司马颖的故将石超（石苞的孙子）。

司马颖只好撤回洛阳。

随后，司马越派出缪播、缪胤兄弟去长安劝降司马颙。

缪氏兄弟来到长安面见司马颙，将司马越开出的条件一一陈明。

"东海王说了，只要您答应放陛下回洛阳，他当即罢兵，以陕为界，东海王掌管陕以东，您掌管陕以西，从此两不相犯。"

然而，司马颙最仰仗的军事力量，同时也是最强硬的主战派——手握十万大军的张方，力劝司马颙跟司马越火并到底。

缪氏兄弟得知张方从中作梗，遂劝司马颙杀掉张方。

司马颙摇摆不定。

恰在这时，张方的幕僚毕垣见司马越一方声势越来越强，迫切希望司马颙能跟司马越和解，但又怕张方反对，便向司马颙谎称："张方屯兵霸上，按兵不动，实则是准备叛变，这事您要不信，可以去问张方的亲信郅辅。"

司马颙慌忙召见郅辅，准备问个明白。

郅辅不明所以，赶去见司马颙，走到半路被毕垣叫住了。

“你先别忙去，出大事了。张方要谋反，所有人都说你知道，大王肯定会问你，你怎么回答？”

郅辅一听，登时吓出一身冷汗：“我真不知情啊！”

“你听好了，一会儿无论大王问什么，你只管点头嗯就行，否则你必死无疑。”

郅辅对毕垣千恩万谢，然后惴惴不安地赶去见司马颙。

“张方谋反，你知道吗？”

郅辅哆哆嗦嗦，头都不敢抬，只是嗯嗯地含糊应答。

毕垣果然没说错。司马颙又接着问道：“我派你去刺杀张方，你接不接受？”

“嗯，嗯。”

只管“嗯”的郅辅就这样稀里糊涂地证明了张方“谋反”，又稀里糊涂地接受了刺杀张方的任务。他不敢抗命。当天，他来到张方的军营，趁其不备，将张方刺杀了。

1月底，司马颙将张方的人头送给司马越求和。司马越见局面对自己越来越有利，非但没和解，反而加强了攻势。豫州都督司马虓的部将刘琨（“金谷二十四友”之一）更用张方的首级威胁驻防洛阳的吕朗，迫使吕朗投降。东台正式纳入司马越的势力范围。司马颙后悔不迭，一气之下又把郅辅给杀了。

再说司马颖眼见洛阳陷入司马越之手，正准备逃回关中，却意外地获悉司马颙拿张方的人头向司马越求和的消息。他大吃一惊，心道：连张方都被杀了，自己这要是再回关中，项上人头岂不也得被司马颙拿去送人情？想到这里，司马颖没敢回关中，向南逃到了荆州。

5月，司马越进驻到温县。

6月，司马颙见大势已去，单骑逃到长安以西的太白山躲了起来。司马越的前锋祁弘攻破长安城。祁弘是幽州都督王浚的派来支援司马越的，他部下多是鲜卑人，一年前，王浚所率的鲜卑军队攻破邺城后，屠杀八千人。这次，祁弘所率的鲜卑军队又在长安屠杀了两万人。

这场长达一年之久的大乱战终于结束了。

就在司马越以胜利者的姿态进入洛阳城后，发生了一个小插曲。此时，纵然司马越的实力已经足够他傲视所有藩王，但出于礼貌，他还是要去拜访一位辈分最高的宗室成员。没错，这位长辈就是司马懿唯一健在的儿子——奸尸王爷司马幹。

司马越站在司马幹府门外高声喊道:“晚辈前来拜见堂叔。”

过了好一会儿，大门吱扭一声打开一条细缝，一个仆役透过门缝说了句:“平原王（司马幹）不在家。”说罢，也不理司马越，竟直接关上了门。

司马越无语了。外面兵荒马乱的，他一个七十五岁的老头子不在家还能去哪儿？简直是莫名其妙！他知道司马幹经常做出一些稀奇古怪的举动，不好发作，但又不便一走了之。

“麻烦再去通报一声，就说太傅、东海王司马越前来拜见平原王！”这回，司马越把官爵都喊出来了，好歹司马幹得卖个面子吧?

然而，大门始终紧闭，里面再无任何回应。

司马越就这么被晾了好久，最后，他终于忍耐不住，转身离去。司马越前脚刚一走，府门就缓缓打开了一条细缝，司马幹悄悄地隔着门缝往外窥探。

“大人，您真的不见东海王？”

“嘘！小声点！我不见他！”

“东海王执掌大权，您不见他不太好吧？”

司马幹只是一个劲儿地摇头。

到底司马幹心里是怎么想的，谁都不知道，毕竟，他是个彻头彻尾的神经病……

五年后，司马幹以八十岁高龄寿终。

知天命否?

公元 306 年 7 月，皇帝司马衷被司马越接回了洛阳。不言而喻，羊献容也顺便恢复了皇后的身份。

这位可怜的皇后，五次被废，又五次被复立，六度从金墉城里搬进搬出。今后还会发生什么呢？羊献容笑了。笑得很无奈，笑得很惨淡。

9 月，司马越任录尚书事，并派他的堂弟——原豫州都督司马虓转镇邺城。而他的胞弟——原冀州都督司马模则转镇许昌。这样的人事安排有其道理。起初，豫州刺史刘乔反抗豫州都督司马虓，司马颖的故吏公师藩又在邺城反抗冀州都督司马模，也就是说，二人都没管理好自己的辖区。如今，二人只能调换辖区。

这年冬天，逃亡中的司马颖被捕，囚禁于邺城，处于堂叔司马虓的监控之下。

要说司马虓的为人还是不错的。此前，他曾上过一封奏疏，表达对司马颖的同情。奏疏是这样写的："成都王司马颖离经叛道，完全是被奸人误导，至于他本人则不该过分苛责。况且，先帝的子嗣自从元康年以来就被杀得所剩无几，我们这些做臣子的一想到这里就心痛。臣建议废掉成都王，将之改封。倘若草率把他杀了，既有违陛下的仁慈，又让旁人说皇室缺乏骨肉之情，臣实在是既悲伤又惭愧，自觉无颜面对天下士人。"

因而，司马虓并没有要杀司马颖的意思，司马颖也就有一天算一天地苟延残喘。可好景不长，刚刚过了一个月，司马虓突然暴毙身亡。司马颖意识到自己的命走到头了。

果不其然，司马虓的幕僚刘舆（"金谷二十四友"之一，刘琨的哥哥）生怕司马颖在邺城余威尚存，有死灰复燃的危险，遂压下司马虓的死讯，并派人假扮朝廷使者，矫诏赐死司马颖。

这天深夜，牢房中的司马颖得到了一些风声。

"听说司马虓死了，是吗？"他向看守狱卒问道。

"不知道。"

司马颖仔细端详着狱卒："你、你今年多大啦？"

"五十。"

"人说五十知天命，你知不知道天命？"

"不知道。"

"唉……"司马颖叹了口气，即便他一点都不聪明，也明白自己死到临头了，"我、我想问问，如果我死了，天下会安定，还是会继续乱下去。"

狱卒沉默不语。他觉得司马颖有点过高地估计自己的影响力了。眼下时局动荡，又岂是区区一个司马颖的死活所能左右的？

司马颖见狱卒还是不理他，又央求道："从我逃离邺城迄今已有两年。这两年来，我都没洗过一次澡，麻烦你帮我盛点热水，让我洗个澡再死，行不行？"虽然司马颖浑身脏兮兮，蓬头垢面，可还是能看得出来，他原本长相俊秀。不过，他的眼神却比往日更加没有神采。

在司马颖旁边，他的两个儿子号啕大哭。狱卒依旧没动窝。

司马颖也哭了："求你了，能不能别让这两个孩子看着我死？好不好？"

狱卒似在犹豫。

"求求你了！"

狱卒总算把司马颖的两个儿子带到了隔壁囚室。

司马颖心里稍稍踏实了些。他解开自己的发髻，披头散发地躺了下去。

"你动手吧。"

是夜，司马炎的第十六子——成都王司马颖被狱卒勒死，卒年二十八岁。

司马颖死后，他的故吏都害怕受到牵连四散逃亡。到了他出殡的那天，邺城百姓无不唏嘘感叹。

"想当初他那么风光，死了连个送丧的人都没有，真是世态炎凉。"纵然司马颖有千百个不是，但再怎么说，他统治邺城时期老百姓还过得不错，等到司马颖一走，邺城百姓便惨遭王浚部下鲜卑大军的屠戮。

"不！你看，那不是有一个人吗？"

只有一个人，卢志。

卢志身穿丧服，手扶着司马颖的棺材，步履沉重地走着。

主君本来大有所为，倘若听我劝谏，定能成为当世霸主，无论是统领诸侯中兴皇室，还是静待时机登九五之尊，都不在话下。可如今……卢志心里只有恨，他恨司马颙把司马颖引上了歧途，更恨司马颖烂泥扶不上墙。

后来，卢志成为司马越的幕僚。又过了五年，时逢"永嘉之乱"，很多中原士大夫都逃往长江以南。卢志反而折身向北，投奔镇守并州的抗匈奴名将——司空刘琨（"金谷二十四友"之一），然而，没多久他就被匈奴人俘获，不得已出仕汉赵帝国。公元312年，卢志的儿子卢谌出逃，投奔刘琨，这件事导致卢志及其家人被杀。

卢志死后，他唯一幸存的儿子卢谌被鲜卑人扣留，禁止南下。卢谌走投无路，在辽西漂泊流离近二十年之久，后出仕羯族人建立的后赵王朝，做到中书监的高位。在十六国大混战的悲惨年代，卢谌像很多汉族士大夫一样，迫于局势，只好屈身。

“我死后，墓碑上不准铭刻我在伪朝（指羯族人的后赵王朝）的官位，一定要铭刻晋司空从事中郎卢谌……”司空从事中郎是他年轻时在司空刘琨麾下的官位。那时节，像卢谌这样活得屈辱的人，比比皆是。

卢谌在公元351年的又一起政治动荡中被羯族人杀死。他的曾孙卢循，也即是魏朝名臣卢毓第六世子嗣，流落到长江以南，统领信奉五斗米教（东汉末年汉中张鲁发起的宗教）的教众在江东起兵反抗东晋政权，后被宋武帝刘裕击败，投江而死。卢谌的另一个曾孙卢玄则留在北方，出仕由鲜卑族拓跋氏建立的北魏王朝。范阳卢氏那时渐成为北方第一大族。唐朝初年，朝廷打击山东士族，范阳卢氏因此一度陷入沉寂。唐朝贞观年间，卢氏出了一位举世闻名的高僧，这人便是被后世尊为禅宗六祖的慧能大师。唐朝中期，范阳卢氏又再度崛起。

噩梦方醒

司马越主持朝政，独揽大权。然而，他内心并不好受，就在他跟司马颙火并的时候，他的部将陈敏居然趁机在扬州独立，以火烧燎原的势头割据了整个江东，再加上并州的匈奴王刘渊、益州的成都王李雄（李雄自号成都王，与成都王司马颖要注意区分）以及各地数不清的叛乱，晋王朝已是百孔千疮了。

所有这一切，总得对天下人有个交代啊……

就在司马颖死的翌月，这天，司马越派人给司马衷献来一盘面饼。

“哦，好，好，我吃。”

司马衷抓起一张饼，狼吞虎咽地嚼了起来。

好香！他很久没吃过这么香的饼了。

肚子……好疼啊……司马衷捂着肚子痛苦呻吟，可嘴里依然没停止咀嚼。显而易见，他还没意识到吃饼与肚子疼这两件事之间存在什么必然关联。

疼痛愈来愈剧烈，远胜过当初司马威掰断他的手指，远胜过他在荡阴战场被利刃割伤。可是，并没有人来照顾他。所有近侍仿佛从空气中消失了一般。

或许，我该给天下人一个交代吧……

就在这一刹那，司马衷感到前所未有的清醒——自己即将结束这场噩梦，马上就能见到生身父母司马炎和杨艳了。

有一句话叫：得之我幸，失之我命。对于司马衷稀里糊涂地做了十七年皇帝这事，话可以反过来讲：得之我命，失之我幸。如今，拜他堂叔司马越所赐，司马衷终于幸运地摆脱了皇帝这份苦差事，同时也摆脱了自己悲剧的一生。

公元 307 年 1 月 8 日，西晋第二代皇帝，晋武帝司马炎的智障儿子司马衷，在洛阳显阳殿驾崩，卒年四十八岁。史书中虽没明确点破司马衷就是被司马越毒死的，但给出了足够多的暗示，并且，后世几乎所有史家也一致认可这一观点。

司马衷的噩梦算是终结了。可是，因为他，或者准确地说，因为司马炎当初那个荒谬的决定引发的灾难，却不会结束。不久，整个中国陷入更加惨绝人寰的噩梦中。

司马衷死后，朝臣给他追加的谥号是“惠”，这居然是个善谥。惠字在谥法中的含义很多，其中有：仁慈、柔和、宽容。如果说这些评价尚算说得过去，那另外还有一些含义，如“爱民好学”“威德可怀”等就实在跟司马衷沾不上边了。司马衷爱民吗？不得而知，从他问“何不食肉糜”这话来看，他压根不能真正理解老百姓究竟是怎么一回事。

说到底，朝臣大概是心存怜悯，觉得这位命运多舛的皇帝实在太可怜，这才给了他一个名不副实的谥号吧。

他早就该死了。

所有人心里都这么想。

司马衷的死对羊献容——这位被人废了五次，又复立了五次的皇后而言，意味着什么呢？

羊献容强装悲痛，内心却无比畅快轻松。她当然对那个智障老公没半点感情，正是因为有司马衷的存在，自己才遭受了一连串苦难。司马衷可算死了，至于以后，政治局势依然会动荡不堪，然而，再怎么祸害都是祸害下届皇帝，自己大概能喘口气了。

羊献容稳稳地坐在皇宫里，多年来，她第一次觉得自己好像能亲手左右命运。

我将来要过得更好。或许，我的出头之日到了？皇太后之位离我近在咫尺！

不！不对！她猛然意识到，早在一年前，司马颙已经册立司马衷的弟弟司马炽当了皇太弟！论辈分，她是司马炽的嫂子，如果让司马炽继位，她绝对当不成皇太后。

不行！我要改变自己的命运。无论如何都得搏一搏！

“司马炽是被逆臣司马颙册立的，不算数！前太子司马覃（司马遐的儿子，被司马冏册立为皇太子）才该继承皇帝位。”

当时司马炽二十三岁，司马覃则仅有十二岁，羊献容想立司马覃自是为谋求皇太后的地位，但旁边的侍中华混听了，却是心惊肉跳。盼星星盼月亮，好不容易等到傻皇帝死了，眼看晋室复兴有望，绝不能再立一个孩子当皇帝。想到这里，他劝阻道：“皇太弟司马炽身为皇室继承人这事天下皆知，大家都认可其地位，不宜再度变更。”

“放肆！我已下旨，速召司马覃入宫！”

这边，羊献容宣召前太子司马覃；另一边，华混赶忙跑出去通报司马越。司马越得知变故后，火速宣召司马炽入皇宫，赶紧举办登基大典。那么，既然司马炽是被司马越的死对头——司马颙册立的，为什么司马越仍坚持让司马炽当皇帝呢？这是因为司马炽在朝中呼声很高，他继位已是大势所趋，司马越刚刚秉政，并不想在这个问题上跟众臣唱反调。再者，如果年幼的司马覃继位，司马越将来还得应付一个皇太后，给自己增添新麻烦。

等司马炽经过尚书台的时候，正跟司马覃撞了个对脸。司马覃是个孩子，被大伙吓唬了几句就打道回府，算是主动出局。

就这样，公元 307 年 1 月 11 日，司马炎第二十五子——二十三岁的司马炽登基，成为西晋第三届皇帝。羊献容到底还是没能把握住自己的命运，没能当上皇太后，只尊为惠皇后，老老实实地蜗居进了弘训宫。她一句话都没说，她心里依旧告诉自己，既然走上了这条路，就要认，就要忍，说不准将来还会发生什么呢！

八王之乱

司马越打败司马颙后，任命梁柳为新任关中都督。没过多久，司马颙的故吏牵秀（“金谷二十四友”之一，曾陷害过陆机）、马瞻等人将梁柳刺杀。随后，牵秀、马瞻等人又把逃到太白山的司马颙抬了出来，打算东山再起。

“我们就说梁柳是自己病死的，您放心，这事赖不到您头上。”

司马颙忐忑不安地回到长安城。

司马越可不管梁柳之死赖不赖得到司马颙头上，他本以为司马颙能从此消停，万没料到这小子居然死灰复燃。他火速派出麋晃、贾龛（kān）、贾疋（yǎ）等人讨伐司马颙。说句题外话，贾龛和贾疋是堂兄弟，他们并非贾充后人，而是三国时期魏国杰出谋略家贾诩的曾孙。多年后，贾疋官拜雍州刺史，多次与匈奴汉赵王朝开战，为光复西晋而奋斗。关于他的事迹，后面还会提到。

麋晃、贾龛、贾疋很快杀了牵秀和马瞻，随后，大军将司马颙围困在长安城中。

司马越可不想跟司马颙这么耗下去。

公元 307 年 2 月，也就是新皇帝继位的翌月，司马越打算以怀柔手段诱出司马颙，遂让朝廷拜司马颙为司徒，并给司马颙传达口信：“只要你来洛阳，以前的事，咱们既往不咎。”

司马颙自知早晚城破人亡，他也不想再过这种提心吊胆的生活了。要死要活，来个痛快的吧！于是，司马颙出了长安城，往洛阳而去。果不其然，就在半路上，他被司马模（司马越四弟）派来的人截杀了。

自公元 291 年司马玮发动政变将司马亮、卫瓘两位重臣抄家灭门，到此时近十六年，这一连串把西晋王朝搅得天翻地覆的政变加混战，终于随着司马颙和司马颖双双魂归西天而告一段落。司马越成了最后的胜利者。

在历史上，关于西晋王朝的这段动荡，有个专有名词——“八王之乱”。八王，指的是八位藩王。让我们来回顾一遍，他们分别是——

汝南王司马亮（司马懿第四子）——老实人，被杨骏排挤，后被侄孙司马玮杀了。

楚王司马玮（司马炎第五子）——二愣子，被贾南风耍得团团转，最后被贾南风杀了。

赵王司马伦（司马懿第九子）——年轻时偷御宝，年老后偷皇位，名副其实的贼。他发动政变剿灭贾南风，又心满意足当了一百一十六天皇帝后被侄孙司马颖、司马冏等人干掉。

齐王司马冏（司马攸的儿子）——有点政治手腕，仗打得一塌糊涂，首倡勤王义军讨伐司马伦，后被堂兄司马乂灭了。

长沙王司马乂（司马炎第六子）——为人还算不错，来了个绝地大反击，杀了堂弟司马冏，却惹得十六弟司马颖和堂叔司马颙眼红，最后被司马颙手下张方活活烤死。

成都王司马颖（司马炎第十六子）——半傻子，本来在卢志的辅佐下应该有点作为，却被堂叔司马颙当枪使，死于邺城监牢狱卒之手。

河间王司马颙（司马懿三弟司马孚的孙子）——不甘寂寞的关中都督，把堂侄司马颖玩弄于股掌之间，但面对大型战役根本 hold 不住，战败后被司马模杀了；

东海王司马越（司马懿四弟司马馗的孙子）——也是个不甘寂寞，明明没自己啥事，却非往自己身上揽事的主。为了争夺霸主地位，挑起迄今为止规模最庞大的一场战争，调动了中原及黄河以北各州都督，跟族兄司马颙开战，最后胜出。关于他的故事还没结束。

这八位藩王恰好在《晋书》中被合在一个章节，而他们几乎都牵涉政变，故有“八王之乱”的说法。不过，假如更严谨地分析，老实巴交的司马亮仅仅是被杨骏排挤，而他自己并没有主动挑起政变，故不应列入“八王之乱”的行列。再说暴虐的司马玮，甘愿充当贾南风的马前卒，确实引发了一场政变，更导致司马亮和卫瓘家破人亡。但是，司马玮和后面那几位藩王之间，毕竟隔着长达十年的相对稳定的元康年，即贾南风、张华、裴頠、贾模执政的时代，故把司马玮跟后面政变的藩王连在一起也稍显牵强。而真正挑起战争，并引发极大动荡的藩王，准确地说应该是司马伦、司马冏、司马乂、司马颖、司马颙、司马越这六位。此外，还应该算上——

淮南王司马允（司马炎第十子）——率七百死士围攻叔祖司马伦，在阵中遭到刺杀的失意“皇太弟”（实则，他只是想当皇太弟未遂）。

新野王司马歆（司马懿第七子司马骏的儿子）——在勤王战争中充当堂侄司马乂的跟班，攻打堂叔司马伦。

新蔡王司马腾、高密王司马略、南阳王司马模（司马越的三个胞弟）、范阳王司马虓（司马越的堂弟）——参与公元305年至公元306年那场大乱战，帮司马越打败了司马颙。

这样说来，从元康年结束至今的六年间，挑起或参与政变、战乱的藩王总共有十二位。只是“十二王之乱”读起来要比“八王之乱”拗口罢了。

一大家子人就这么没完没了地你杀我我杀你，倘若司马懿、司马孚、司马师、司马昭他们在天有灵，绝对能气得掀开棺材板，跳出来诈尸。

我们再来分析一下，想当年，无论是司马懿、司马师、司马昭，还是司马炎，无一不是雄才大略的杰出人物，但为什么仅仅到了司马衷这一代，国家就一下子乱成这副惨象？很多人说，魏朝时，曹丕扼制藩王，皇权旁落，而晋朝时，司马家族吸取了魏朝的教训，极大增强藩王的实力，结果适得其反，导致了这样的结局。

这说法片面了些。司马炎在世时虽然相当优待藩王，但藩王其实并没控制多少军队。史书中明确记载了晋朝初年藩王的统兵数量——大藩王五千人；中藩王三千人；小藩王五百人。当时，淮南相刘颂甚至还认为藩王军力不足，提议增加藩国军队的数量。而在“八王之乱（十二王之乱）”时，藩王动辄就兴起数万甚至数十万大军，当然不是藩王政策的缘故。再者，司马炎时代，也没有一个藩王想回自己藩国发展势力，他们无一不是赖在京城安享繁荣富贵。

还有人说，司马炎临死前派出大批藩王担任外州都督，这是祸乱的根源。但这说法也不严谨。二愣子司马玮倒是荆州都督，但他发动政变是在他只身来到洛阳之后，且根本没动用他的荆州军团。篡国者司马伦也一样，他们都是利用皇城禁军夺权。至于司马冏、司马乂、司马颖、司马颙、司马越这五位，他们担任外州都督都是在司马炎死后，政局已经开始动荡，且出于种种缘由，迫不得已才被排挤出朝廷的。

由此，纵使司马炎没有采取优待藩王的政策，后面必然还是会掀起同样的动荡。退一万步讲，就算司马炎压制了藩王，后面或许就是“某某外姓权臣之乱”了。因为人的私欲是没有止境的，而种种社会制度正是帮助人们克制私欲，一旦制度出了问题，人心中的私欲就会无限滋生蔓延。

不幸的是，在古代，制度的重要环节取决于一个人——皇帝。

皇帝无能，凭什么我要听他的？其实不只是藩王，每个人都会生出类似的想法。

所以说，一切的根源，还是应该归咎于司马炎硬要立司马衷为皇太子这件事。有句话叫能力越大，责任越大。客观地评价，虽然司马炎是个一统天下的开国明君，但他这个皇帝当得太不进入状态，当他爱子之情泛滥时，就把他应尽的责任忘得一干二净了。

再有，我们不得不提及晋朝的企业文化，像魏朝一样不健康。

众所周知，晋朝的建立是经由司马懿、司马师、司马昭父子三人不断蚕食皇权才得来的。看看“八王之乱”中的藩王，在史书中多次提到，司马伦掌权后效仿“宣（司马懿）、文（司马昭）辅魏故事”，司马冏掌权后效仿“宣（司马懿）、景（司马师）、文（司马昭）、武（司马炎）辅魏故事”，司马颖掌权后“制度一依魏武（曹操）故事”，这些难道不能说明问题吗？

前辈都这么干了，子孙后代自然是学得有模有样。

借着公元 307 年新皇帝司马炽登基之际，我们总结了历史上著名的“八王之乱”。这场动乱像一次规模庞大的洗牌，把那些利欲熏心又金玉其外，败絮其中的藩王逐一淘汰出局。必须要说明的是，到这个时候，“八王之乱”并不算真正结束，因为“八王”中最后的胜出者——东海王司马越依然健在，还活得欢蹦乱跳呢！